U0956838

全国重点旅游院校“十三五”规划教材

旅行社计调操作实务

主　编◎张春莲　盖艳秋

副主编◎朱　虹　胡　果　杜　宇

参　编◎苏　健　陈　辉　周洪波

中国旅游出版社

全国重点旅游院校“十三五”规划教材编审委员会

顾　　问

云南大学工商管理与旅游管理学院院长、教育部高校旅游管理类专业教学指导委员会主任　田里教授

东北财经大学旅游与酒店管理学院院长　谢彦君教授

主　　任

云南旅游职业学院　范德华院长

中国旅游出版社　张润生副总编辑（主持全面工作）

副 主 任

曙光酒店集团　程浩常务副总裁

华侨城旅游事业部　王刚高级副总经理

太原旅游职业学院　张立芳副院长

江西旅游商贸职业学院　胡建华副院长

河北旅游职业学院　汤云航院长

三峡旅游职业技术学院　张耀武副院长

山西旅游职业学院　何乔锁院长

黑龙江旅游职业技术学院酒店管理烹饪系　刘训龙主任

陕西旅游烹饪职业学院　王新艳院长

青岛酒店管理职业技术学院旅游与酒店管理学院　石媚山副院长

秘 书 长

云南旅游职业学院　韦明体副院长

副秘书长

云南旅游职业学院科研处　周利兴科长

中国旅游出版社教材开发部　段向民执行主任

委员（各教材主编，略）

序

我国旅游教育经历了30年的发展，1733所旅游类院校积累了1.2万多种各类旅游教材，涉及的课程达到280多门。通过对多所院校及对学生的调研，我们发现现行旅游教材主要存在以下问题：同质化现象严重；教材不能很好地体现企业及相关行业的岗位需求；理论化突出而实践性不足；版式设计不够活泼；配套教学资源不完善。

为贯彻落实教育部最新教改精神，促进旅游等行业的教育事业发展，为进一步推动旅游高等职业教育国家级规划教材建设工作，发挥旅游类教材建设在提高旅游人才培养质量中的基础性作用，全面提升高等职业教育旅游类教材质量，教材编审委员会特组织编写团队，联合开发立体化教材。全国重点旅游院校“十三五”规划教材计划分批出版，第一批拟出版35种，涵盖了旅游管理大类的大部分专业核心课程。此次所选院校，均为以“旅游”“酒店”等字样命名的院校，保证了队伍的纯粹性。此次教材编审队伍搭建真正实现了专家指导、企业参与、编者共享的格局。专家有以田里教授、谢彦君教授为代表的业界翘楚，曙光酒店集团常务副总裁程浩、华侨城旅游事业部高级副总经理王刚等企业高管参与了教材的审稿工作，专家、院校、企业三方共同努力，努力打造出一套实用性强的教材。

令人欣慰的是，在新常态下，旅游业迎来了全新的发展机遇，业已进入又快又好发展的黄金期。伴随旅游业发展黄金期的到来，对于旅游相关人才的需求与日俱增，势必为旅游教育的发展开辟广阔前景。2015年10月26日，教育部会同国家旅游局联合发文，颁布了《加快发展现代旅游职业教育的指导意见》，特别强调要“加快构建现代旅游职业教育体系，深化产教融合、校企合作，培养适应旅游产业发展需求的高素质技术技能和管理服务人才”。文件指出，“鼓励校企联合开发专业课程，增加任务驱动型、项目开发型、行动研究型、案例教学型课程数量。组织开展优质课程资源建设，搭建旅游职业教育国家级数字化课程资源共享平台，支持开发一批数字化课程资源包”。本套教材的立体化开发，就是课程资源包的一部分。

教材是体现教学内容和教学要求的知识载体，是进行教学的基本工具，是提高教学质量的重要保证。本套教材改变了过去单一的课本教材模式，配合现代教育教学方式的改革，把课本、教学参考书、学生练习册、电子课件和多媒体教学手段以及网上教学辅导相结合，形成了教材的立体化开发格局。

全国重点旅游院校“十三五”规划教材编审委员会

2016年9月

前　言

本教材遵循工作过程导向原则进行开发，以对旅行社计调岗位的职业能力分析为依据，以计调工作项目和工作任务流程为轴线，在内容的选取上既能满足职业能力的培养要求，又充分考虑到高等教育理论知识的需要，在内容安排上紧紧围绕完成工作项目和工作任务的需要。

本教材以旅行社实际业务为例，按照计调工作过程导向的思路编排内容，主要包括省内计调业务、国内计调业务、国际计调业务三大板块，在内容安排上遵循由浅入深、由简至难的逐步学习训练的原则。每个项目的学习以任务流程和职业能力要求作为重点，以工作任务为中心整合相关知识，是一本针对计调岗位的项目化教材。本书旨在让学生通过完成各种任务，熟悉与计调工作相关的知识，掌握计调岗位的工作程序与技能，同时，通过各个任务的分析、实践，让学生模拟操作计调有关的业务，为其以后的工作实践打下良好的基础。

本书由山西旅游职业学院、河北旅游职业学院、珠海城市职业技术学院的老师共同编写。具体的分工包括：苏健、周洪波编写导言部分，杜宇编写省内计调业务部分，张春莲、陈辉编写国内计调业务部分，朱虹编写国际计调业务部分，由张春莲、盖艳秋负责全书的统稿工作。在编写过程中，我们借鉴了山西商务国旅大量的成功案例，参阅了许多教材，吸收、借鉴与引用了近年来最新教改成果及有关资料，在此对原著及作者表示诚挚的谢意！

由于编者水平有限，书中难免有不妥之处，敬请读者批评指正，以便更好地完善本书。

目录
CONTENTS

项目一

计调工作认知

项目概述

本项目主要介绍旅行社计调部门的基本知识。通过对本部分内容的学习，理解计调部门产生和发展的历史，了解计调岗位的基本职责，掌握计调岗位的基本业务要求和素质要求。

任务一　认识旅行社计调工作

任务导入

我是旅行社的计调，你懂吗？①

每次被人问，你做什么的？我如果说旅游公司，下一句绝对是：导游啊？貌似在一般人眼中从事旅游工作的就只有导游。我如果说计调，下一句绝对是：不懂。所以现在很怕别人问我是做什么的。

先说说什么是计调工作。

计调工作就是旅行社中负责旅游团队所用车辆、导游、饭店、酒店、景点等相关旅游要素协调调度的工作人员。从事旅游工作以后，我才知道有计调这么一个职业，很辛苦，也确实很有收获！可惜，一直没有哪个机构，能给我们计调颁发一个证书。

以下是对我们计调生活的真实写照，切身体会。

---

① 引自 http：//www. sohu. com/a/106752694_ 348755，有删节。

计调生涯带给我的感觉就是一片的忙乱，总觉得日子就是辛苦，一提计调就是眼前一黑的感觉，从没觉得还有哪种工作需要那么浪费脑力和体力，每天基本上都是天黑了才能回家，到旺季要忙到凌晨，真的是有上班时间没下班时间，周六周日也不能好好休息，回家吃个饭，手机响个不停。

跟朋友出去逛街，也得背个大袋子，装着最近在走的团的资料，所有人的联系电话，三块手机电池，边走边打，逛一条街下来，朋友在旁边挑东西，我打了一路电话，下次她再也不想跟我逛街了，我不知道为什么我做计调这么累……

任务解析

这是一位旅行社计调人员对自己所从事的工作真实的描述。生活中大多数人对计调了解不多。那么，计调究竟是做什么的？它可以分成哪些类别？是怎么产生的？下面我们将进行具体分析。

相关知识

一、计调的概念

计调是计划和调度的简称。旅行社计调是旅行社中从事旅游产品的策划设计、旅游产品定价报价、旅游服务项目采购、成本核算以及为旅行团队及散客旅游行程做具体安排并对旅游销售、服务等各环节进行调控的专业人员。通常被称为计调员、线控、团控等，业内统称为“计调”。

计调是旅行社的基础岗位，也是核心岗位，如果说旅行社串联的是旅游相关行业，那么计调则串联了旅行社的各个部门，是旅行社食、住、行、游、购、娱等服务项目的总策划、总设计和总指挥，是旅行社中最核心、最重要的岗位。计调人员的素质直接决定着旅行社的经营管理水平，更决定着旅行社的利润和服务质量。

在旅行利的经营管理中，外联、计调、接待构成了旅行社业务的三大块，与财务、人事等后勤部组成整个旅行社的运作体系。计调在旅行社整体运作中发挥着极其重要的作用。在旅游业中，一直就有着“外联买菜、计调做菜、导游吃菜”的说法，外联、导游、计调各司其职，都是旅行社业务中十分重要的角色。计调人员犹如饭店的厨师，其素质与水平的高低，直接决定着旅游行程的服务质量，所以有人把“计调”比喻为“旅游行程中的命脉”。

二、计调业务的发展历史

（一）后勤的计调业务

20 世纪 50 年代初期，旅行社是“统一招待外宾吃、住、行事宜的管理机构”，负责承办政府部门有关外宾招待的事宜。为此，当时的计调业务主要是为外宾订房、订车、订餐、订票（如机票、汽/火车票、轮船票及文艺票）和一些委托代办服务。计调业务一般由接待部门的后勤人员完成，通常称为后勤工作，仅是一种间接的业务服务作用。

（二）独立的计调业务

20 世纪 70 年代末 80 年代初期，随着我国旅行社接待业务量的日益增长和旅行社规模的逐渐扩大，使得计调业务从接待部门的后勤工作中独立出来。计调业务对内为旅行社各部门提供接团的后期服务，对外为旅行社与合作单位建立固定的合作关系并代表旅行社与其签订合同。另外，计调部也是旅行社的信息中心，每天要对大量信息进行整理、统计和传递。

（三）职能转变的计调业务

20 世纪 80 年代末 90 年代初期，旅行社走上企业化运营的轨道。开始建立和完善计划管理时，计调从一般为接待业务做好后勤服务转向为全旅行社的业务决策、计划管理提供信息和制订方案，并进行可行性分析等参谋性工作，在旅行社经营管理中负责计划管理、质量管理和业务管理的具体实施。

（四）综合专业的计调业务

20 世纪末至今，旅行社原有组织机构设置的弊端逐步显现，出现了“外联买菜、计调做菜、接待吃菜、总经理洗碗筷”的局面。随着行业竞争的日趋激烈，为适应市场经济发展的需求，旅行社纷纷开始进行机构改革。旅行社的计调部门除了基本的计划、调度业务外，重心转入旅游产品的设计与营销，旅游线路的设计与推广，服务项目的统一采购、统一调控、统一谈价，以争取批量优惠，并以此约束外联和导游的行为。很多旅行社计调部门的主要业务已经转移到分旅游区域的业务部门，如欧洲部等，但无论名称如何变化，都必须有计调业务。另外，许多大、中型旅行社设立了票务部门，这样既能保证团队票务，又能对外扩大业务。

三、旅行社计调的分类

（一）按业务范围分类

按照业务范围计调可分为以下 4 种类型。

1. 组团计调

负责为各类旅游者组织成团，安排接待计划，承担相关旅游服务采购和业务调度并整理记录相关信息的旅行社专职人员。

2. 地接计调

根据组团社的合同要求，安排旅游团队的接待计划，承担相关旅游服务采购和业务调度，并整理记录相关信息的旅行社专职人员。

3. 专线计调

专门从事某类或某种旅游线路，为旅游团队或散客安排接待计划，承担相关旅游服务采购和业务调度，并整理记录相关信息的旅行社专职人员。

4. 散客计调

专门负责为自助或半自助类旅游者的出游安排接待计划，承担相关旅游服务采购和业务调度，并整理记录相关信息的旅行社专职人员。

（二）按旅游目的地的不同分类

按照旅游目的地的不同计调可分为以下3种类型。

1. 国内计调

主要负责为国内旅游团队和散客安排接待计划，承担相关旅游采购服务和业务调度，并整理记录相关信息的旅行社专职人员。

2. 入境计调

主要负责为入境旅游团队、散客安排接待计划，承担相关旅游服务采购和业务调度，并整理记录相关信息的旅行社专职人员。

3. 出境计调

主要负责为出境旅游团队和散客安排接待计划，承担相关旅游服务采购和业务调度，并整理记录相关信息的旅行社专职人员。

任务二　了解计调岗位的基本职责

任务导入

以小组为单位，走访某家合作旅行社，了解旅行社计调岗位的职责，掌握计调工作的核心任务，并完成相关资料的收集、整理工作。

将收集到的信息，利用办公软件进行处理，并做成PPT汇报展示资料。各小组派一名代表在课堂上展示信息收集工作的成果，各组对小组成员在完成任务中的表现进行自评，教师在课堂上进行点评。

任务解析

通过实地调研，让学生充分了解旅行社内部岗位的设置，并详细学习和掌握计调岗位的工作职责。

相关知识

一、旅行社计调岗位的基本职责

（一）落实团队计划

认真负责对外联络，发布落实旅游团接待计划，根据团队客人的特点和要求，进行用车的调配、行程的安排、饭店的落实、票务的预订、景点的确认等事项，然后交给接待部门，委派导游去执行。

（二）旅游产品、线路设计

根据各种旅游资源、各类旅游信息，进行旅游产品的初步加工，制定符合市场需求的旅游线路，并尝试开发引领市场的线路新品。

（三）服务项目采购和成本核算

通过与各类旅游企业，如宾馆、餐厅、铁路、航空、旅游景点、娱乐表演场所以及其他地接社等建立采购关系，选择其中最理想的合作伙伴，向游客提供最佳的组合型产品。成本核算是对产品设计成本、营销成本、销售成本、采购成本、接待服务成本及人力资源成本、管理费用的计算核定，其中采购成本是影响直接成本的关键性因素。

（四）产品定价和对外报价

在成本核算的基础上，征求旅行社内部其他工作人员的意见，特别是导游的意见，根据旅游市场的需求制定合理的价格。根据情况的变化对旅行社推出的线路进行及时的价格调整，以便对客人的询价给予快速报价。

（五）审核报账

团队行程结束，通知导游凭“接待计划”“陪同报告书”“质量反馈单”“原始票据”等及时向部门计调人员报账。计调人员详细审核导游填写的“陪同报告书”，以此为依据填制该团的费用小结单及决算单，经部门经理审核签字后，交财务部并由财务部经理审核签字，总经理签字后，向财务部报账。

（六）各类信息的收集

广泛搜集和了解不断变化的旅游市场信息、同行的相关信息，利用旅游淡季到各旅游景点及其线路进行踩线，掌握第一手信息资料。

（七）与其他部门的沟通

加强与旅行社其他部门的沟通联系，及时了解、掌握、分析反馈信息，然后进行消化、吸收和落实，提出更加合理的线路产品设计及价格。

（八）团队资料的归档和整理

按规定整理团队资料，做好归档工作。建立客户档案，包括客户单位、姓名、年龄、性别、住址、联系方式、身份证号码等，对重要客户需保存更为详细的资料，如兴趣爱好等。注意同行业务动态，对各种广告、宣传单建档保存并加以分析。

（九）签订旅游合同

为保证采购产品和服务的质量，计调作为采购代表，与许多旅游企业（如宾馆、餐厅、景点、铁路、航空和其他旅行社等）采取签订经济合同的形式来保持稳定的经济关系。

二、旅行社计调工作的核心

对计调而言，成本领先与质量控制是计调岗位的两大核心。

（一）成本领先

计调人员，要与接待旅游团队的酒店、餐馆、旅游车队及合作的地接社等洽谈接待费用，掌握着旅行社的成本。所以，一个好的计调人员必须要做到成本控制与团队运作效果相兼顾，即必须在保证团队有良好运作效果的前提下，在不同行程中编制出一条能把成本控制得最低的线路出来。在旅游旺季，计调要凭自己的能力争取到十分紧张的客房、餐位等，这对旅行社来说相当重要。

（二）质量控制

计调人员除了要细心周到地安排团队行程计划书外，还要对所接待旅游团队的整个行程进行监控。因为导游在外带团，与旅行社唯一的联系途径就是计调，而旅行社也恰恰是通过计调对旅游团队的活动情况进行跟踪、了解，对导游的服务进行监管，包括对游客在旅游过程中的突发事件进行灵活地处理。所以说，计调是一次旅行的幕后操纵者。在质量控制上，中小型旅行社十分需要水平高的计调人员进行总控。整合旅游资源、包装旅游产品、进行市场定位等都需要计调来完成。计调是市场的探测器，要求其懂得游客心理，具有分销意识及产品的开发能力等。

任务三　了解计调应具备的基本素质

任务导入

张某拟申请设立一家旅行社，请你帮忙拟定一份计调人员的招聘启事，包括人数、岗位职责、能力和素质要求等内容。

任务解析

本项任务需要学生查阅相关资料，通过信息收集、小组讨论完成任务，进而全面掌握计调人员应具备的基本素质。

相关知识

一、计调人员必备素质

第一，业务熟练。必须对团队的旅行目的地情况、接待单位的实力、票务运作都胸有成竹。

第二，具有敬业精神。必须热爱旅游事业，计调工作应该来说是很枯燥的，由无数琐碎的工作环节组成，没有敬业乐业的精神，是无法把这份工作做好的。计调人员应有进取心，不怕困难，热爱本职工作，具有团队合作意识，善于借助团队力量，发挥团队作用，共同做好旅游产品的生产和销售工作，圆满完成旅行社制定的经营目标。

第三，认真细致的工作态度。旅游是个一环节紧扣一环节的活动，而负责将这些环节紧扣在一起的工作便由计调人员去完成。如果没有认真负责的工作态度，票务、用车、接送团队等其中一环节没有联结上，就会出现“一招不慎、满盘皆输”的失控局面。计调人员在团队操作中绝不能出现差错，稍有差池，就会给旅行社带来损失，因此，在工作中必须做到认真负责、一丝不苟。计调人员应保证发出或接收的信息（如向其他旅行社报价、接收组团社的接团通知、预订旅游票据等）万无一失。

第四，精确的预算力。必须做到成本控制与团队运作效果相兼顾。也就是说，必须在保证团队有良好的运作效果的前提下，能够在不同行程安排中编制出一条最经济、成本控制得最好的线路。

第五，具有不断学习、创新的能力。旅游市场千变万化，计调人员必须认识到不断学习的重要性，认真了解旅游市场、旅游目的地的变化、地接单位实力的消长情况等，还要根据学习的收获，不断对工作进行改进，跟上时代潮流的发展。

第六，良好的人际关系和较强的交际能力。计调人员大部分时间会与旅游者和旅游相关部门打交道，善于人际协调和沟通是做好计调工作的基本条件。在与有关部门、单位的协作中，要做到善于配合、谦虚谨慎、广交朋友，同时注意维护本旅行社的声誉。例如，计调人员在与合作单位洽谈时，既要合作愉快，又要频繁地讨价还价，为旅行社取得优惠的协议价格，争取最大的经济效益，这就要求计调人员具备较高的谈判水平，善于人际沟通。这样才能在获得最大利益的同时，又不伤和气，乃至实现双赢。

第七，较强的应变能力。对于团队运作中出现的突发事故、紧急事件，计调人员要有应变能力和及时处理的能力，重大问题要及时请示，排除团队问题，保证团队质量。

第八，较强的法制观念。要严格遵守财务制度和遵守单位的各项规定，自觉维护国家和集体利益，绝不谋取私利。

第九，良好的计算机应用能力。网络化操作时代，计调人员必须具备良好的计算机应用能力，要熟练运用各种办公软件，要把 MSN 和 QQ 作为办公辅助软件合理应用于工作，这样可以为旅行社节约电话费用，有利于控制操作成本。

第十，有一定的地理、历史知识及文案写作能力。国内外热点旅游城市的分布，自然景观的地域特性，人文景观的历史渊源及相应的地理、历史常识，这些都是计调人员必须掌握的业务知识。设计行程时，恰如其分的修饰辞藻比干瘪无趣的行程更加生动、更能激发游客在看到行程时的参团欲望；合作单位往来间的公文交流等同样要求计调人员具备一定的文学修养和文案写作能力。

二、计调人员必备的基本信息

（一）组团计调必备信息

1. 线路信息

了解各条旅游线路的价格、成本、特点以及可以影响这些因素变化的原因，同时还要关注各条线路的变化和趋势。通常对刚入门的计调，建议从事一段时间的导游，并经常翻阅本旅行社团队档案，对各条旅游线路和各个合作单位的相关信息做深入、细致、全面的了解。

2. 客户信息

了解客户需求和客户的基本信息，特别是在自己负责区域市场内的客户信息。建立广泛的人际关系，维护良好的客户关系，随时掌握客户的旅游动态。

3. 市场信息

及时查阅传真、邮件、QQ 留言、微信等信息，准确把握最新的市场信息和客户需求，第一时间与客户取得联系。

4. 导游情况

了解每个导游的年龄、外形、学历、性格、特点、工作经验、工作责任心及旅行社导游的安排情况，以便针对不同需求的游客做出最适合的导游安排。

（二）地接计调必备信息

1. 车辆信息

了解车辆的车龄、车型、车况、驾驶员的特点，车辆所属公司的情况，经营者的特点，经营状况的好坏，事故处理能力；各种行程、季节和路况下车辆的费用，每条线路车辆所需的油费、过路费，以及车辆按月缴纳的管理费的基本情况等信息。

2. 宾馆信息

熟悉宾馆位置、星级、硬件标准、软件管理水平、竞争情况、经营情况、经营者的特点以及宾馆在不同季节的价格及变化情况。

3. 景点信息

了解地接社范围内所有最区的资源品位、特点、景点门票价格及折扣情况、自费景点、景区内观光车、索道的费用等，同时要特别关注不同客源地客人对这些景点的评价。

4. 合作者情况

熟悉和本旅行社相关线路或者合作、联动线路的特点，下站或上站的操作情况，合作旅行社的特点、组团能力、竞争情况、通常报价内容、价格浮动状况、资金信用情况以及长期合作团队的数量、质量。

5. 竞争对手情况

熟悉本旅行社面临的竞争环境，尽可能多地了解竞争对手的特点、报价、操作方式、优势和劣势。

6. 导游情况

熟悉本旅行社导游管理模式，了解本社每一名导游的年龄、外形、学历、性格、质量反馈、工作责任心、处理突发事故的能力、适合的团型以及旅行社内部导游的安排情况，以便针对不同需求的游客做出最适合的导游安排。

7. 客源情况

熟悉所有客源情况以及客源地接待社的状况、特点、竞争情况及信用程度。

三、计调人员必备工具

（一）设备

（1）通信设备。计调常用通信设备包括固定电话和移动电话。通常情况下，电话应设置开通呼叫转移、来电显示、电话录音、微信、Wi-Fi 等功能。另外，计调所用电话号码最好保持不变，以免影响业务。

（2）传真机。如果业务量较大，最好设置两台传真机（收、发各一台）。

（3）计算机。计算机是计调人员不可或缺的工作设备，条件允许的情况下，应配备平板电脑，以扩大工作的移动范围。计算机必须能够上网，并开通 E-mail、QQ、MSN 等网上信息交流工具。

（二）常用工具

（1）地图。常备地图册应包括世界地图、全国地图、各省地图、交通地图、网上地图以及其他工作用专业地图。

（2）时刻表。铁路、航空、公路、航运时刻表等。要特别注意淡旺季、年度的新版时刻表，以及新增或临时加开、停运的交通工具时刻表。

（3）字典等工具书。

（4）景点手册。

（5）采购协议。组团社和地接社签订的房、餐、车、景点门票等采购协议。

（6）各地报价。按区域分类制作成计调便于查看的报价表。

（7）常用电话簿。应包括以下部门或人员常用电话号码：组团社（计调、经理）、饭店（销售部、前厅部）、餐厅（预订、经理），车队（调度、司机）、导游等业务号码。

【知识链接】

计调工作五步法

计调是旅行社完成地接、落实发团计划的总调度、总指挥、总设计。“事无巨细，大权在握”，具有较强的专业性、自主性、灵活性。如果说“外联”是辛勤的采购员，那么计调就是“烹饪大师”，经他们的巧手要把“酸、甜、苦、麻、辣、咸”的不同滋味调制出来以满足不同团队的“口味”，这确实需要一定的技巧。计调人员提高工作效率、避免差错应注意以下几个方面的问题。

一、人性化

计调人员在讲话和接电话时应客气、礼貌、谦虚、简洁、利索、大方、善解人意、体贴对方，养成使用“多关照”“马上办”“请放心”“多合作”等礼貌用语，这样可以在沟通时给人亲密无间、春风拂面之感。每个电话、每个确认、每个报价、每个说明都要充满感情，以体现你合作的诚意，表达你作业的信心，显示你准备的实力。书写信函、公文要规范化，字面要干净利落、清楚漂亮，简明扼要、准确鲜明，以赢得对方的好感，换取对方的信任与合作。一个优秀的计调人员，一定是这个旅行社多彩“窗口”的展示，它像“花蕊”一样吸引四处的“蜜蜂”纷至沓来。

二、条理化

计调人员一定要细致地阅读对方发来的接待计划，重点是人数、用房数，有否自然单间，小孩是否占床；抵达大交通的准确时间和抵达口岸，核查中如果发现问题应及时通知对方，迅速进行更改。此外，还要看人员中是否有少数民族或宗教信徒，饮食上有无特殊要求，以便提前通知餐厅；如果发现有在本地过生日的游客，记得送上一个生日蛋糕以表庆贺。如人数有增减，要及时进行车辆调换。条理化是规范化的核心，是标准化的前奏曲，是程序化的基础。

三、周到化

“五订”（订房、订票、订车、订导游员、订餐）是计调人员的主要任务。尽管事物繁杂缭乱，但计调人员必须时刻保持头脑清醒，逐项落实。这很像火车货运段编组站，编不好，就要“穿帮”“撞车”甚至“脱节”。俗话说：“好记性不如烂笔头”。要做到耐心周到，还要特别注意两个字。第一个字是“快”，答复对方问题不可超过24小时，能解决的马上解决，解决问题的速度往往代表旅行社的作业水平，一定要争分夺秒，快速行动。第二个字是“准”，即准确无误，一板一眼，说到做到，“不放空炮”，不变化无常。回答对方的询问，要用肯定词语，行还是不行，“行”怎么办，“不行”怎么办，不能模棱两可，似是而非。

四、多样化

组一个团不容易，往往价格要低、质量要好，计调人员在其中往往发挥很大作用。因此，计调人员要对地接线路多备几套不同的价格方案，以适应不同游客的需求，同时留下取得合理利润的空间。同客户“讨价还价”是计调人员的家常便饭。有多套方案，多种手段，计调就能在“变数”中求得成功，不能固守“一个打法”，方案要多、要细、要全，这样才能做到“兵来将挡，水来土掩”，纵然千变万化，我有一定之规。

五、知识化

计调人员既要具有正常作业的常规手段，还要善于学习，肯于钻研，及时掌握不断变化的新动态，新信息，以提高作业水平，肯下功夫学习新的工作方法，不断进行“自我充电”，以求更高、更快、更准、更强。如要掌握宾馆饭店上下浮动的价位；海陆空价格的调整，航班的变化；本地新景点，新线路的情况，不能靠“听人家说”，也不能靠电话问，应注重实地考察，只有掌握详细、准确的一手材料，才能沉着应战、对答如流，保证作业迅速流畅。

计调人员不仅要“埋头拉车”，也要“抬头看路”，要先学一步，快学一步，早学一步，以丰富的知识武装自己，以最快的速度从各种渠道获得最新的资讯，并付诸研究运用，才可以“春江水暖鸭先知”。虚心苦学、知识化运作其实是做好计调工作最大的窍门儿。

项 目 二

省内组团计调业务

项目概述

省内组团计调是旅行社前台在接受本地游客咨询时，计调能够根据游客需求策划相关旅游线路。在签订旅游合同之后，计调能够落实游客在本省内旅游的各项接待服务，并制订接待计划，委派导游组织游客出行，导游回团后审核账单并将相关资料整理归档。具体包括：线路策划、服务采购、制订接待计划、委派导游、审核账单并整理相关资料。

任务一　省内线路策划

任务导入

某单位为奖励职工，准备组织职工利用五一假期在省内旅游三天，每人费用控制在1000元左右，请计调为游客策划设计一条行程。

任务解析

旅游线路策划是旅行社计调的一项重要工作，是计调人员根据游客的要求安排旅游景点、旅游交通、旅游住宿、旅游餐饮、旅游购物、娱乐项目，计调人员应在很好地掌握本地旅游资源的基础上合理编排各旅游项目，最终满足游客在旅游目的地的各种需求。具体而言，本次旅游有如下特点。

1. 从时间上来说，以短时间旅游为主

旅行社线路产品从时间上来说，有一日游、二日游、四日游、多日游等。山西省内组团旅行社接待游客在本省旅游，从接待游客上来看多为本地人，他们多熟知本地的旅游景区、景点，外出旅游更多的是以度假休闲为主，正因如此，游客大多为周末出游，因受时间的制约，旅游时间主要以一日游、二日游、三日游为多。计调人员能够及时策划一日游线路、两日游和三日游线路。具体如：晋祠一日游、常家庄园一日游、五台山一日游、平遥乔家一日游、绵山一日游、庞泉沟一日游、藏山一日游。二日游包括：五台山云冈石窟二日游、云冈石窟悬空寺二日游、芦芽山二日游、林州大峡谷二日游、珏山蟒河二日游、白鹿温泉二日游、太行山大峡谷二日游、内蒙古草原二日游、白云山二日游、神农山二日游、重渡沟鸡冠洞二日游。三日游线路可以策划为：五台山大同三日游、平遥乔家三日游、太行大峡谷三日游、运城三日游等。

2. 从空间上来说，以近距离旅游为主

旅行社线路产品从空间上来说，包括近程线路产品、中程线路产品、远程线路产品，山西省内旅游多属近距离旅游。因受旅游时间的制约，一般游客的游览时间在2~3天，从出发点到旅游目的地最远的单程距离在300千米左右。如果以太原为出发点北至大同、南至运城适合设计大同三日游、运城三日游的行程，否则旅途的劳累会大大降低旅游的舒适性，所以很多线路以出发地为中心到目的地设计不是太远，属于近程旅游。

近程旅游线路距离、时间短，旅游范围在本省、本市范围，计调人员对旅游要素资源较为熟悉，采购难度低，设计难度小，而且旅游费用不高，市场欢迎度较高。

相比中程旅游线路，旅游距离延长，以省外周边地区旅游为主。如果以太原为出发点，北京、河南、陕西、内蒙古等地的旅游可以属于中程旅游，单程旅游距离可达500千米，旅行社需要依赖于当地的地接社来完成接待任务，线路设计很大程度受地接社的线路影响，计调需要充分考察地接社的基本情况，寻求合作伙伴。

较远程旅游线路，旅游路程远，可能超过1000千米以上，一次旅游时间5天以上，计调需要考虑与不同地区的地接社合作，由各地接社设计在本地旅游的各个旅游要素，通过相互衔接共同完成接待任务，远程旅游甚至还要考虑客源地与目的地之间的各种自然、文化差异。总之，旅行社自主设计远程旅游线路投入大、风险也大，旅游费用高，市场的承受能力差，市场可接受度和人们的收入有很大关系。

3. 从旅游目的上来说，以观光、度假休闲为主

按旅游者的旅游目的可分为观光旅游线、度假休闲旅游线、山水旅游线、文化旅游线、宗教旅游线、节庆活动旅游线等。

首先，省内旅游的目的主要在于观赏，计调在进行线路策划时应尽可能将活动安排得紧凑一些，包括多个旅游目的地，旅游景区景点的数量要达到饱和。

其次，针对休闲度假型游客设计的逗留型旅游线路，目的在于保障游客有足够的时间休息或娱乐，不必在乎景观的多样性变化，因此，线路所串联的旅游目的地相对较少，有时甚至可以只是一两个旅游点，但住宿、餐饮标准可适当提高，休闲、娱乐项目应多些。

最后，山西旅游景区可以划分为山水性质的景区，以及以宗教、建筑为主体的人文

性旅游资源。专题性旅游路线是一种以某一主题内容为基本思想，串联各点而成的旅游路线。全线各点的旅游景点或活动有比较专一的内容和属性，因而具有较强的文化性、知识性和趣味性，受到不同兴趣爱好的游客的欢迎。山西宗教文化旅游、山西古建旅游、太行山水旅游等主题旅游深受人们的欢迎。

4. 从线路走向来说，以辐射型线路、环型线路为主

旅游线路走向受交通制约，辐射型线路、环型线路、流线型线路在山西各有体现。

辐射型线路是一种小尺度的旅游路线。线路选择一个中心城市为“节点”，然后以此为中心向四周旅游点做往返性的短途旅游。太原周边山水一日游通常选择太原为节点，这是因为周边很多景区依托太原的食、住、行，节点的交通联系更方便、游览路程短，便于短期内往返，相比在景区内停留更有优势。

环型线路从起点出发经过各旅游地回到出发点，起点即终点，如太原—五台山—大同—太原的这条旅游线路。其最大的特点是不走“回头路”，景点相间分布，最大限度地欣赏沿路风景。

5. 从服务标准上来说，属于标准型线路

旅游线路的价格决定旅游过程中的服务标准，一般旅行社都设有人气型线路、标准型线路等多种规格的线路。

人气型线路是以较低的价格来赢得市场。目前我国旅游者消费能力虽然逐年提升，但单次旅游消费水平受收入的影响比较大，大多数游客总希望出游价格越低越好。因此，旅行社在设计一些人气型线路时，各项目服务标准较低，直接结果是安排景点多是常规景点，甚至多为当地免门票的景点，诸如城市公共景点。另外，安排景点的游览时间很短，游览内容和节奏的设计，主要表现为“景点多多益善，游览节奏越快越好”。

标准型线路由于价格相对较高，设计的游览内容和旅游的节奏趋于舒缓，更加体现旅游是一种休闲度假活动，而不仅仅是观光，在选择景点时不但要考虑游览内容的影响力和代表性，还要考虑旅游者的旅游体验。旅行社可以将精华景点与常规景点结合在一起进行安排，甚至包含景区全部景点及表演节目的门票。

相关知识

旅游线路策划是旅行社根据旅游者的需求，合理安排旅游过程中各项服务，保障旅游者能够获得良好旅游体验的一个行程设计。该行程设计从旅游者离开居住地起，游客能够享受到各种规定的服务，如交通服务、导游服务、餐饮服务、客房服务、娱乐服务、购物服务等。对于旅行社而言，合理科学地设计旅游线路是保证向消费者提供有吸引力产品的关键环节。因此，设计水平的高低直接关系到产品销售的结果。在旅游线路策划过程中，如何安排旅游景区、景点，如何解决各景点之间的移动，以及旅游者的食宿等，都需要计调人员在掌握大量旅游资源中合理设计，将分散的各种单项旅游产品如住宿、餐饮、客运交通、购物等有机结合在一起，成为各种类型、各种档次的旅游线路产品。

省内组团旅行社需要了解本省的旅游要素资源，结合游客需求特点设计各类线路满足市场需求。

一、旅游景点的选择与设计

山西旅游市场以太原为重要的客源市场，游客在选择旅游目的地时基本形成一个规律，游客首选五台山、大同，其次平遥、乔家、绵山，再次晋商大院（曹家大院、王家大院），最后太行山大峡谷、皇城相府、晋祠、煤炭博物馆、鹳雀楼、芦芽山等。少有涉及临汾、晋城等地的景点，只有10%集中在运城（关帝庙、普救寺、黄河大铁牛）、临汾（壶口瀑布、洪洞大槐树、苏三监狱、广胜寺）的组合上。

太原作为山西最大的客源中心，是山西旅游的一个集散中心，因此，太原常作为旅游线路的出发点和最后一个游览点。游客在选择旅游目的地时，具有明显的随着目的地距离的增加而所选人员数量递减的规律，这也说明距离是短距离旅行最大的影响因素。

（一）旅游景区的游览时间设计

山西旅游景区有大有小，有的景区内部有很多小的景点，而有的景区内部只有为数不多的景点，景区景点多少的差异，直接决定游客在景区停留时间的长短。以五台山为例，五台山可以设计一日游、两日游甚至三日游的行程，而乔家大院只能设计为一日游行程，而且一日游行程还非常宽松，需要和其他景点搭配才能使游客感觉行程相对饱满。

（二）旅游景点数量适中

省内组团计调在线路设计时受时间的影响较大，目前游客出游多集中在周末，旅游时间为1~3天。在短暂的时间内旅游点的安排要适中，数量太多，对游客的体力要求较高；若数量较少，则在每一个旅游景点上停留的时间会很长，不能体现旅游的价值，但非常适合度假旅游者。

旅行社在择点数量上也有一定的规定，一般是上午2个景点—午饭—下午2个景点，但也应根据旅游者的实际情况安排旅游线路。如果在一个旅游团中，老人占大多数，甚至是整个旅游团都是老人，旅行社就应适当减少旅游景点，或者安排比较舒适的景点。相反，若旅游团中青年旅游者占多数，则应安排适合年轻人特点的旅游景点或适当增加旅游景点。通常，旅游者都会提前咨询了解旅行社设计的旅游线路，一旦决定参加该条旅游线路，就会遵循旅行社的安排。所以，旅行社应预先考虑好游客的旅游需求，很好地安排景点数量。

（三）景区类型特色各异

一般来说，一条旅游线路不会涉及太多相同的旅游景点（专线除外）。因为相同的旅游景点可能使游客产生视觉疲劳或者审美疲劳。在编排旅游线路时应尽量选择不同种类的旅游景点，或将相似的景点间隔开。

（四）关注景区门票价格

景区门票价格直接决定线路成本和利润，在山西很多旅行社与景区的合作，会根据购票量的多少决定门票的折扣，但普遍折扣较低，所以旅行社一般不愿意在旅游行程中增加景点。此外，计调在设计线路时应选择不同价格的景点，保证旅行社具有一定的利润。

二、旅游餐饮的安排

吃是使旅游活动得以顺利进行的保证，应遵循经济实惠、环境幽雅、交通便利、物美价廉的原则进行合理安排，并注意安排体现地方或民族特色的风味餐。当然，旅游者有特殊要求的除外。

（一）餐饮预算

预订餐饮时要考虑预算开支，最好的办法是和餐饮部经理、餐饮主管等仔细商量。根据团队性质决定餐饮标准，一般来说，人气团正餐标准每人 18~25 元。纯玩团一般正餐标准每人 25 元以上。豪华团正餐标准一般都在每人 50 元以上。早餐餐标 5 元，包括鸡蛋、馒头、花卷、稀饭、豆浆等。正餐餐标 15 元，十人一桌，四荤四素一汤，主食米饭。

（二）餐饮类型

本省游客大多对本地非常熟悉，饮食安排也非常有规律可循，一日游大多不含餐，以降低产品价格。客人中午自行解决饮食问题，这类客人大多对吃的要求不高，因为时间较短，往往随意吃点东西就可。此外，可能因为团餐的安排质量较差，或者接待旅游团队的餐厅未达到游客的要求，所以游客多喜欢野炊或自己解决，对此，计调人员在线路设计时要考虑顾客旅游的要求，选择适合游客标准的餐厅，在游客固有饮食习惯的基础上，变换餐饮类型，以此吸引游客。如各种自助餐、西餐、朝鲜风味餐厅、火锅店（涮羊肉）、海鲜餐厅等。

（三）就餐的地点或环境

团队就餐人数较多，旅行社选择就餐地点时，最好选择能满足团队同时就餐的餐厅，以防就餐时间有限，游客吃完饭后需要焦急地等待。用餐地点最好遵循就近原则，选择靠近游览景区，或者顺路的地方。总之，合理地将团队行程中的餐点安排在合理的位置，既节省时间，又节省路途。

（四）风味餐的安排

风味餐的安排以旅游过程中加餐的形式进行，大多团费中不包含，这样可以降低线路价格。所以，风味餐多以导游在行程中推荐的加餐为主，如山西特色面食、粗粮等都可作为加餐项目。计调人员需要注明风味餐的名称、价格、主要特色及付款方式。

三、交通安排

旅游是一种异地活动，无论从常住地到旅游目的地，还是旅游活动期间各地之间的往返，交通都承担着旅游者空间位移的任务。交通不仅要解决旅游者往来不同旅游点间的空间距离问题，更重要的是要解决其中的时间距离问题。

山西旅游主要以汽车作为主要的交通工具，因为汽车不受时间限制，出团、回团时间不像航班那样受到制约，具有一定的灵活性。计调要考虑景区与景区之间交通运行的时间、合适的车型以及计价的方式。

（一）车程

作为计调要了解景点与景点之间的车程，了解该线路主要城市之间的汽车行驶时间以及路况。一般认为，乘汽车旅游的距离不宜过长，因为游客往往难以忍受距离较长而又一路颠簸的交通安排，短程最好控制在50千米（1小时车程）左右；长途每天控制在300千米（不超过5小时）以内，否则会使游客感觉疲劳。另外，可以考虑在行驶中间安排休息地点做短暂的休息。

（二）车型

汽车安排有一个重要的问题就是车型。目前常用的车型主要有金龙、现代、宇通，这些品牌汽车其座位数量不同，对于使用什么车型可根据团队人数而定。一般来说，人数多，车型大；人数少，车型小。当然在安排时也可以根据客人的要求安排合适的车型。国内团一般一人一座，很少安排空余座位，豪华团可能车型会有一些空余座位以备不时之用。作为汽车团，利润来源往往就是人数和车型的配合，旅行社应尽可能地节约座位，提高座位利用率。

（三）车型计价

在实际操作中，计调员往往通过旅游车的运载千米数来概算出车辆的租赁价格。汽车租赁价格等于单千米价格乘以千米数，80千米以外为超千米用车计价。

四、住宿安排的要求

住宿一般包括饭店、度假村、青年旅馆、家庭旅馆、招待所等，不同类型的住宿设施所提供的服务项目、档次有区别。所以旅行社在开发住宿产品时，通常根据消费者的消费水平来确定住宿的地点、档次及提供的服务项目。住宿的安排作为旅游线路设计的重要项目，一直以来是游客非常关注的问题，可以说住宿设计的成败决定了线路设计的成败。

（一）选择住宿饭店的类型及等级

目前，住宿以星级酒店、农家乐、快捷酒店等为主，度假村、客栈、青年旅舍、短租公寓等也都可以作为选择对象。

农家乐是体验各地民居居住环境的一种方式，由于山西地域辽阔、历史悠久，各地的地理气候条件和生活方式不尽相同，因此，民居建筑样式和风格各有不同，如晋西北黄土高原的窑洞、四合院等。在线路设计时，可有意地安排这些民居，让游客体验特色居住环境。

经济型酒店以客房为唯一产品或核心产品，以加盟或特许经营等经营模式为主，价格低廉（一般在300元人民币以下）、服务规范、性价比高，是大众观光旅游者和中小商务旅游者住宿选择的优先考虑对象。

（二）选择合适的位置

计调人员在安排住宿时，要合理选择住宿的地点。因为住宿地点距离景区的远近，决定早晨接团以及晚上送团需要花费的时间。如果住宿位置较偏僻，周边商圈不发达，游客晚上休闲活动的范围就会受限，饭店周边治安环境也会影响游客人身安全。

五、购物安排

旅游购物是旅游者在旅游活动中的一项重要内容。旅行社在线路策划时一般会包括购物项目。旅游购物一般分定点购物和自由购物两种，定点购物是旅行社指定的商店购物，自由购物是旅游者利用自由活动时间自己选择商店购物。

在线路设计时，应选择旅游商品最丰盛、购物环境最理想的购物点，次数适当（不能太多），时间合理（不能太长）；能满足大部分游客的需要，遵循不重复、不单调、不紧张、不疲惫的原则，尽量安排在游线所串联景点的最后。切忌选择那些服务态度差（如强迫交易）、伪劣商品充斥的购物场所。

（一）选择购物场所

一般来说，旅游线路购物点应满足环境优美，旅游商品类型多、质量优良且富有特色。山西旅游购物点一般集中在超市、城市小型的购物商场，为了能够接待大型旅游团队也建设有专门供旅游团队购物的购物点，如祁县红海玻璃厂、小店土特产超市等。

（二）体现旅游商品的价值

旅游购物品不同于一般商品，对旅游者而言，它们具有特殊的价值。首先，具有一定的民族特色。富有民族传统和技艺的工艺品具有收藏价值和纪念意义，可以证明旅游者曾经来过某个地方，并可寄托旅游者的某种情怀。其次，具有一定的观赏性。旅游购物品一定是外形美观富有吸引力才能获得旅游者的青睐。最后，便于携带。由于旅游的异地性，旅游商品必须精致小巧，便于携带才能方便游客带回居住地。目前，旅游者旅游过程中所需商品包括：旅游生活用品、旅游文化用品、旅游食品、旅游纪念品等，山西旅游商品主要集中在旅游食品上，包括平遥牛肉、沁州黄小米，大同黄花菜、蒲州青柿、垣曲猕猴桃、清徐葡萄、晋城红果、代县辣椒、运城黄河鲤鱼等。尤其山西陈醋，具有甜、绵、酸、香、浓的特点，不但深受本省人民喜爱，而且行销全国。山西旅游商品多为土特产，为了便于游客携带，很多产品包装越来越精致。

（三）购物次数

旅游购物次数太多和太少都存在很大的弊端，太多容易引起游客的反感，太少又满足不了游客的需求。目前很多旅行社为了在竞争中取得优势，想方设法降低成本以吸引旅游者，但当价格降到不能再降时，就通过安排购物点来弥补。因为购物点想要旅行社在行程中安排自己的门店作为购物点，就要支付旅行社一定的回佣作为报酬。这样旅行社安排的购物点越多，回佣越高，旅行社利润就越大。由此，旅行社在行程中安排的购物点越多，价格越低，但购物点的回佣反而越高，低团费、负团费的旅行团都可能是购物团和强迫消费团。随着旅游者对旅游的认识不断改变，过多的购物安排逐渐引起游客的反感，旅游线路设计应根据游客的需求合理安排购物次数，尽可能在规定的范围内满足游客的购物需求。

（四）购物时间

各地旅游局对旅游购物都有规定。如某省旅游局明确规定，每天购物不超过一次，每次购物不超过 40 分钟，若导游违反规定，游客有权投诉。

六、娱乐活动设计

旅游娱乐是为了满足旅游者的需要，以一定的娱乐设施、娱乐项目为载体，增加游客体验的娱乐性、参与性、知识性和趣味性，使旅游者从中获得快乐，玩得高兴。

在旅游线路娱乐活动的安排上，内容要丰富多彩、雅俗共赏、健康文明、体现民族文化的主旋律，达到文化交流的目的。

（一）安排娱乐活动的时间

在旅游过程中，娱乐活动是增强旅游效果的重要因素，但目前游客的需求千差万别。各旅行社为满足游客的不同需求，多将娱乐活动项目安排在晚上观看表演，或体验少数民族生活。有兴趣的游客可报名参与，没有兴趣的游客可在宾馆休息或自行安排逛街，互不影响。总之，晚上安排一些娱乐表演等项目，可以恰到好处地让一天的行程更充实。

（二）娱乐项目

当今世界旅游娱乐业大致分为健身娱乐、赌博娱乐、游戏娱乐、文化娱乐。在项目安排上尽可能突出健康、娱悦身心、又能领略异域文化氛围的娱乐项目，反对低俗不健康的娱乐项目。

山西娱乐项目目前主要以景区的演出为主，最有代表性的是《又见平遥》《又见五台山》大型实景演艺项目和武乡八路军红色旅游实景剧《太行山》。《又见平遥》是反映晋商文化的实景演出项目，是“又见系列演艺项目”在中国北方地区的第一个项目，是山西省在“十二五”期间由能源大省向文化大省转型跨越的重要旅游发展项目之一。本剧由“印象系列”总导演王潮歌编导，于 2013 年 2 月 18 日在山西平遥正式公演，每天下午 14：00 点，晚上 20：00 点（周一无演出）共两场演出。

《又见五台山》是著名舞台剧导演王潮歌的最新作品，于 2014 年 09 月 19 日在山西五台山首演。《又见五台山》以五台山的佛教典故、仪规为创作基点，却又跳出单纯故事讲述的窠臼，打碎形式、打破空间，向无尽的时间发出探问，通过丰富和无穷变换的场景，用舞台语汇解构一天、一年、一生、一念。

任务二　旅游线路的展示

任务导入

五台山、大同三日游线路设计完成以后，你认为如何用文字展现一条好的线路，让游客一目了然地理解线路内容，或者便于前台接待人员向游客很好地解读行程。

任务解析

从旅行社的角度出发，旅游线路设计完成以后，需要对线路进行详细的说明，并能够很好地向游客展示，发挥产品宣传的目的。目前，各旅行社旅游线路的格式标准不一，详略不一，内容编排杂乱无章，对游客需求服务描述不清，这些都使得产品形象大打折扣，直接影响游客是否选择出游，长期会影响旅行社的品牌形象。为了让游客更好地了解产品内容，需要在格式、内容上更加直观、明显，能通过产品的基本格式反映旅行社精益求精的态度。

从游客的角度来说，游客期望通过一个简单的行程单（见表 2-1），对未来几天的旅游行程有一个大致的了解，以此减轻对未来旅行的疑虑，从而放心出行，满意出行。

表 2-1　五台山大同休闲三日游行程单

五台山大同五星休闲三日游	
线路特色	1. 本线路是山西省古建筑群最丰富多彩的旅游线，其中有：中国四大佛教名山之首的五台山；世界文化遗产、中国三大石窟之一的云冈石窟；令人惊叹的建筑奇观——悬空寺。 2. 住宿标准高，全程五星级酒店。 3. 价格合理，行程舒适。

续表

行程安排（第一天）	太原—五台山（汽车约3小时）；含：早、中、晚；住宿：五台山五峰宾馆（五星级）。 早晨6：30华苑宾馆集合，乘车赴【五台山】。五台山与四川峨眉山、安徽九华山、浙江普陀山共称“中国佛教四大名山”，是我国著名的佛教旅游胜地。这里夏季凉爽，列中国十大避暑名山之首，2009年被联合国教科文组织以文化景观列入世界遗产名录，是山西为数不多的5A级旅游景区。抵达五台山台怀镇后，安排住宿，稍事休息后用午餐。 下午参拜五台山藏传佛教领袖寺院、清代皇家寺庙、有“小布达拉宫之称”的皇家行宫【菩萨顶】（游览时间约1.5小时）；参拜汉传佛教领袖寺、规模最宏大、历史最悠久，有“开山第一寺之称”【显通寺】（游览时间约1.5小时）；外观五台山的标志性建筑【大白塔】；参拜文殊菩萨祖庭、最大文殊菩萨像所在地【殊像寺】（游览时间约1小时）；之后返回宾馆享用晚餐。 晚上入住五台山五峰宾馆，感受佛国圣境的美好夜晚，可以自费观赏大型情景演出《又见五台山》。 旅游景点：菩萨顶　显通寺　塔院寺　殊像寺。
行程安排（第二天）	五台山—浑源—大同（汽车约4小时）；含：早、中、晚；住宿：云冈国际（五星级）。 早上5点多起床，朝拜五台山许愿最灵验、香火最旺盛的寺庙【五爷庙】（游览1小时），为您和家人、朋友祈求平安与祝福！之后回宾馆用早餐；早餐后登上1080级台阶，前往有小朝台之称的【大螺顶】（游览时间约3小时，如乘索道费用自理，往返85元/人），朝拜五方文殊，俯视五台山优美风光。 午餐后，乘车前往中国煤都、历史文化名城大同，途中游览世界建筑奇葩——悬空寺（自理130元/人，路途时间约3小时，游览1.5小时左右），之后前往大同。 晚上入住大同云冈国际（五星），感受塞外古城的风情。 旅游景点：五爷庙　大螺顶　悬空寺。
行程安排（第三天）	大同—太原（汽车约3.5小时）含：早、中；住宿：无。 早上集合后，乘空调旅游汽车赴世界文化遗产云冈石窟，云冈石窟位于山西省大同市以西16千米处的武周山南麓，依山而凿，东西绵延约1千米，气势恢宏，内容丰富。云冈石窟也是世界闻名的石雕艺术宝库之一。1961年国务院公布为全国重点文物保护单位，2001年被列为世界文化遗产。2007年5月8日，大同市云冈石窟经国家旅游局正式批准为国家5A级旅游景区。云冈石窟已成为国内各界人士参观游览的重要场所，也是国际友人倾慕和向往的旅游胜地。（游览时间约2小时）。 午餐后，乘车返回龙城太原。返回太原后，途游以国家级非物质物质文化遗产、美和居老陈醋酿制技艺为主题的国家4A级旅游景区【东湖醋园】（游览时间约45分钟），晚上7：00送团。 旅游景点：云冈石窟、东湖醋园。
报价	成人价格：￥999，小孩价格：￥666。
费用包含	1. 门票：含以上行程所列景点所有门票，悬空寺门票除外。 2. 交通：全程空调旅游车（根据当天参团人数定车型），平遥电瓶车。 3. 住宿：五星级酒店，均为双人标准间，出现单人需补房差。 4. 导游：中文导游服务。 5. 保险：旅行社责任保险及旅游意外保险。 6. 用餐：选用我社提供的团队用餐，包含七正三早，正餐十人一桌，八菜一汤，主食足量。 正餐餐标50元/人，早餐20元/人。
费用不包含	1. 悬空寺门票。远观悬空寺不产生任何费用；如需近观悬空寺，首道门票30元；如需登临，二道门票100元；半票65元，60周岁以上50元，70周岁以上免票，游客可自行购买。 2. 云冈石窟景区小交通10元。 3. 自费观赏大型情景《又见五台山》，票价：198元。 4. 本次行程安排一次购物，时间45分钟，地点东湖醋园，游客自行购买山西陈醋。

续表

旅游注意事项	1. 五台山早晚温差大，建议多携带衣物，以备早晚替换。 2. 参团客人出行时务必携带本人有效身份证明（不能过期），儿童须带户口簿原件。 3. 全程游览时注意保管好自己贵重物品，注意安全，观景不走路、走路不观景。 4. 第一天参团时，如若客人未在规定集合时间之后的20分钟内到达，旅行社视为客人自动放弃，只退未产生的门票费。 5. 由于是散客拼团，请游客自觉遵守集合时间，相互督促，避免拖延时间，以免影响行程的正常进行。团友应本着团结友爱的精神，互相帮助，互相支持，互相鼓励，互相理解，并积极配合导游及司机完成旅途工作，确保旅途愉快和顺利。 6. 特殊情况下，我社在不减少景点的情况下，对景点的参观顺序进行调整。 7. 因道路检修、堵塞、天气原因、国家政策等人力不可抗拒因素无法正常参观旅游景点的，或遇政策性调价，政策性优惠及其他未产生费用，我社只退折扣价格和实际价格的差额、住宿或用餐费用，由此而产生的其他额外费用由客人自理。
地址： 联系人：	邮编： 电话：

相关知识

一、旅游线路的主题

线路主题是线路特色的高度概括，是线路突出要素的显现，为线路宣传提炼卖点。本省旅游线路大多以时间、地点命名。

例如，旅行社线路产品常以某地一日游、二日游、四日游……多日游等命名。其优点是旅游者一眼便可看出所需旅游时间的长短；对于旅行社来说，可根据时间长短来安排旅游内容，并且比较容易确定价格。其缺点是对旅游主题的表述往往不明确，体现不出旅行社线路产品的特色。如五台山大同三日游、运城两日游线路，旅游消费者很难从中看出产品的核心特色。

另外，旅游线路产品如果在某一旅游要素上非常突出，在线路产品宣传时可以通过线路主题凸显出来。如从服务标准上来说，旅行社有豪华游、标准游、人气游等；如果在交通上比较凸显，可以说明是动车游、高铁游；现在游客对购物比较敏感，某些行程没安排购物，可以说明是纯玩游等。当然在其他方面具有优势也都可以说明，如五台山五星休闲游就突出了行程宽松的特点，适合周末度假休闲者旅游。

另外，旅行社在特殊节假日推出一些产品，以节日命名线路，使得主题非常突出，能够达到很好的宣传效果。如“三八”妇女节，越来越多的用人单位以组织女员工集体出游作为奖励，各大旅行社就此推出以踏春赏花、温泉、美食购物和美容等为主要内容的“三八”主题游产品。

二、行程说明

旅游线路行程说明可以说是旅游产品说明书，也可以说是旅行社与游客的合同文本，包含旅游过程中对吃、住、行、游、购、娱六大要素的安排，存在着粗与细、详与略、繁与简的不同，但好的行程体现着企业的信誉和品牌，也反映着产品的质量。因此，无论在格式上还是文字表达上，力求做到信息传递准确，内容翔实，文字优美，条理清晰易懂。

（一）旅游交通

旅游交通作为旅游业三大支柱之一，是构成旅行社线路产品的重要因素。旅游交通可分为长途交通和短途交通，前者指城市间交通（区间交通），后者指市内接送（区内交通）。行程需要说明乘坐区间、乘坐的交通工具、乘坐时间等。

（二）旅游住宿

住宿一般占旅游者旅游时间的三分之一。旅游住宿是涉及旅行社线路产品质量的重要因素，旅行社线路产品必须注明下榻饭店的名称、地点、档次、房间类型等。

（三）旅游餐饮

旅游餐饮需要说明就餐地点、餐饮的次数、餐标，其中餐标包括早餐餐标、正餐餐标。

（四）游览观光

游览观光是旅游者最主要的旅游动机，是旅行社线路产品产生吸引力的根本来源，也反映了旅游目的地的品牌与形象。游览景区需要说明景区停留时间、景区交通是否自费、自费景区门票等。

（五）娱乐项目

娱乐项目是旅行社线路产品构成的基本要素，也是现代旅游的主体。许多娱乐项目都是参与性很强的活动，能极大地调动旅游者参与的兴趣，加深旅游者对旅游目的地的认识。娱乐项目需要说明项目名称、是否自费等。

（六）购物项目

旅行社线路产品中的购物项目分为定点购物和自由购物两种，前者是旅游者到旅行社制定的商店购物，后者是旅游者利用自由活动时间自己选择商店购物。购物需要说明购物场所、购物时间、购物次数、购物商场商品类型。

（七）导游服务

线路产品需要说明是否包含导游服务。导游服务包括地陪、全陪、景点陪同，主要提供翻译、向导、讲解和相关服务。导游服务必须符合国家和行业的有关标准及有关法规，并严格按组团合同的约定提供服务。

（八）旅游保险

旅行社在提供线路产品时，必须向保险公司投保旅行责任险，保险的赔偿范围是由于旅行社的责任致使旅游者在旅游过程中发生人身和财产意外事故而引起的赔偿。除此之外，包括旅游意外险，说明保险费用以及保险金额。

以上各种要素的有机结合，构成了旅行社线路产品的重要内容。旅行社线路产品是一个完整、科学的组合概念，完美的旅行社线路产品是通过最完美的组合而形成的。

三、费用说明

价格是影响游客出游的重要因素，旅行社提供旅行社线路产品需要向游客说明线路价格，包括成人价格、儿童价格或老人价格，以及价格包含的服务项目以及价格不包含的服务项目。特别是对于线路中需要游客另行付费的项目及价格必须标明，旅行社以书面形式推荐，由游客自愿选择。游客投诉自费项目时往往认为，旅行社有强迫或者变相强迫行为，违背了自愿选择精神，因此，这种推荐必须在游客出团前完成。游客投诉自费项目的另一个原因是很多时候自费项目的价格在行程中由地陪确定，导致自费项目价格偏高甚至是虚高，导游等从业人员却由此获利。因此，为了给游客提供公平的消费环境，旅行社有义务在提供自费项目时，明确每一个自费项目的价格，供游客自愿选择。

四、补充说明

补充说明又称注意事项，是预先告知游客旅游过程中的一些注意事项，主要为了增强游客安全意识，普及旅游安全基本常识，使游客对旅游有客观的认识，以及合理的预期，预防旅游过程的突发事件。

（一）安全事项

乘车安全是游客上下车、等车、在车上的注意事项。例如，游客排队上下车时，应优先照顾老人、儿童、妇女，提醒游客不要拥挤，以免发生意外；为了防止火灾事故的发生，提醒游客不要携带违禁物品上车；提醒游客乘车时不要将头、手、脚或行李物品伸出窗外，以防意外发生；提醒游客下车游览、就餐、购物时，请注意关好旅游车窗，随身携带的贵重物品，防止被盗。游客应注意听从导游的安排，记住集中的时间和地点；认清自己所乘坐的车型、车牌号及颜色；不要迟到，因迟到造成的后果由个人负责。

住宿安全是游客入住酒店后，应了解酒店基本情况，以防突发事件的发生。例如，了解酒店地理位置以及联系电话，以防迷路；熟悉酒店的太平门、安全出路、安全楼梯的位置、安全转移的路线，以在火灾发生时可以安全逃离火场。

饮食卫生安全是提醒游客旅游期间要合理饮食，不要暴饮暴食或贪食；注意饮食卫生，不要接受和食用陌生人赠送的香烟、食物和饮品。山西旅游景点间路途较远，请预备适当分量的水、干粮或者零食，及时补充体力。

游览观景安全是指景区存在不安全因素时需要告知游客的部分。省内旅游主要表现为登山安全、漂流安全、乘坐缆车安全，游客应根据自身身体状况选择合适的项目，避免过激运动以及自身无法适应的活动。提醒游客选择自己能够控制风险的活动项目，并在自己能够控制风险的范围内活动。除特殊团队外，旅行社不安排赛车、赛马、攀岩、滑翔、探险性漂流、滑雪、下海、潜水、滑板、跳伞、热气球、蹦极、冲浪、跳伞等高风险活动，也应提醒游客在旅游中的自由活动期间尽量不要去参加这些活动，如若游客坚持参与，应告知其要自行承担风险。

购物娱乐安全是防止游客购物娱乐时上当受骗所做的提醒。例如，购物时要细心鉴别商品真伪，不要急于付款购物；购物时应向商家索取正式发票；在热闹拥挤的场所购物或娱乐时，注意保管好自己的钱包、提包、贵重的物品及证件；不要单独行动，不要前往管理混乱的娱乐场所；游客在购物、娱乐时，主要应防止诈骗、盗窃和抢劫事故的发生。

（二）提醒游客对旅游有合理的预期

游客出游之前对旅游如果期望值过高，在旅游结束后，很容易引发旅游投诉。对此，旅行社在出游之前就应该让游客有一个合理的心理预期，防止期望值越高。旅游过程中涉及服务较多，对可能引发投诉的因素，旅行社最好能做出提前说明，获得游客的理解。

（三）天气提醒

山西为大陆性季风气候，早晚温差较大，中午要注意防晒，早晚应注意防着凉。天气较为干燥且多风，游客应多喝水、多食水果，注意防风。

旅游过程中需要提醒游客的内容很多，线路产品应针对不同的顾客重点说明相关注意事项，对于初次出游的游客应尽可能说得全面，对于经常出游的旅客做简要说明即可。

五、旅游线路格式范本

旅游线路格式范本如表 2-2 所示。

表 2-2 旅游线路格式范本

旅游线路主题
一、线路特色 1. 2.

续表

二、行程安排 第一天(具体日期）A 地—B 地（交通工具与时间)；含：早、中、晚；住宿：××酒店 早晨就餐时间安排 上午行程安排 中午就餐时间/地点 下午行程安排 晚上就餐安排/娱乐活动安排 旅游景点： 第二天（具体日期）B 地—C 地；含：早、中、晚；住宿：××酒店 第三天（具体日期）C 地—A 地；含：早、中、晚；住宿：××酒店
三、报价 成人价格： 小孩价格：
四、费用包含 1. 2.
五、费用不包含（自费项目） 1. 2.
六、旅游注意事项 1. 2.
地址：　　　　邮编： 联系人：　　　　电话：

任务三　旅行社各供应商的考察与建档

任务导入

太原、五台山、晋中、大同是山西的主要旅游地，省内组团旅行社的服务采购主要集中于这四个地方，请你考察这几个地方的旅游饭店、餐厅、交通运输单位、景区、购物点、娱乐演出单位，分别针对不同类型单位考察相应项目，以对供应商有一个全面的了解，为以后的合作签订协议提供依据，并在电脑上建立相应的业务档案。

任务解析

旅行社在接受游客报名后，就需要为游客落实相关接待服务，即食、住、行、游、购、娱六要素。而这六要素旅行社本身并不能提供，其销售的产品是向其他旅游服务企业采购后组合加工而来的，也就是说旅行社需要根据游客的需求向合作的供应商去采购相关的服务。

在山西主要的旅游目的地，提供相关服务的企业很多，旅行社计调应如何甄别这些企业，选出适合的合作伙伴，作为产品的供应商呢？旅游饭店、餐厅、交通运输单位、景区、购物点、娱乐演出单位，其每一项都需要仔细考察，而且需要考察的项目很多，因为每一项都可能影响行程的舒适性。

相关知识

一、旅行社各供应商的考察

（一）住宿酒店的考察

住宿是旅游产品的重要组成部分，旅行社可选择的住宿对象包括星级酒店、饭店、农家乐等。衡量星级酒店的标准很多，要想全面了解酒店，一般首先需要了解酒店的种类。根据使用目的（主要功用）划分为商务酒店、度假酒店、会议酒店、旅游酒店等。不同的游客会选择不同类型的酒店，必须明确酒店的功能定位，这样旅行社订房时才能非常明确。其次，了解酒店的星级。酒店等级划分为五个等级，不同星级的硬件设施、软件服务不同。再次，了解酒店的具体位置。交通条件如何，距机场、火车站的距离，是否方便接送。最后，了解住宿费用。每个房型的费用是多少，费用是否含早餐，早餐为中式还是西式自助，如没有早餐，单点的费用是多少；住宿费用是否包含服务费和政府调节基金。

（二）餐厅考察

随着旅游业的不断发展，就餐的功能逐渐由以前的提供游客在旅游地活动所需的能量向享受地方美食、体验饮食文化转变。就餐不仅要考虑吃饱，更要关注吃出品位、吃出文化。

计调人员应该了解本地区、旅游线路沿线餐饮服务单位的分布情况，以及餐饮单位的具体情况，如旅游目的地有哪些餐饮企业，餐饮的特色、就餐地点、就餐环境、服务质量、菜品数量、菜品质量、卫生设施、停车场地、联系人、联系电话等信息也都要详细地了解。

（三）交通运输单位的考察

旅行社必须与包括航空公司、铁路部门、轮船公司、汽车公司在内的交通部门建立密切的合作关系。事实上，为寻找稳定的客源，交通部门也非常倾向于同旅行社合作。旅行社要争取获得有关交通部门的代理资格，以便顺利采购到所需的交通服务。

山西旅游主要以乘坐汽车为主，这和山西的交通有很大的关系。因此山西旅游铁路专线较少，出于经济原则，景点与景点之间多乘坐汽车。作为计调，要了解合作的大中型汽运公司及私人车队，包括车队名称、车型、车况、常用线路的包车价格、联系人方式等信息。

（四）旅游景区景点的考察

根据旅行社产品的定位，以及长期经验的总结，旅行社需要了解本地景区景点的名称、等级、地理位置、门票价格、协议价、景点特色、联系人方式等信息。

（五）旅游定点购物商店的考察

旅游定点购物商店的信息包括购物店名称、商品特色、详细地址、商品价格、联系人方式等信息。

（六）娱乐服务供应商的考察

娱乐服务供应商的考察应包括项目名称、演出时间、价格、联系人方式等信息。

（七）保险公司的考察

保险公司需考察保险险种、保险范围、价格、联系人方式等信息。

二、建立旅行社各供应商信息档案

（一）某旅行社合作的山西主要旅游景区信息（见表 2–3）

表 2–3　某旅行社合作的山西主要旅游景区信息

目的地	门票价格	协议价	等级	联系人
五台山	旺季 168 元/人 淡季 140 元/人	旺季 16 人以上 135 元/人 淡季 16 人以上 112 元/人	5A 级旅游景区、世界文化遗产、国家森林公园	…
恒山悬空寺	130 元/人	10 人以上 125 元/人	4A 级旅游景区、国家森林公园	…
应县木塔	60 元/人	10 人以上 55 元/人	4A 级旅游景区、全国重点文物保护单位	…
大同云冈石窟	150 元/人	10 人以上 140 元/人	5A 级旅游景区、世界文化遗产、全国重点文物保护单位	…
乔家大院	40 元/人	50 人以上 36 元/人	5A 级旅游景区、全国重点文物保护单位	…
平遥古城	150 元/人，古城内小交通 30 元/人	10 人以上 130 元/人	5A 级旅游景区、世界文化遗产	…
介休绵山	旺季 110 元/人 淡季 90 元/人	旺季 10 人以上 80~88 元/人 淡季 10 人以上 65 元/人	5A 级旅游景区	…
灵石王家大院	66 元/人	11 人以上 50 元/人	4A 级旅游景区、全国重点文物保护单位	…

续表

目的地	门票价格	协议价	等级	联系人
洪洞大槐树	80元/人	10人以上56元/人	4A级旅游景区	…
苏三监狱	30元/人	10人以上24元/人	现存保护的最早监狱	…
华门	50元/人	16人以上35元/人	世界上规模最大的门建筑	…
运城死海	旺季198元/人 淡季115元/人	140元/人	4A级旅游景区、中国民间文化遗产旅游示范区	…
王莽林	60元/人	55元/人	4A级旅游景区	…
皇城相府	100元/人	10人以上80元/人	4A级旅游景区	…
昔阳大寨	35元/人	16人以上打8折	3A级旅游景区	…
晋祠	旺季70元/人 淡季60元/人	10人以上打9折	4A级旅游景区	…
煤炭博物馆	60元/人	10人以上45元/人	4A级旅游景区、国家一级博物馆	
常家庄园	60元/人	10人以上48元/人	4A级旅游景区	

（二）某旅行社合作的星级酒店信息（见表2-4）

表2-4　某旅行社合作的星级酒店信息

地区	饭店名称	饭店星级	标准间价格（元/夜）	地址	联系电话
太原	晋祠宾馆	五星级	888	晋祠路	…
	迎泽宾馆	五星级	568	迎泽大街	…
	山西国贸大饭店	五星级	666	府东街	…
	山西大酒店	四星级	488	柳巷	…
五台山	五峰宾馆	五星级	666	五台山景区	…
	云峰宾馆	四星级	488	五台山景区	…
	龙泉山庄	四星级	488	五台山景区	…

（三）某旅行社合作的饭店餐厅信息（见表2-5）

表2-5　某旅行社合作的饭店餐厅信息

餐厅名称	餐厅特色	团餐价格	地址	联系人
黄河京都大酒店	山西面食，结合川、鲁、粤等菜系	50元/人	太原市小店区平阳路19号	…
华苑宾馆	粤菜、淮扬菜、晋菜	30元/人	太原市建设路火车站附近	…

（四）某旅行社合作的娱乐服务供应商信息（见表 2-6）

表 2-6　某旅行社合作的娱乐服务供应商信息

娱乐演出项目	演出时间	特色	价格	联系人
又见五台山	下午 2：00； 晚上 8：00	佛教文化	优等座 188 元/人 嘉宾座 368 元/人 尊贵座 588 元/人	…
又见平遥	下午 2：00 晚上 7：00	晋商文化	团队价 198 元/人	…

（五）某旅行社合作的购物点信息（见表 2-7）

表 2-7　某旅行社合作的购物点信息

购物点名称	商品特色	地址	商品价格	联系人
晋农名优特产中心	土特产（小米、红枣、老陈醋）	高新区平阳南路 6 号	价格合理	…
东湖醋园	陈醋	太原市	价格合理	…
祁县红海玻璃厂	工艺品、土特产	祁县	价格合理	…

（六）某旅行社合作的汽运公司信息（见表 2-8）

表 2-8　某旅行社合作的汽运公司信息

车队名称	车型	车况	司机	价格	联系人
晋龙泰捷	28+或 31+1+1 或 35+1+1	五年以内车龄	10 年以上驾龄，熟悉山西旅游线路交通	协议价	…
太原市通达运输代理总公司	28+1 或 31+1+1 或 35+1+1 39～55	五年以内车龄	10 年以上驾龄，熟悉山西旅游线路交通	协议价	…

（七）某旅行社导游信息（见表 2-9）

表 2-9　某旅行社导游信息

导游姓名	性别	年龄	语种	等级	联系方式
杜	男	23	中文	初级	…
张	女	20	中文	中级	…

任务四　旅游服务的采购

任务导入

某组团旅行社组织 45 名游客参加五台山大同三日游线，服务标准如下，请为该团队预订以下服务。

住宿：五台山一晚（三星）大同一晚（三星）

景点：五台山、云冈石窟、悬空寺

餐饮：五台山一早三正、大同一早两正

交通：空调旅游汽车

娱乐：《又见五台山》

购物：山西土特产店

任务解析

旅行社计调采购业务是指计调人员为组合旅游产品，以一定的价格向相关产品的供应商购买单项旅游服务产品的行为。旅行社通过计调采购业务提供旅游者所需的各种旅游服务，保证团队的正常进行。前面已经对旅行社的可能供应商进行了考察，那么旅行社为了保证团队不论何时都能获得相关服务，就必须与符合要求的供应商签订合作协议，由此，计调接下来需要开展下面几项工作。

1. 选择采购对象

计调人员在对餐饮部门、酒店、交通部门、游览单位、娱乐部门、购物店的相关条件进行考察后，综合考虑各方面的因素，与符合旅行社要求的协作单位联系，初步协商合作事宜。

2. 签订合作协议书

采购人员根据协商的结果，利用本社的标准采购合同文本，拟定合作协议书。就合作内容与合作方式达成共识，明确双方的权利、义务及违约责任，以法律手段保障旅行社所需服务的供给。

3. 落实订购工作

计调人员根据前台接待人员反映的情况，就游客要求的服务，完成订购工作。

4. 报账结算

计调部及接待部工作人员根据合作协议书中的相关规定，及时将发生的费用及明细报给财务部门。财务部门根据本社的财务管理规定及合作协议书中的规定，审核、确认相关账目无误后办理结算和付款。

相关知识

一、交通服务的采购

（一）明确采购目的与要求

交通服务采购的主要目的是完成旅游团队从一个旅游地到另一个旅游地的运送工作，采购的目标是既要完成旅客的安全运送，还要保障最低的成本。

（二）预选采购对象

对于只能乘坐汽车才能到达的旅游地来说，计调员应浏览旅行社已经建立的交通服务的供应商档案，选出管理严格、车型齐全、驾驶员素质较高、服务优良、已取得准运资格且善于配合、车价优惠的汽车租赁公司，作为本团队旅行的预选服务供应商。其他交通方式可以根据具体情况筛选。

（三）询价

计调人员需要根据旅游团队的大小、旅游目的地的远近、游客的需求确定用车计划或用票计划，计调员将用车计划、需要的车型、接送时间、行程安排时间顺序、是否购物等信息向合作关系的多家汽车服务公司提出用车要求，用恰当的询问方式向汽车服务公司询价，如果汽车服务公司在车型、车况、司机驾驶技术、服务规范、准运资格、价格等方面符合要求的可作为采购对象。

计调在操作汽车团队时，需要按照团队的人数来安排汽车的车型，对于不同型号的旅游汽车，载客人数、汽车环境、乘坐感觉、租赁价位也是不同的，因此我们需要对旅游汽车的车型（见表2-10）有一定的了解。

表2-10 常见车型表

类别	车型	品牌	备注
小型车	5+1	长安、昌河、铃木	小型车是接待散客与小团队时采用的车型，这类车轻巧灵活；使用这类车作为旅游团队用车需要预留1~3个位置用于游客放置行李，这样可以避免车厢拥挤引发游客的不满。
	6+1、9+2	金杯、瑞风	
	14+1	奔驰面包或别克商务	
	15+1	依维柯	
	18+6+1、16	考斯特、碧莲	
	21+1+6	小金龙、考斯特	
中型车	28+1或31+1+1或35+1+1	金龙、宇通	车门前置，有行李箱，有车载电视，设置有导游座椅，座位间距较小。
现代大型车	39~55	金龙、现代、大沃、北方、凯斯鲍尔	车门前置，有行李箱，有车载电视，设置有导游座椅，配备话筒，座位间距稍大。

（四）签订订车通知单

旅行社选择符合本次旅游行程要求的公司需填写订车单（见表2-11），签章后传至汽车服务公司。汽车租赁公司落实后传回，计调人员将车号、车型、驾驶员姓名及联系方式、使用该车的注意事项、时间、地点、付款方式通报给相关部门和人员。

表2-11 ____________旅行社订车计划单

TO： TEL： FAX：

FROM： TEL： FAX：

团号	人数	客源地	导游： 证号： 手机：
用车时间： 月 日接团至 月 日送团 接团： 月 日 时在 接 航班/车次 送团： 月 日 时在 送 航班/车次			
天数	主要游览行程、景点		车价（元/天）
1			
2			
3			
4			
包车价： 元（其中，接团 元，送团 元，正常游览 元/天） 车型： 车牌： 司机： 手机：			

二、采购住宿服务

（一）明确订房的目的和要求

旅行社计调部门订房的目的主要是满足旅游者在旅游目的地的住宿要求，向客人提供事先承诺的或合同中约定的饭店房间。采购时需要利用旅行社与各酒店的合作关系，结合市场状况、考虑季节因素，最大限度地降低采购成本，为旅行社争取最大经济效益。

（二）筛选采购对象

计调员根据游客在旅游过程中对住宿的要求，在已签订协议的合作饭店中选择符合要求的饭店。

（三）询价

根据旅游团队用房的类型、数量，在合作的供应商中询价，若是供应商能够提供足够的房源，而且价格合理，旅行社就可把本次旅游团队的住宿安排在该供应商提供的酒店内。否则需要计调员和不同的供应商询价，以筛选合适的酒店满足旅游者的住宿要求。

（四）签订订房协议

计调人员根据游客对行程中住宿的入住时间、离店时间、房间数量、房间类型、房费标准、是否在酒店用餐、付款方式的要求，制订住宿采购计划，将采购计划传真给酒店订房部门，并填写订房计划单（见表 2-12）。在等待酒店回复确认传真后，计调员可把预订的酒店相关信息转交给接待部门。

表 2-12 ____________________旅行社订房计划单

TO：	TEL：	FAX：
FROM：	TEL：	FAX：
团队（客人）名称：		人数：
入住时间：_____年_____月_____日_____时至_____年_____月_____日_____时共_____天		
住宿要求：_____房_____间，全陪房_____床，陪同免房_____床		
房费标准：_____房_____元/天，全陪床_____元/天，住宿费累计_____元		
膳食标准：早餐_____元/人（含早，不含早），中餐_____元/人，晚餐_____元/人，餐费累计_____元		
付款方式：按付款协议约定执行（导游前台凭此单登记入住）		
备注： 1. 代订费、房费结算账单，请寄到我社财务部。 2. 其他费用均由客人自理，本社不予承担。 3. 收到订房委托后，请速将订房回执传回我社。		
公司名称（盖章）：		联系人：

（五）思考：订房时出现下列问题如何解决

（1）饭店无房，无法确认预订。

（2）无法获得理想房价。

（3）在旅游者前往的目的地旅行社无协议饭店。

（4）因故临时增加或减少甚至取消订房。

三、采购餐饮服务

（一）明确采购目的与要求

餐饮是旅游活动的重要组成部分，餐饮质量关系到旅游产品的质量。餐饮采购的目的是满足游客的就餐需求，接待团队时，要综合考虑各种因素，如接待能力、就餐环境等。

（二）筛选采购对象

计调在选择餐厅时，要着重考虑餐厅卫生标准、地理位置、接待能力（停车位、餐厅数量、洗手间）、服务质量、餐标、餐饮特色，通过对供应商的信息查询筛选出符合本社要求的酒店和宾馆。

（三）询价

计调员在筛选出的酒店中把本次团队餐饮的要求，通过电话传真的方式与对方沟通联系，选择能满足接待且价格合理的酒店作为本次团队餐饮的供应商。

（四）签订订餐协议

通过与餐厅的负责人谈判和协商具体事宜，就本次团队用餐情况签订用餐协议，说明用餐次数、餐标、用餐人数、用餐时间、用餐特殊要求、付款方式等签订订餐通知单（见表 2-13），并把订餐相关信息转告接待部门。

表 2-13 ______________旅行社订餐计划单

TO：	TEL：	FAX：
FROM：	TEL：	FAX：
团队（客人）名称：		
人数：______成人______小孩	用餐时间：______年______月______日______餐	
用餐要求：______菜______汤（十人一桌，______荤______素）		
餐标：早餐　成人______元/人，小孩______元/人		
中餐　成人______元/人，小孩______元/人		
晚餐　成人______元/人，小孩______元/人		餐费累计______元
付款方式：按付款协议约定执行（导游前台凭此单登记用餐）		
特殊要求：		
1. 其他费用均由客人自理，本社不予承担。		
2. 收到订餐委托后，请速将订餐回执传回我社。		
公司名称（盖章）：		联系人：

根据《餐饮费用结算单》与财务部门共同进行复核，并由财务部门定期统一向签约餐馆结账付款。

四、采购参观及景点服务

参观游览是旅游活动最基本、最重要的内容，计调部门代表旅行社向可供游览参观的单位采购游览服务，此项采购的关键是就门票数量、价格、时间和支付方式签订协议。对于一些特殊的参观点，如工厂、民宅等，应征得相关单位的同意，并力争取得支持与配合。

（一）咨询合作协议的旅游景点

计调部门应与合作协议的旅游景区单位就旅游团购买门票的时间、门票数量、门票价格、结账方式等进行沟通。

（二）订票

计调人员根据协议书，制定订票单，就本次旅游团队用票数量签订订票协议，旅游景点为本团队预留相应数量的门票。旅行社根据结算方式，定期与景区单位结算款项。

五、采购娱乐服务

（一）咨询合作的娱乐服务公司

娱乐是旅游活动六要素之一。旅行社采购娱乐服务时，就预订门票的数量、日期、演出时间、票价、折扣、支付方式等达成口头协议。

（二）订票

根据接待计划或订票单实施订票，为旅游者（团）包场演出或文艺单位上门演出，并把订票情况如实转告接待部或陪同。

（三）结账

财务部按协议统一结账或一次一报。

六、采购购物商店服务

旅游购物为非基本旅游需求，但是引导旅游者购物，是接待社的主要任务之一。为使旅游者购物方便、安全，计调部门应慎重选择旅游购物商店，要与其建立相对稳定的合作关系。

第一，确定购物点。根据旅游行程，确定线路中合适的购物点。

第二，与购物点签订购物意向书。与购物点沟通确定旅游团到达的时间及进店时间，导游带旅游团购物的手续应在制订好的接待计划中分发给接待部。接待部与财务部协商后，设计、印制《购物结算单》，并明确使用方法。由财务部按所签协议书上的规定从签约商店领取劳务费或按股分红，然后根据旅行社内部分配政策对各方实行奖励。

七、采购保险服务

（一）选择保险公司投保

根据《旅行社管理条例》及相关法律，旅行社应为旅游者提供规定的保险服务。由计调部门负责采购保险服务，为旅游者购买旅游意外保险、航空旅客意外伤害保险。旅游意外保险，是指旅游者个人向保险公司支付保险费，一旦旅游者在旅游期间发生意外事故，由承保的保险公司按合同约定向旅游者支付保险金的保险行为。航空旅客意外伤害保险，简称航意险，属自愿保险的个人意外伤害保险。中国境外旅行救援意外伤害保险属附加性保险，即附加在主保险合同上的保险险种。

（二）办理保险手续

（1）认真阅读中华人民共和国国家旅游局第 14 号令《旅行社投保旅行社责任保险规定》和保险公司的有关规定。

（2）与保险公司就旅行社游客的旅游保险事宜签订协议书。

（3）将协议书上的有关内容进行整理打印，发给外联部门并通知其对外收取保险费。

（4）将每一个投保的旅游团的接待通知（含名单）按时传真到保险公司作为投保依据。

（5）注意接收和保存保险公司的《承保确认书》。

（三）缴费

按投保的准确人数每季度向保险公司交纳保险费。

（四）索赔

当旅游途中发生意外事故或遇到自然灾害，须及时向在第一线的导游了解情况，必要时应去现场考察并以最快速度通知保险公司。计调人员还应在事故发生后3天之内向保险公司呈报书面材料，其中包括《旅行社游客旅游保险事故通知书》《旅行社游客保险索赔申请书》。

索赔时，须向保险公司提供有关方面的证明，其中包括：医院的治疗费用单据原件或《死亡诊断证明》（经司法机关公证），民航或铁路部门的《行李丢失证单》，饭店和餐厅保卫部门的《被盗证明信》等。

任务五　线路产品的计价与报价

任务导入

请你为下面的行程计价并为游客做出报价。

平遥乔家一日游

早晨6：00在花苑宾馆出发，赴祁县乔家堡，参观《大红灯笼高高挂》及《乔家大院》的拍摄地【乔家大院】（参观游览约1.5小时），12：20集合后乘旅游车赴平遥古城（车程约40分钟）。午餐可品尝平遥特色风味餐（莜面、碗托、平遥牛肉等），餐标25元/人。午餐后游览平遥古城明清一条街，中国银行的“乡下祖父”—日升昌票号，登平遥古城墙、观旧县衙门等景点（游览3小时）。后乘车返回太原，途中参观山西晋农博览展示中心，约19：00抵达太原市结束行程。

任务解析

交通费：本次旅游从太原到祁县乔家堡，再从乔家堡到平遥，后返回太原。按照35座包车价1000元计算，每人29元。

景区门票费：乔家大院协议价36元/人，平遥古城协议价130元/人。

餐费：正餐25元/人。

导游服务费：200元/天，每人5.7元/人。

旅游意外保险费：10元/人。

旅行社利润：成本的10%。

本次旅游的总价为=（1+10%）（29+36+130+25+5.7+10）= 259 元/人。

相关知识

计调员在设计好旅游线路后需要准确地计价并能向游客报价，游客对价格满意就可能选择出行，所以计调员要熟知旅游线路的价格构成、计价和报价的方法等，这样才能准确快速地计算出产品价格并对外报价。

计价，简单来说就是把线路的各项费用计算在一起，再加上旅行社的利润。一般来说，一次旅游行程包含以下几项费用。

一、省内旅游线路价格构成

（一）景区费用

景区费用包括景区的大门票、小门票、景区电瓶车、景区索道等交通费用，一般线路为降低成本只包含大门票，小门票、景区交通多为自费项目。

（二）住宿费

旅游住宿多安排为双人标准间，单人每天住宿费为一般为双人标准间的房费的一半，总房费为每天房费再乘以住宿天数。也有旅游者要求预定等级更高的房间，单独订房者可能加收订房手续费。房价在淡季、平季、旺季价格差异较大，计调员必须熟悉不同时间房价的变化，报价过低会造成旅行社的损失。

（三）餐费

餐费为旅游行程中餐标与用餐次数的乘积。由于早餐相比正餐的餐标低，计算时需要分别计算早餐费用与正餐费用，最后合计总费用。总餐费 = 早餐次数×餐标+正餐次数×餐标，早餐包含在房费里时，就不需要再计算早餐费用。

（四）导服费

行程中所列参观游览过程中地方专职中文导游服务或景区讲解员（当地接站、游览、送站分段式导游服务）的费用。导游费用按天计算，每天若 200 元，游客每人的费用根据团队人数的平均值来计算。

（五）交通费

对于游客在本省内的旅游交通费包含城市与景区之间交通的费用，景区与景区之间的交通费用。旅行社与交通运输单位的计价方式具有多种形式，下面为某一旅行社合作的某汽运公司中型车的计价方式。

（1）旅游客运 28+1 或 31+1+1 或 35+1+1，金龙、宇通省内用车价 1000 元/天。

（2）旅游客运价格按日均里程 250 千米核算，日均里程超 250 千米时，按：该车 1

天价格（元）÷250（千米）计算超程每千米单价（注 3 天团按日均 270 千米计算）；空驶费计算按：该车 1 天价格（元）÷250（千米）÷2×空驶里程数；驾驶员每日工作时间在 6 点前（或 21 点后），按每提前（或延长）1 小时，承租方另付超时劳务费 20 元/小时，接送机除外，当天接送机不收接送机费用。

（3）有半天行程的，按日运费的 60%计费。

（4）用车超过三天整数的，4 天团按：1 天单价×4×98%；5 天团按：1 天单价×5×97%；6 天团按：1 天单价×6×96%；7 天团按：1 天单价×7×94%；8 天团按：1 天单价×8×92%。

（六）文娱活动入场券

文娱活动如果价格较高可以作为自费项目，不计入价格中，在到达目的地后由游客自费参加。

（七）旅游意外险

一般来说，旅游意外险保险费每人 10 元，保额每人 10 万元。

（八）旅游包、旅游帽

旅游包、旅游帽是旅行社在游客出游之前赠送游客的物品，它所起到的作用很多。首先，发挥的是其实用功能，旅游包帮助游客在旅游过程中携带物品，旅游帽起到防晒保暖的作用。其次，发挥的是宣传功能，旅游包帽明显标有旅行社的名称、品牌，对旅行社的品牌有很好的推广作用。再次，发挥的是标识功能，旅游包帽帮助导游在带团过程中辨识旅游团队，是提高旅游团队标志的标志物。最后，发挥的是产品促销功能，游客在旅游咨询时获得赠送物品，选择出游的机会就会增大，发挥了产品促销的作用。旅游包、旅游帽价格不等，一般在 10 元/人。

（九）旅行社利润

一般情况下，旅行社利润可以依据成本来确定，利润一般为成本价格的 10%~20%。另一种常见的利润计算方案是把利润分摊到交通、住宿、餐饮等单项旅游产品上，一般分摊在交通、住宿、餐饮上，较少分摊到门票上。这主要是因为景区依赖门票的收入，对旅行社的折扣较高，旅行社在门票上获得利润就比较低。

二、线路的计价

在了解完线路产品的价格构成以后，计调人员只需要对所设计的旅游产品的成本做出核算，再加上利润，就可最终形成产品的价格。通常，在对省内的旅游产品定价时，整个行业已经形成了比较固定的利润，所以可以根据通行的利润来定价。

目前，旅行社竞争越来越激烈，很多旅行社为了降低价格，不得不将某些项目列为自费项目，一般来说，以下项目可能不列在团费之内。

第一，餐费。省内一二日游大部分不含餐费，尤其是一日游多不含餐。

第二，小门票。本省内景区一般一张大门票就可以游览全部景区，但有的景区大门票只能游览部分景区，其余景区需要另外收取小门票。旅行社为降低成本可能放弃收费的小景区，选择免票小景区作为游览对象。如五台山旅游，显通寺、塔院寺都需要小门票，需要游客自行购买。

第三，旅游包、旅游帽。由于本省游客对地区比较熟悉，而且旅游时间较短，作为旅游团队标识的帽与携带物品的旅游包就不需要发放给旅游者，计价时也可降低一些成本。

第四，旅游购物点。旅游购物店为使旅游团队能够在本店购物，一般通过停车费、进店人头费、购物流水等多种方式对旅行社及其司陪人员进行奖励。购物的佣金，一部分作为导游人员工资及司机车补，一部分返回旅行社，从而降低旅行社的接待成本。基于此，旅行社对低价团一般会安排较多的购物点。

三、报价方式

（一）总报价

总报价是将分项旅游产品的价格总计后加上旅行社综合利润而形成的行程价格，包括利润、各单项产品的价格。

（二）分项报价

分项报价是将各单项价格全部列出的一种报价方式。如将住宿费、交通费、门票费、导游费、餐费等逐一列出，向对方报价，这种报价有利于旅游者了解费用的构成，价格透明度高，容易使游客对价格有合理的理解。

四、报价时应注意的问题

（1）旅行社进行线路报价时对旅行社利润应进行合理的计算。

（2）旅行社报价应及时准确。

（3）旅行社报价应具有一定的灵活性，如针对接待难易程度和季节差异给予不同的报价。

任务六　组织发团

任务导入

你所设计的产品通过前台销售后，现有某单位20人选择近期出行，作为计调人员，你应如何组织好发团工作？

任务解析

发团工作是指组团社通过各种手段（包括旅行社各门店收客、同行旅行社的交接）将招徕的游客根据行程进行合理的分类后制订团队接待计划，负责完成合同中所规定的旅行游览活动过程。

对于组团旅行社来说，其重要的工作是收客，旅行社因此在所在地设立大量的门店，既方便游客咨询，又方便销售。同时，同行旅行社的零星客人，在其不能成团的情况下，交接给一家旅行社发团，所以，旅行社每天需要把所有的这些零星客人进行分类。根据产品类型，在同一行程之内，接待标准一致的，划分为一个团队，确定制定团队接待计划，导游根据接待计划在旅游行程中逐项落实相关项目。

团队在目的地运行过程中，计调人员也需要通过与导游以及各接待单位进行联络，来监督和约束旅游目的合作单位的接待活动，从而使旅游目的地的各接待单位能够保证按照约定的标准向游客提供服务，从而保障游客利益。

发团工作的开展与管理与旅游者的各项旅游活动密不可分，发团管理的成功与否，直接影响到旅游者旅游活动的满意度，影响客人的回头率。因此，发团工作在旅行社整体业务中占有重要地位，其操作流程包括以下几方面。

1. 制订接待计划

接待计划是团队成员基本情况与团队服务标准的具体说明，是导游人员带团时了解旅游团队基本情况和安排活动日程的主要依据，也是组团旅行社委托各接待单位组织落实旅游团活动的契约性安排。

2. 发送接待计划与确认接待计划

将编写好的接待计划发送给各有关接待单位，接待单位根据接待标准预先做好接待准备工作。各接待单位收到接待计划后，对各项内容进行逐一确认，同时落实自己所负责的服务项目，如留票、空房等。如果旅行社在发出接待计划后，旅游团队临时变更接待标准，计调需要及时对原计划内容进行调整、修改、补充，并及时再次通知接待单位，然后用文字形式补发更改通知，并追加因临时变更而发生的特殊费用。

3. 委派导游

省内组团旅行社在做好一切相关准备后，准备发团时都会选派导游随团行动，代表旅行社协调团队关系，监督各接待部门执行团队接待计划并保证接待质量。

4. 团队监督

在旅游活动的过程中，计调人员需要及时联络导游以及各接待单位，掌握旅游活动的进展情况，针对团队运行时出现的问题应及时解决。监督、检查各接待人员，促使接待人员更好完成接待任务。

5. 审核报账

计调人员在团队运行结束之后，与导游一起根据计划认真审核各接待单位的账单，与财务人员一起准时准确地付清款项。

6. 接待总结与统计

计调人员根据监督检查情况以及导游带团回来的汇报与总结，对接待服务过程中发生的各种问题、事故以及发生的原因、处理方法、采取的措施及其结果、游客的反映等进行认真的总结，吸取经验教训，积累经验，争取在以后的服务过程中得到改进与提升。

统计是对游客以及供应商的统计，应分析其中存在的问题，总结其规律。

相关知识

一、制定团队接待计划

计调部的业务是围绕旅游接待计划来完成的，一个完整的接待计划，一般都必须包括旅游团的基本情况和要求、日程安排、旅游者名单三部分内容，制订接待计划的步骤如下。

（一）核实接待项目

在编写接待计划前应当核实以下项目：

1. 旅游团的基本情况和要求

团名、团号。团号是旅行社对团队的一个编号，对于组团旅行社来说，每天发团的团队很多，为很好地区别团队，旅行社可通过团队编号一目了然地了解到旅游团队的游览地点、游览时间、人数、交通等信息。例如，五台山大同三日豪华游，出团时间 2 月 3 日，人数 13 人，可以合成如下团号：WD03H020313。当然不同的旅行社可能在顺序上有所调整，但反映的信息基本相同。

团队名称。团队类别是旅行社对旅游团队的一种定位称呼，可以包括考察团、观光团、疗养团、会议团等，其目的在于说明旅游团队服务的主题。

团队人数。核实团队总人数以及男性、女性、儿童各多少人，向酒店订房、景区订票时需要相关信息。

团队服务等级。可分为豪华级、标准级、经济级等。

导游要求。包括语种、水平、性格、姓名和联系方式等。

用车要求。包括出发地点、返程地点、车型、车号、座位数、汽车公司、司机、联系方式、特殊要求。

住宿要求。包括地点、地理位置、酒店名称、星级、住宿人数、房间数、服务项目、联系人方式。

购物安排。包括地点、购物点名称、时间。

娱乐项目。包括项目、名称、时间。

用餐要求。包括就餐地点、餐标，须特别注明是否有素食者或其他用餐的特殊要求。

游览景点。包括列出主要的旅游景点。

组团旅行社责任人姓名以及联络方式。

2. 日程安排

包括游览日期，出发城市和抵达城市，在各地所安排的主要参观游览项目。

3. 旅游者名单

旅游者名单包括旅游者的姓名、性别、年龄、联系方式、分房要求（单间和双间）。

（二）编写接待计划

各旅行社在编制接待计划时具体内容有所不同，但基本涵盖以下事项（见表 2-14）。

表 2-14 旅行社团队接待计划表

<table>
<tr><td colspan="10">××旅行社团队接待计划</td></tr>
<tr><td rowspan="3">团队基本情况</td><td colspan="2">团号</td><td colspan="3"></td><td colspan="2">团队名称</td><td colspan="2"></td></tr>
<tr><td colspan="2">团队人数</td><td colspan="3"></td><td colspan="2">团队服务等级</td><td colspan="2"></td></tr>
<tr><td colspan="2">组团旅行社</td><td colspan="3"></td><td colspan="2">导游</td><td colspan="2"></td></tr>
<tr><td rowspan="2">用车安排</td><td>出发地点</td><td>返程地点</td><td>车型</td><td>车号</td><td>座位数</td><td>汽车公司</td><td>司机</td><td>联系方式</td><td>特殊要求</td></tr>
<tr><td></td><td></td><td></td><td></td><td></td><td></td><td></td><td></td><td></td></tr>
<tr><td rowspan="4">住宿标准</td><td>地点</td><td>地理位置</td><td>酒店名称</td><td>星级</td><td>住宿人数</td><td>房间数</td><td>服务项目</td><td>联系人</td><td>联系方式</td></tr>
<tr><td></td><td></td><td></td><td></td><td></td><td></td><td></td><td></td><td></td></tr>
<tr><td></td><td></td><td></td><td></td><td></td><td></td><td></td><td></td><td></td></tr>
<tr><td></td><td></td><td></td><td></td><td></td><td></td><td></td><td></td><td></td></tr>
<tr><td rowspan="2">购物安排</td><td>地点</td><td>购物点名称</td><td>时间</td><td></td><td></td><td></td><td></td><td></td><td></td></tr>
<tr><td></td><td></td><td></td><td></td><td></td><td></td><td></td><td></td><td></td></tr>
<tr><td rowspan="2">娱乐安排</td><td>项目</td><td>名称</td><td>时间</td><td></td><td></td><td></td><td></td><td></td><td></td></tr>
<tr><td></td><td></td><td></td><td></td><td></td><td></td><td></td><td></td><td></td></tr>
<tr><td colspan="10">日程安排</td></tr>
<tr><td>时间</td><td colspan="2">游览项目以及景点</td><td colspan="3">早餐（餐标、用餐地点）</td><td colspan="2">中餐（餐标、用餐地点）</td><td colspan="2">晚餐（餐标、用餐地点）</td></tr>
<tr><td></td><td colspan="2"></td><td colspan="3"></td><td colspan="2"></td><td colspan="2"></td></tr>
<tr><td></td><td colspan="2"></td><td colspan="3"></td><td colspan="2"></td><td colspan="2"></td></tr>
<tr><td></td><td colspan="2"></td><td colspan="3"></td><td colspan="2"></td><td colspan="2"></td></tr>
<tr><td></td><td colspan="2"></td><td colspan="3"></td><td colspan="2"></td><td colspan="2"></td></tr>
<tr><td colspan="10">旅游者名单</td></tr>
<tr><td>姓名</td><td colspan="2">性别</td><td colspan="3">年龄</td><td colspan="2">联系电话</td><td colspan="2">备注</td></tr>
<tr><td></td><td colspan="2"></td><td colspan="3"></td><td colspan="2"></td><td colspan="2"></td></tr>
<tr><td></td><td colspan="2"></td><td colspan="3"></td><td colspan="2"></td><td colspan="2"></td></tr>
<tr><td colspan="10">计调：　　年　　月　　日</td></tr>
</table>

二、发送接待计划与确认接待计划

计调部应将分类整理好的计划，提前发送给民航、铁路、车船公司、饭店，以及本社订房中心、订票中心、导游部等有关单位和部门，以便这些单位和部门能及时了解接待计划，做好充分的接待准备工作。具体提前多久发送计划，视团队和市场情况而定，最好是及时发送、及时预知。

确认计划是为了确保接待计划的顺利实施，防止各种责任事故的发生，计调部要对所发送的计划进行逐一确认，保证各接待部门已经明确自己的接待任务。确认计划是计调部业务流程中至关重要的环节，虽然琐碎繁杂、耗时耗力，但却不容忽视，这就要求计调人员必须认真负责、耐心谨慎。

确认计划，要求坚持书面确认的原则，无论是通过传真还是电子邮件，一定都要确保有对方的书面确认，确认的内容包括确认人、确认项目、确认时间。确认的具体项目是围绕计划，落实客人的食、住、行、游、购、娱等各个环节是否已经按要求准备到位。

向车队或汽车公司确认用车标准，是否有行李车；向交通部门或票务中心，确认各段机、车、船票是否订妥；向导游部确认全陪的安排，景点门票的购买；向各饭店和饭店预订中心确认用房天数和间数；向各餐厅确认用餐人数、标准和特殊需求，如素食等；计调部应确认是否有购物限制，如次数、地点等；计调部应确认娱乐项目的安排，如京剧、杂技等。

三、选派导游

省内组团旅行社在做好一切相关准备后，准备发团时都会选派导游随团行动，其任务是代表旅行社协调团队关系，监督各接待部门执行团队接待计划并保证接待质量。

（一）选派导游的标准

1. 熟悉业务，经验丰富

团队运行过程中，涉及的业务部门繁多，各方面的关系都需要协调，各种情况都可能发生，经验丰富的全陪善于处理各种关系，善于预测可能发生的各种突发事件，并能采取恰当的应对措施，使旅游者满意、旅行社放心。

2. 具备良好的职业道德，责任心强

导游是旅游者合法利益的维护者，是保证旅游行程圆满完成的责任人。只有爱岗敬业、责任心强的导游人员，才能胜任全陪工作。

3. 有较强的独立工作能力

导游必须具有较强的亲和力和语言表达能力，以及与旅游者充分沟通交流并熟练处理各种突发事件的能力。旅行社在选择全陪时，应对其工作能力进行全面的评估，尽可能选择独立工作能力强的导游人员从事全陪工作。

4. 已取得导游证

旅行社在发团时必须选派已取得导游证的正式导游随团行动，以切实保证旅游者的合法权益。

（二）填写导游委派单

旅行社在确定随团导游后，应填写导游委派单（见表 2-15）。

表 2-15　导游委派单

××××同志：

兹委派你担任__________旅行社 WD03H020313 团导游接待工作，次团行程为五台山大同 2 晚 3 日游，共 13 人，请做好接待准备，尽职尽责完成导游工作。

导游证号：__________

签发人：××××

有效期：2016 年 2 月 3 日-2016 年 2 月 6 日

联系电话：__________

四、团队监督

（一）监督交通工具的使用情况

旅游团队运行期间，旅行社计调人员要关注行程是否如期进行，旅游车设施与车况、司机驾车时间等。在旅游旺季，如果车辆和司机在超负荷运转，应尽量安排替代车辆，同时关注司机的就餐、住宿等问题，保证司机有足够的精力完成团队任务。凡是有影响客人行程或让客人等候时间过长的情况出现，要及时启动备用车辆，解决游客的交通问题。

（二）监督餐饮部门落实用餐情况

计调人员要在团队运行期间对用餐紧张的餐厅给予足够的关注，在团队就餐前 1 小时要对餐厅进行跟踪，关注就餐时间及是否留有足够的餐位。在旅游旺季，餐厅服务能力有限，计调提前关注尤为重要。同时应提醒餐厅为旅游者特殊就餐要求做好准备。

（三）监督饭店住宿情况

提醒饭店严格按照协议协定的标准向旅游者提供住宿，避免出现跑房现象，特别要重视住宿地点的环境、设施。

（四）监督导游工作情况

对导游的监督可以进行电话询问，或者对游客进行电话访问。向导游询问各个接待单位的接待情况，了解导游的组织协调工作情况。对游客的电话访问，可以了解导游带团过程中是否存在问题，提升导游的服务态度和服务水平。

目前，导游问题主要表现为旅游旺季时的导游甩团现象。有些导游发现团队购物能力较差，自己无法得到理想的购物返佣时，就会发生甩团现象，出现这种情况要及时按照旅行社的规章制度进行处理。

监督带团导游不得擅自更改购物点名称，如果确实需要更改，必须由带团导游和司机共同打电话给操作计调，同时提醒导游和司机补齐公司应得的人头费。

及时准确地审核导游报账单，并按导游带团规定严格执行对导游的奖罚措施。认真审核导游填写的房单，审查预订的房间数与实际开的房间数是否相符；审核餐单，确认预订的餐数与实际使用的餐数是否相符；审核车单，审查导游提交的车费单是否与实际用车相符；审查重要客户团体意见单，是否由客人真实填写。

（五）结清账目，资料归档

团队行程结束后，团队导游员凭借《接待计划》、原始票据以及变更单等及时向计调部门报账。计调人员详细审核导游账单，填写该团的《结算清单》，由部门经理审核签字后，交财务部门并由财务部门经理签字，向财务部报账，按照合同要求与各接待单位结算款项，并将团队资料整理归档存放。

（六）接待总结与统计

接待总结要根据导游以及游客的反馈，及时发现线路当中存在的问题，以顾客至上的原则，不断完善服务质量。

为了更好地发展业务，扩大市场份额，适应市场变化，在日益激烈的市场竞争中立于不败之地，旅行社必须对各项经营活动进行认真全面的统计，并进行科学有效的分析，从而及时调整经营方针与经营策略，具体而言，计调主要做好客源统计和合作单位情况统计。

对客源情况的统计分析是计调部统计工作最主要的一环。计调部对本旅行社一年及各个月份接待的人数、天数，各客源国（地区）的客源数量、客源流向，淡、旺季的分布等进行详细的统计。通过图和表的形式，把旅游数量方面的资料形象、清晰地反映出来。通过对本期统计数据同上年同期统计划数据的对比，从中发现问题，找出规律，从而有利于旅行社决策部门开拓市场。

对合作单位情况进行统计是因为旅行社与民航、铁路、饭店、汽车公司、旅游景点、餐厅、定点商店等方面都建立了合作关系，了解本旅行社在一定时期内，向以上行业、部门和单位输送了多少客源，可以为今后争取到更为优惠的价格提供依据。可根据需求设计出多种不同形式的从各个角度反映本旅行社经营情况的统计表，如用车一览表、旅游景点价格一览表等。对这些表格也要妥善收存，分门别类以备查询使用。

项目三

国内组团计调业务

项目概述

国内组团计调是根据游客需求，为团队或散客设计国内旅游线路，制定接待计划，承担与接待相关的旅游服务采购和业务调度工作，并做好相关信息统计的专职计调人员。本项目以旅游团队的成都、九寨沟、黄龙、峨眉山、乐山八日游完整的组团计调操作为例，介绍国内组团计调应掌握的基本知识、主要业务及工作流程。

任务一　设计线路

任务导入

旅行社外联部业务员与太原A公司（以下简称客户）达成业务意向，需为该公司设计赴四川的旅游线路。

任务解析

设计旅游线路对业务员能力要求较高，需要详细了解客户信息、认真收集目的地信息，准确判断游客需求，熟悉目的地状况。

相关知识

一、详细了解、分析游客的出游信息

旅游者是旅游活动的主体，是旅游产品的消费者和体验者，产品设计质量的好坏直

接影响游客对产品的选购和消费满意度。计调设计旅游线路，首先要有以游客为中心，满足客户需求的理念。只有认真细致与客人沟通，掌握客人出游的相关信息，才能准确把握游客需求，有针对性地设计线路。

（一）客户基本信息

该单位是山西省民营科技企业，位于太原市经济开发区，经过十余年发展，现已成为国内从事某类电子元器件研发、生产的高科技领军企业，资本雄厚，技术优势明显，经济效益多年来稳步提升，现有员工200余人。

（二）客户出游信息

（1）出游目的：公司此次组织旅游是为表彰奖励上半年工作业绩突出的员工。

（2）游客构成：21人左右；年龄25~40岁，60%以上人员在30岁左右；近一半人员为女性。

（3）旅游目的地：主要考虑四川，以九寨沟、黄龙景区为主。

（4）时间安排：8月中下旬，7天左右。

（5）标准要求：客户要求接待标准高于常规旅游团，如住宿不低于三星，用餐要略高于正常团餐标准；纯玩无购物，尽量不出现自费项目；行程内容丰富，舒适宽松等。

（6）费用预算：如往返交通选择飞机，费用控制在每人4000元以内。

通过对游客出游信息的了解，可做出基本判断：A公司对员工的奖励采用了旅游的新方式，除达到鼓励表彰的目的外，还有增强团队凝聚力，体现企业文化，营造良好社会声誉的考虑，因此对组团旅游的质量标准要求较高，尤其是在景点选取、住宿、用餐等方面。同时，单位出资组团出游采用包价旅游形式，一般不愿出现自费项目，让员工负担；A公司组团出游人员均为优秀员工，外出观光的同时也会考虑休闲疗养的需要，另外，出游人员以青年为主，爱玩爱吃，行程的安排在舒适、轻松的基础上应尽量丰富饱满，景点观光要能与休闲娱乐有机融合，较为排斥购物安排；A公司为民营企业，在费用预算上比较严格，一般不会随意增加开支，同时对产品期望较高，希望特色明显，消费满意度较高。所以，计调人员在线路设计和接待操作上应综合以上多种因素，合理设计线路。

二、收集旅游目的地信息

通过书籍资料或上网收集旅游目的地的交通、景点、酒店、餐饮、购物等信息。

（一）四川概况

四川，简称川或蜀，位于中国大陆西南腹地，境内西部是高原、山地，被称为川西高原，东部是著名的四川盆地。四川物产丰富、资源富集，自古就有“天府之国”的美誉。四川独特的地理位置和复杂的地质构造，造就了瑰丽险峻的自然风光和奇绝的巴蜀文化。旅游资源不仅丰富，而且价值很高。“童话世界”九寨沟、“人间瑶池”黄龙、四川大熊猫栖息地，为3处世界自然遗产；“佛教圣地”峨眉山—乐山大佛为世界文化和自然双遗产；青城山—都江堰为世界文化遗产。国家5A级景区有10家，包括青城山—都江堰、峨眉山、乐山大佛、九寨沟、黄龙、北川旅游区、阆中古城等。四川民族风情浓郁，是全国唯一的羌族聚居区、最大的彝族聚居区和全国第二大藏区。四川经济发达，旅游业发展较为成熟，旅游产业体系较为完善，具备良好的旅游综合接待能力。省会成都不仅是经济中心，而且凭借其区位优势成为四川交通枢纽和旅游集散地。四川在漫长的历史中，创造和发展出独具特色的饮食文化，四川美食也是旅游的一大特色，“有吃在四川，味在四川”之说。川菜在口味上独具风格，以味型丰富、变化多样著称，是中国传统四大菜系之一，在海内外有着极高的声誉。四川火锅、四川小吃早已成为四川美食的代表。

（二）了解四川交通区位和路线

提前了解旅游目的地的交通区位和路线，有利于更好地进行路线设计。国内组团计调一定要掌握一些全国政区图，明确各主要城市的地理位置，掌握各省政区图、交通分布图、旅游资源分布图，景区导游图，便于了解各省交通、旅游景区的分布情况。在给游客制作旅游行程时学会使用政区图和交通类地图，有助于了解各个景点之间的空间位置和方位，使制定的行程更加合理；在给游客介绍游览路线时，要学会使用线路图，使游客对整个旅游活动的走向有一个清楚的认识；在给游客介绍景点时，使用景区导游图，便于客人能清楚该景区景点的分布情况。在行程表中最好附上旅游交通图、景区导游图，使游客清楚整个旅游活动要经过的地方，游客也会因此感到高兴。

（三）收集四川主要旅游景点信息

可参照表3-1制作目的地其他景点的信息。

表3-1　四川部分旅游景点概况

目的地景点	景点简介及特色	其他
九寨沟	九寨沟，位于四川省阿坝藏族羌族自治州九寨沟县漳扎镇，因沟内有9个藏族寨子而得名；九寨沟海拔在2000米以上，遍布原始森林，沟内分布108个湖泊，有“童话世界”之誉；九寨沟四季景色各异，以翠湖、叠瀑、彩林、雪峰、藏情、蓝冰“六绝”著称于世；国家5A级旅游景区，世界自然遗产名录。	距离成都约440千米；旺季门票价格：220元。
黄　龙	黄龙风景名胜区位于四川省阿坝州松潘县，是一个以奇幻美丽的钙化池闻名于世的景区，景区内众多的钙化池池水不仅清澈见底，而且五光十色，被称为“人间瑶池”；国家5A级旅游景区，世界自然遗产名录。	距离成都约360千米；旺季门票价格：200元。
峨眉山	峨眉山位于四川省乐山市峨眉山市境内，景区面积154平方千米，最高峰万佛顶海拔3099米；地势陡峭，风景秀丽，以“雄、秀、神、奇、灵”和深厚的佛教文化，成为世界自然与文化双遗产，有“秀甲天下”之美誉；现为中国四大佛教名山之一，作为普贤菩萨的道场，主要崇奉普贤大士，有寺庙约26座，重要的有8大寺庙，佛事频繁。	距离成都约166千米；旺季门票价格：185元。

续表

目的地景点	景点简介及特色	其他
乐山大佛	乐山大佛位于峨眉山东 31 千米的乐山市，依凌云山栖霞峰临江峭壁凿造而成，又名凌云大佛，为弥勒坐像，是我国现存最大的一尊摩崖石刻造像；大佛佛像高 71 米，是世界最高的大佛，素有“佛是一座山，山是一尊佛”之称。	距离成都约 154 千米；旺季门票价格：90 元。
都江堰	都江堰位于四川省成都市都江堰市灌口镇，是中国建设于古代并使用至今的大型水利工程，被誉为“世界水利文化的鼻祖”，是全国著名的旅游胜地，2000 年被确定为世界文化遗产；都江堰风景区主要有伏龙观、二王庙、安澜索桥、玉垒关、离堆公园、玉垒山公园、玉女峰、灵岩寺、普照寺、翠月湖、都江堰水利工程等	距离成都约 60 千米；旺季门票价格：90 元。

【知识链接】

世界遗产知识

世界遗产是指联合国教科文组织和世界遗产委员会确认的人类罕见的、目前无法替代的财富，是全人类公认的具有突出意义和普遍价值的文物古迹及自然景观。

世界遗产有广义和狭义之分。狭义的世界遗产包括世界文化遗产、世界自然遗产、世界文化与自然双重遗产、文化景观四类；广义的世界遗产则是根据遗产的形态和性质，分为文化遗产、自然遗产、文化和自然双重遗产、文化景观、人类口述和非物质遗产（简称非物质文化遗产）、记忆遗产六类。

1972 年 10 月 17 日至 11 月 21 日，联合国教育、科学及文化组织大会在巴黎举行了第十七届会议，会上通过了《保护世界文化和自然遗产公约》（即《世界遗产公约》）。1976 年世界遗产委员会成立时建立了《世界遗产名录》，世界遗产委员会隶属于联合国教科文组织。

中国自 1985 年 12 月 12 日加入《保护世界文化与自然遗产公约》缔约国行列以来，截至 2017 年 7 月，中国经联合国教科文组织审核被批准列入世界遗产名录的世界遗产共有 52 项，其中世界文化遗产 32 项、世界自然遗产 12 项、世界文化景观遗产 4 项、世界文化与自然双重遗产 4 项。中国世界遗产名录国家排名第二位，仅次于拥有 51 项世界遗产的意大利。中国的首都北京是世界上拥有遗产项目数最多的城市（7 项）。而苏州是中国至今唯一承办过世界遗产委员会的城市（2004 年，第 28 届）。

中国世界遗产具体名录

种类	具体名录
文化遗产 32 处	周口店北京猿人遗址；甘肃敦煌莫高窟；长城；陕西秦始皇陵及兵马俑坑；明清皇宫（主要项目为北京故宫与辽宁沈阳故宫）；湖北武当山古建筑群；山东曲阜的孔庙、孔府及孔林；河北承德避暑山庄及周围寺庙；西藏布达拉宫（含大昭寺、罗布林卡）；苏州古典园林；山西平遥古城；云南丽江古城；北京颐和园；北京天坛；重庆大足石刻；皖南古村落；明清皇家陵寝（主要项目为湖北钟祥明显陵、河北遵化清东陵、河北易县清西陵、南京明孝陵、北京十三陵、沈阳盛京三陵）；河南洛阳龙门石窟；四川青城山和都江堰；云冈石窟；吉林高句丽王城、王陵及贵族墓葬；澳门历史城区；安阳殷墟；广东开平碉楼与古村落；福建土楼；嵩山“天地之中”古建筑群；内蒙古元上都遗址；中国大运河；丝绸之路；土司遗址；云南红河哈尼梯田；厦门鼓浪屿。
自然遗产 12 处	四川黄龙；四川九寨沟；湖南武陵源；云南“三江并流”自然景观；四川大熊猫栖息地；中国南方喀斯特（主要为云南石林的剑状、柱状和塔状喀斯特、贵州荔波的森林喀斯特、重庆武隆的以天生桥、地缝、天洞为代表的立体喀斯特）；江西三清山；中国丹霞（贵州、福建、湖南、广东、江西、浙江）；澄江化石地；新疆天山；湖北神农架；青海可可西里。
文化与自然遗产 4 处	山东泰山；安徽黄山；四川峨眉山——乐山；福建省武夷山。
文化景观 4 处	江西庐山；山西五台山；杭州西湖；广西左江花山岩画。

三、编排行程

国内旅游产品具有时间周期长、空间范围广、构成要素复杂、交通方式多样等特点，设计与操作难度较大。计调人员应在对旅游目的地信息掌握和对游客信息分析的基础上，完成线路的设计工作。有国内线路操作经验的计调可以直接完成该线路产品的设计，如果是第一次设计某条国内线路，可借助旅游目的地接待社的协助，完成产品设计。前期，计调人员需要能够对产品设计完成构思，编排产品行程框架和明确接待标准。最终详细的行程安排、产品价格和注意事项等内容，则需要在组团社发出预报计划，接待社根据相关要求回复的基础上，通过双方反复沟通、协调后确定。

根据所掌握的旅游目的地信息和对客户组织出游信息的分析，计调人员要形成线路产品设计的构思和行程安排的框架。在对客户 A 公司设计四川旅游的产品构思方案时要注意以下几点。

（一）确定交通集散节点

在案例中，计调人员首先要考虑的大交通集散节点为：出发地太原，目的地四川成都。这两地均为两省区省会中心城市、交通枢纽，进出、中转通达性非常好。

（二）选择往返大交通方式

太原与成都两地相距1300多千米，跨多省区，属远程旅游，交通工具宜选飞机或火车。经分析，确定飞机方式更为合适。理由有：第一，太原至成都目前铁路尚未开通始发动车或高铁，火车成本虽然较低，但耗时较长，始发列车1485次，车型老旧，速度较慢，全程近28小时，游客会比较疲劳，舒适性不强；第二，如安排火车，单程占用2日旅游日程，往返4日，在四川只剩3~4天游览时间，加之赴九寨沟特殊的交通路况，安排双卧八日游的行程，只能去到四川的九寨沟、黄龙景区，而且旅途一路都比较劳累，这两点与A公司奖励员工旅游项目丰富、体验感强和休闲舒适的要求不匹配，会导致游客满意度下降的问题；第三，选择飞机，快捷、舒适。减少在途时间，7~8天时间内可以尽可能多地安排四川知名景点，而且行程不会紧张，游客疲劳度低，整体舒适度高。加之客户单位经济承受力较强和特殊的旅游目的，选择飞机出行应该更能得到客户认同。

（三）景区资源的选取

计调人员在编排行程时，核心要素是“游”，简单说就是对景区、景点的选取。对于景点的安排，一方面要遵从游客意见；另一方面，也要能够以专业的判断帮助客人选取。最后通过沟通，两者应尽量达成一致。案例中客户A公司提出的行程必游景区九寨沟、黄龙，是四川旅游中首屈一指的代表性景区，应重点考虑，其他景区客户未强调，则需要计调人员重新规划。选择飞机往返，7~8天行程中，以成都为中转，重点在四川北线的九寨沟、黄龙山水自然景区，在选配其他资源时，应注意资源性质的差异性，可以选择资源级别高，知名度高的人文景观，如可考虑编排都江堰、峨眉山、乐山等景区。

（四）城市节点的规划

城市节点在行程中起着交通转接、观光旅游、接待服务等作用，选取景点后，要合理规划城市节点。有些城市节点为景点所在地，如九寨沟县、峨眉市、乐山市；有些城市节点作为交通中转地，如茂县；有些城市节点提供相关接待服务，如成都。旅游线路城市节点的规划要充分考虑城市的交通可达性、旅游资源吸引力、社会资源丰富程度、社会治安状况、公共设施及旅游服务设施的完备程度等因素。

（五）线路设计的特色

好的行程安排不仅能满足游客基本需求，还能体现计调人员创意设计能力，使产品有自己的特色，从而提升游客的消费体验。突出特色，一定要做到差异常规。根据案例中客户出游目的与需求，行程主题设计思路拟确定为“美食休闲之旅”，着重突出美食与休闲的特色。设计中，休闲特色应体现在：行程安排不宜过紧，以纯玩为主，最多安排一处购物点；景点选取应考虑观光与休闲相结合，以自然景观为主；考虑到住宿舒适性，宜安排较高星级（四星）酒店；增加娱乐项目安排，如藏族民俗表演，四川国家非物质文化遗产——川剧变脸等。美食特色体现在：团餐不仅要保证饭菜数量、质量，更要力求突出四川饮食特色与文化，使游客从饮食中获得美感与满足感。具体行程计划与接待标准如表 3-2 所示。

表 3-2　四川成都、九寨沟、黄龙、峨眉山、乐山双飞八日游

一、主要行程	
D1. 在______集合，乘坐______航班______点赴成都。	宿：成都
D2. 早餐后乘车赴茂县，途中参观【都江堰风景区】【汶川地震遗址】。	宿：茂县
D3. 早餐后乘车前往松潘县，游览【黄龙风景区】；后乘车赴九寨沟。	宿：九寨沟
D4. 早餐后乘车赴【九寨沟风景区】，在景区内安排一日游览。	宿：九寨沟
D5. 早餐后乘车返成都。	宿：成都
D6. 早餐后乘车赴乐山，游览【乐山大佛风景区】，后乘车赴峨眉山。	宿：峨眉山
D7. 早餐后乘车赴【峨眉山风景区】，安排一日游行程；后乘车返成都。	宿：成都
D8. 成都双流机场乘机（航班：______）返太原，结束愉快旅程，返回温暖的家！	
二、主要接待标准	
交通：太原往返飞机，四川当地空调旅游车；住宿：四星级酒店双人标准间；用餐：全程含餐，餐标正餐 30 元/人（至少十菜一汤），安排 2~3 顿四川当地特色餐；含行程所列景点门票，无自费景点；全程纯玩无购物。	

任务二　甄选地接社

任务导入

组团社计调已完成为客户 A 公司的线路初步设计，需要向地接社询价、核定行程并确定业务合作伙伴。

任务解析

组团社在完成线路的初步设计之后，需要选定一家合适的地接社作为合作伙伴，学生需了解选择合作地接社的标准、方法，掌握如何向地接社发出预报计划。

相关知识

一、接团社选择的标准

旅游团能否按计划顺利完成旅游活动并达到满意效果，关键在于旅游目的地接待社的接待情况。因此，对接待旅行社的选择十分重要。组团社应根据旅游市场的需求及其变化趋势，有针对性地在旅游目的地旅行社中进行比较和挑选，选择合适的旅行社作为自己的合作伙伴。

那么，在旅游目的地众多的旅行社中，发团社应该怎样选择接团社，才能既圆满地完成旅游计划，又能取得良好的经济效益？发团社在选择接团社时，应注意以下几点。

（一）考察旅行社的合法性

组团社在选择接团社时，要考察该旅行社是否按照合法程序设立，有无旅游行政主管部门颁发的旅行社业务经营许可证，旅行社的注册资金多少，证件是否齐全，质量保证金是否缴纳等，还要明确该旅行社的性质、业务范围和许可证期限，导游人员是否为持证导游员，是否遵守旅游行业相关政策法规和惯例等情况，以免错将旅游团队交给非法经营的旅行社，从而导致游客利益得不到保障，或者使发团社经济利益受损。

（二）考察旅行社的信誉度

接待社的信誉度对团队接待质量和合作关系的维护非常重要。信誉良好的接待社会严格按照双方商定的接待标准和组团社的接待计划向旅游者提供接待服务。接待社如由于特殊原因，无法正常落实接待计划所要求的安排时，必须及时通知组团旅行社，并在征得组团旅行社的同意后，方可改变原先的接待计划。往往有些信誉不好的旅行社会以自己利益为重，看中眼前小利，弄虚作假，欺诈游客和组团社。所以，在选择接待社时，一方面组团社可通过行业内其他旅行社的介绍或推荐，选择接待社。另一方面也可查看接团社的接团记录，从这些记录中可了解接团社的接团经验、对各线路的熟悉程度、服务质量、游客评价、奖惩情况，以及是否严格按照发团社拟定的接待标准和计划向旅游者提供服务、是否有良好的信誉等。通过对这些情况的了解、把握，组团社可以从中挑选出接团经验丰富、熟悉接待线路、服务质量优、游客评价高、重合同、讲信用的旅行社作为接团社。

（三）考察旅行社的经营管理模式

组团社应注意考察接团社采用何种经营管理模式。管理模式先进的旅行社，经营管理目标明确，在管理上实行负责制，有良好的激励机制、人性化的经营理念、良好的公众形象、蓬勃发展的朝气和潜力。而有些传统的旅行社，基本上是吃大锅饭，做多做少都一样，优秀的没有奖金，没完成任务也不用受罚，员工的积极性不高，领导也是频繁更换，整个旅行社处于半死不活的状态。另外，有一些私人承包的“野马”式旅行社，他们只是出钱租用某旅行社的名号，在经营管理上没有科学性，目光短浅，为了短期利益互相压价，随意增加旅游项目，乱收游客费用。对这类旅行社，发团社更应避而远之。

（四）考察旅行社规模大小

一般说来，规模较大的旅行社在资金、人才、管理等方面，比规模小的旅行社更有优势，在旅游供给方面有更大、更成熟的网络，在业务操作方面更先进、熟练，效率更高。因此，选择规模较大的旅行社可以更好地保障游客利益，更让人放心。但是，规模小的旅行社也有自身的优势。如经营方式比较灵活，在价格、线路、服务等方面可回旋的余地更大；接团旅行社的选择是一个双向选择的过程，有时发团社想要与某家旅行社合作，但这家旅行社可能由于种种原因而不愿意与该发团社合作。因此，选择接团社时，不能只盯着规模大、实力强的旅行社，而应根据发团社自身的实际情况来选择合适的旅行社。

（五）其他因素

组团社在选择接团社时，还要考虑接团社的报价、接团社对本旅行社及某项业务的依赖性、接团社的发展潜力等因素。接团社的报价直接关系到组团社的成本和经济效益。有些旅行社专门从事某项业务，一般来说，这种旅行社很认真负责，也能够以很专业的操作为组团社完成接待任务。而有的旅行社则经营很多项目，对某一组团社的依赖性非常有限，因此服务的积极性也很一般。在选择接团社时，还应注重合作的长期性，以追求长期的最大经济效益为目标。有的接团社一开始并不能很好地完成接待任务，但有合作诚意，有发展潜力，就应考虑将其发展为合作伙伴。

总之，发团社对接团社的选择应该慎之又慎，一个好的接团社不仅能为游客提供良好的服务，帮助组团社实现预定的经济利益，还能为组团社赢得良好的声誉和回头客源。接团社选择失误，会导致游客和组团社的利益受到损害。

发团社可以建立各个目的地的接团社档案，如制作“旅行社基本情况表”（见表3-3），内容包括旅行社的性质、业务范围、注册资金、联系方式、规模、接待能力等；还要及时补充新的信息，如接团情况、近期业绩等。当发团社将团发至某地时，可直接从该旅行社档案资料中进行比较选择，这是一种高效的管理方式。

表3-3　旅行社基本情况

旅行社名称			
许可证编号		许可证有效期	年　月　日
工商登记日期	年　月　日	开业时间	年　月　日
许可经营业务	□入境旅游业务　□出境旅游业务 □边境旅游业务　□国内旅游业务		
企业经营类型	□内资企业　□港澳台投资企业　□外资企业　□其他		
经营地址			

续表

法人代表		总经理		联系电话	
业务联系电话		传真			
旅行社投诉电话		当地旅游局投诉电话			
网　址		E-mail		邮编	
内设部门	个	门市部	个	分社	个
注册资金	万元	质量保证金	万元		
责任险最高保额	万元	保险期限	年　月　日至　年　月　日		
请将业务常用章印模盖在下方					
企业公章 财务专用章 业务确认章					
法人代表签字					

填表日期　　年　　月　　日

二、预报旅游计划

预报旅游计划是组团社向地接社发出的建立业务合作关系的意向性函件，其目的在于通过地接社修正组团社计调人员前期对线路产品的设计方案，征询接待报价，并为下一步甄选地接社提供依据。组团社初选地接社进行业务合作时，一般应同时向两家以上的地接社发预报计划，核定行程并询价（包括景点门票、房价、餐费、导服费、区域内交通费用等），预报接待计划一般由组团社向地接社以网络传送（QQ、微信、邮件）或传真形式发出，紧急情况也可先用电话预报，后发传真。预报计划应尽可能在团队到达前 30 天发出。

地接社接到团队预报旅游计划后，主要是要对预报的内容逐一加以落实核定，并在最短的时间（一般不超过 24 小时）给予书面回答。由于预报较早，情况变化和不确定问题肯定会有，当组团社确定了合作地接社后，需要不断与其沟通以调整接待计划，最终达到组团社、地接社与游客的一致。

（一）分别向四川 A、B 旅行社发出团队预报计划

四川 A 旅行社/四川 B 旅行社：

我社组织的 21+1 团队，太原起止赴四川双飞 8 日游，时间为 2017 年 8 月中旬，行程安排及标准要求（见表 3-4）附后，请核定行程并报价。谢谢合作！祝贵公司生意兴隆！

表 3-4 四川双飞八日游预报计划

行程安排	标准、要求
D1. 太原乘飞机赴成都。	住宿：四星酒店标准间。
D2. 乘车赴茂县，途中游览【都江堰风景区】，参观【汶川地震遗址】。	用餐：全程包餐；餐标为 30 元/正/人；安排四川特色餐饮。
D3. 乘车赴松潘县，游览【黄龙风景区】；后乘车赴九寨沟。	行程安排不宜过紧，能尽量让客人放松休养；纯玩，最多一处购物点。
D4. 【九寨沟风景区】一日游。	可安排有地域特色的休闲娱乐项目。
D5. 九寨沟乘车返成都。	备注：此团队为某单位独立成团，游客为单位优秀员工，单位出资、奖励旅游性质。
D6. 乘车赴乐山，游览【乐山风景区】，后乘车赴峨眉。	
D7. 【峨眉山风景区】一日游。	
D8. 成都乘飞机返太原。	

山西××旅行社 国内部 王××
2017 年 7 月 15 日

（二）四川 A、B 旅行社给予回复

组团社预报接待计划发出后，四川 A 旅行社当天下午，四川 B 旅行社第二天中午分别给予了回复，将具体接待计划和报价发回了组团社。

三、甄选地接社

组团社通过对四川 A、B 两家旅行社发回的接待计划及报价（略）和四川 A、B 两家旅行社情况的分析比较，拟选择四川 A 旅行社作为合作接待社。选择四川 A 旅行社理由如下：

第一，四川 A 旅行社线路产品设计思路明确，特色突出，在行程编排与接待标准落实上与组团社一致性较强，体现出美食特色和行程的舒适度（详见表 3-5）。而四川 B 旅行社线路产品设计特色不明显，尤其是用餐安排单一，代表性不足；同时，行程内容不够丰富，景点选取和路线编排创新不足。

第二，四川 A 旅行社地接报价与四川 B 旅行社地接报价两者价格相差不大，B 旅行社报价略低 70 元左右，但行程安排中 B 旅行社比 A 旅行社少【熊猫基地】和【古羌城】景区。

第三，从旅行社基本情况看，四川 A 旅行社和四川 B 旅行社均为四川知名的大中型旅游企业，经营实力雄厚，社会声誉较好。四川 B 旅行社为综合性旅游企业，旅游业务涉及国内组团、省内地接、出境组团及入境接待，其中以国内组团和出境业务为重点，其营业收入占比很高，省内地接业务非其核心业务，营业收入占比很低；而四川 A 旅行社则相反，虽然也经营国内组团和出境组团业务，但以四川省内地接业务为主，并在国内其他主要省区开设有分公司用以组织客源，地接业务营业收入占比达 70%以上。据此判断，四川 A 旅行社地接操作的专业性应强于 B 旅行社。

表 3-5　四川 A 旅行社回复的接待计划

<table>
<tr><td>第 1 天</td><td>太原 成都</td><td>餐：早餐×　中餐×　晚餐×</td><td>宿：成都</td></tr>
<tr><td colspan="4">太原乘机（暂定航班：__________）赴享有“时尚、美食及休闲之都”的天府之国——成都，接团后入住酒店。</td></tr>
<tr><td>第 2 天</td><td>都江堰 熊猫基地 茂县</td><td>餐：早餐√　中餐√　晚餐√</td><td>宿：茂县</td></tr>
<tr><td colspan="4">早餐后乘车至【都江堰风景区】游览：客人可前往景区右侧的南桥参观，后从都江堰景区南门进入离堆公园（不含观光车 25 元/人），游览川西第一名园—清溪园、堰功道、卧铁、张松银杏（西游记里的人参果树）、伏龙观。之后来到李冰在岷江上修建的中华第一古堰—被列为“世界文化遗产”的都江堰水利工程：宝瓶口引水口、飞沙堰泄洪坝、观鱼嘴分水堤。过安澜索桥，隔江观秦堰楼、纪念李冰父子的二王庙；中餐安排四川特色小吃；餐后前往都江堰【熊猫基地】游览，中国大熊猫保护研究中心都江堰基地（又名“熊猫乐园”）位于青城山镇石桥村怀中路。紧邻大熊猫栖息地世界遗产区域，拥有适宜大熊猫生活的气候和自然环境；后乘车前往游览汶川地震中心—【映秀地震遗址】，震后的漩口中学，倒塌的教学楼，学生宿舍还残留着学生的床，在学校大门的石阶上，放着用汉白玉做成的表盘，指针指向了 2008 年 5 月 12 日 14 点 28 分。见证灾难过后重生的新映秀人民安详静谧的生活状态，真正体会大难无情，大爱无疆；游览结束后前往茂县入住。沿途可看到藏族、羌族的独特民居、碉楼、吊桥等建筑物。
今日提示：沿线住宿硬件和软件条件有限，请不要以城市的标准来衡量；请尊重少数民俗风俗习惯。</td></tr>
<tr><td>第 3 天</td><td>茂县 黄龙 九寨沟口</td><td>餐：早餐√　中餐√　晚餐√</td><td>宿：九寨沟口</td></tr>
<tr><td colspan="4">早餐后乘车前往松潘县境内的【黄龙风景区】，以其雄、峻、奇、野风景特色，享有“世界奇观”“人间瑶池”的美誉。游客可乘坐索道（费用不含：往返 120 元/人）。主要景点有：迎宾彩池、飞瀑流辉、洗身洞、盆景池、明镜倒映池、杜鹃映彩池、争艳彩池、龙背流金瀑、玉树漫银瀑、中寺、马蹄海、黄龙洞、黄龙寺、石塔镇海池、五彩池、转花玉池等，其中尤以盆景池、石塔镇海池和转花玉池最为奇妙；中餐安排特色餐羌寨十三花生态餐（参考菜单：山贝母炖鸡（整只鸡）、清蒸冷水鱼（约 1 斤半）、羌密肘子（约 2 斤）、竹笋烧牦牛、羌家花碗、粗粮龙眼、琵琶肉核桃花、羌寨香肠、野生木耳炒肉片；素菜有炝炒灰灰菜或者蒲公英；羌家一绝（酸菜糍粑或者酸菜荞面）、时令蔬菜二道；汤：时令汤；10 人围桌，共 12 菜 1 汤，不足 10 人菜品递减）；后抵达九寨沟沟口入住，晚餐后参加《走进藏家篝火晚会》活动：品烤羊肉，藏家小吃，跳锅庄舞，吃喝玩乐一应俱全，亲身休验藏族风情。
今日提示：1. 黄龙景区海拔较高，如产生高原反应、缺氧、气虚等可在进景区前购买红景天或氧气瓶，切记量力而行，推荐您上行坐索道步行下山，可节省体力看遍所有美景。2. 因游览方式不同，请注意集合时间。3. 藏区条件较差，限电限水限时供应热水，热水一般为晚 9~11 点间供应，沿线提倡环保，不提供一次性洗漱用品请自备。4. 因其特殊的气候条件，酒店可能会有潮湿的现象。</td></tr>
<tr><td>第 4 天</td><td>“人间仙境”九寨沟风景区深度一日游</td><td>餐：早餐√　中餐×　晚餐√</td><td>宿：九寨沟口</td></tr>
<tr><td colspan="4">早餐后乘车前往世界自然遗产【九寨沟风景区】，漫游九寨美丽风光，领略原始森林之雅趣；观赏叹为观止的彩色世界：树正沟之卧龙海、树正群海、树正瀑布、小磨坊、诺日朗瀑布等（午餐不含，可自带食物或在诺日朗餐厅用自助餐 60 元/人起）；下午游览日则沟之镜海、珍珠滩瀑布、孔雀海、原始森林、五彩池、长海、老人松等，17：00 左右结束游览，后送至酒店用晚餐。此天时间安排非常充足，您可根据自己的兴趣和身体状况，餐后可参加九寨沟《藏羌风情歌舞晚会》（费用不含：280 元/人起），时间约 90 分钟，晚会以藏羌歌舞、服饰表演及互动游戏来表现九寨沟藏、羌族人民文化及生活习俗，让您身临其境的感受藏、羌族会说话就会跳舞的奔放热情，与藏族帅哥美女一起参与狂欢，真切感受九寨沟浓郁而传统民俗文化。
今日提示：1. 九寨沟口海拔约 1900 米，沟内海拔最高点长海 3100 米，大多数游客无高原反应请放心游玩。2. 景区禁止吸烟，有吸烟习惯的客人请忍耐，否则会受到高额罚款。3. 此日午餐不含，可自带干粮或前往诺日朗自助餐厅用餐（60/98/138 元/人三档）。4. 景区内凭观光车票当日可在任一站点自由换乘游览，车上均有讲解员，导游无法全程跟随请注意集合时间。5. 沿线购物小商铺或寨内原住民推销的土特产、银饰品等均属于当地人自身行为，我社无法控制，不属旅游局定点购物场所，购物风险自负。</td></tr>
</table>

续表

<table>
<tr><td>第 5 天</td><td>沟口 特色藏寨 成都</td><td>餐：早餐√　中餐√　晚餐√</td><td>宿：成都</td></tr>
<tr><td colspan="4">早餐后乘车前往【藏族文化特色村寨】，这里藏族民居特色浓郁，布局合理，是当代藏族民居典范。近距离了解藏族民居特色、建筑艺术及生活方式，体验民族地区文化特色及经济建设成就（此景点中有一个景区购物店——售卖当地银器，但并非是属于旅行社安排的单独购物店，您可以参观或直接不参观一走而过，如需购买物品请注意甄选）。参观【高原特产展示服务中心】，免费品尝牦牛肉；中餐后前往由前国家 4A 级景区【古羌城】，景区内可感受历史悠久的土司官寨文化、原生态羌族民俗文化、羌族饮食文化、羌绣艺术文化等古羌民族各种领域的非物质文化遗产，是绝无仅有的世界羌文化活态博物馆。晚餐安排以麻、辣、鲜、香著称的四川火锅，让您的成都之行不留遗憾。
今日提示：景区配套商店有纪念品及特产出售，景区讲解员可能会为游客推荐与解说，请根据自身所需谨慎选购索要发票。</td></tr>
<tr><td>第 6 天</td><td>乐山大佛 天工开物 峨眉山</td><td>餐：早餐√　中餐√　晚餐√</td><td>宿：峨眉山</td></tr>
<tr><td colspan="4">早餐后乘车前往乐山，参观游览【天工开物文化旅游景区】，景区传承中国及世界历史上最伟大科技著作《天工开物》之精髓，运用丰富多样的现代科技与艺术手法，全方位展示世界珍稀矿石的形成、生长、孕育以及人们利用矿石所开展的手工艺雕刻精湛技艺，这些大自然鬼斧神工的奇幻场景以及大师们所创作的稀世珍品共同构筑了中国手工艺史上最璀璨的文化明珠；中餐安排自助中餐；餐后游览【乐山大佛】：开凿于唐玄宗开元初年，历时 90 年才得以完成，佛像高 71 米，比号称世界最大的阿富汗米昂大佛（高 53 米）高出 18 米，是名副其实的世界之最，素有“佛是一座山，山是一座佛”之称。凌云寺、大雄宝殿、下九曲栈道（大佛右侧的石壁上，有一条险峻的栈道自上而下盘旋至大佛脚，这便是著名的“九曲栈道”，是与修建佛像同时开凿的，栈道第一折处的“经变图”雕刻精细，形象生动，线条优美）；乘车前往佛教圣地休闲天堂峨眉山，酒店办理入住手续，晚餐后可自行参加峨眉山川剧变脸晚会（不含 200 元/人起），以变脸、滚灯、吐火、手影、峨眉派武功等为主体，展示四川韵味及巴蜀绝技。
今日提示：景区内有香客进香还愿、与大佛近距离拍照、路边茶水，土特产及朝佛纪念品等出售，景区佛缘堂法物流通处、生态园景区等为景区配套设施，凡在景区内的类似购物店形式均不属于旅游局划定的购物店范畴，请游客谨慎选购并索要发票，风险自负。</td></tr>
<tr><td>第 7 天</td><td>峨眉金顶+半山 成都</td><td>餐：早餐√　中餐√　晚餐√</td><td>宿：成都</td></tr>
<tr><td colspan="4">早餐后前往【峨眉山风景区】参观，乘车至雷洞坪，步行半小时至接引殿，乘坐索道（费用不含：往返 120 元/人）登至海拔 3077 米的峨眉主峰【金顶】，在最高的观景平台观云海、佛光、金银铜殿、十方普贤等自然奇观和佛教奇观等，在世界最大的朝拜中心祈福许愿，游览完毕后乘索道下至接引殿，返回雷洞坪乘景区观光车至万年寺停车场，午餐（峨眉雪魔芋烧鸭），后乘坐索道（费用不含：上行 65 元/人）至千年古刹【万年寺】，参观无梁砖殿，以及峨眉山的镇山之宝——重 62 吨的普贤骑象，随后参观白蛇修道成精的白龙洞、风景秀丽的清音阁、聆听峨眉十大景观之一的“双桥清音”再经黑龙江栈道、一线天、游中国第一大自然生态猴区与峨眉山灵猴零距离接触，在五显岗下山后安排晚餐：享有“一菜一格，百菜百味”之美誉的正宗川菜，之后乘车返回成都。
今日提示：1. 峨眉景区随海拔高度不同垂直差别大，万年寺以下为低山区，气温与平原无异，早晚略添衣。雷洞坪以上为高山区，气温比山下约低 10℃左右。游客需备足衣物。2. 峨眉山下沿线商铺的东西价格都较高，请游客谨慎分析观察根据自己所需决定，旅行社不为此类消费承担任何退货或赔偿责任。3. 峨眉“灵猴”非常顽皮，切记勿挑逗戏弄猴子，勿将食品袋子放在猴子可以看到的地方，以免遭到攻击而受伤，建议游客自行购买“峨眉景区猴区专项保险”。</td></tr>
<tr><td>第 8 天</td><td>成都 太原</td><td>餐：早餐√中餐×晚餐×</td><td>住宿：/</td></tr>
<tr><td colspan="4">成都双流机场乘机（暂定航班：__________）返回太原武宿机场，结束愉快行程，返回温暖的家。
今日提示：1. 如乘坐早班机，因航班过早酒店无法提供桌餐，将为客人提供路早，请提前告之前台，早上到前台领取。2. 如乘坐晚班机，请中午 12：00 前办理退房手续，行李可寄存在前台，贵重物品随身携带，超过 12 点退房，所续房费由客人现付。</td></tr>
</table>

续表

服务标准
【交通】行程中正规25~30座空调旅游巴士。含机场接送。 【景区门票】九寨沟门票+观光车、黄龙、都江堰、熊猫基地、乐山大佛、峨眉山门票+观光车+万年寺门票。 【住宿】提供7晚四星级酒店标间住宿，不含单房差（注：全程无正规三人间，只能加钢丝床或由客人现补单房差）。 【用餐】全程提供7早11正餐（含特色餐）；正餐餐标30元/人（10人一桌，十二菜一汤，不含酒水）。 【导游服务】四川当地持证中文导游服务。 【旅游保险】包含旅行社责任险，不含旅游意外险及航空保险。 【优惠政策】学生、残疾人、老年人有门票优惠，经景区验证后，导游现退您门票优惠（非景区挂牌价）。 【不含费用】都江堰电瓶车25元/人，黄龙往返索道120元/人；九寨沟内自助60元/人起；峨眉山金顶往返索道120元/人；万年寺上行索道65元/人；下行索道45元/人；峨眉山索道保险15元/人；猴区专项意外保险5元/人；行程内标注的需另付费项目及个人消费；全程单房差。
地接报价：成人2540元/人。

任务三　团队订立

任务导入

组团社计调向地接社询价并完成行程核定后，需计算线路产品成本价格，核算后向客户报价，争取与客户达成意向，签订旅游合同。

任务解析

组团社计调核算旅游线路成本的工作主要是将地接社的地接报价、往返大交通费用、全陪导游费用及相关杂费相加。

相关知识

一、组团社的计价方式

组团社的计价，是旅行社计调部根据市场需求或者外联人员的需要而制定的计价方式。这种计价方式必须是及时的，并具有竞争力，才能使外联人员在与其他旅行社竞争时赢得更多的市场份额。

（一）组团社计调内部计价

是组团社计调根据省外地接社报价、城市间交通费、接送费、全陪费用、保险费用等计算组团社总成本的过程。组团社的计价方式有两种：一是在地接社的地接价基础上加上往返大交通费用、接送费用、全陪费用、保险费用来进行计价；二是根据目的地接待社提供的食、住、行、游等项目分项进行计价。

（1）成本加总计价法。国内组团社计价=地接社地接价+城市间往返大交通费用+市内接送费用+全陪费用+保险。

（2）地接成本分项计价法。地接成本分项计价法是在地接社分项报价的基础上，把地接社的各项成本分项进行计算，然后再把其他各项成本相加。

（二）组团社计调对外报价

计调的报价包括对客户的报价和对营业网点的报价。对客户的报价项目包含往返大交通费、地接社综合服务费、全陪服务费、市内接送费和一定的利税。给客户报价一定要及时、准确，价格不能太高，过高会导致客户流失；过低旅行社就没有利润。报价之后，等待对方的回应。但不能消极等待，要视报价内容的轻重缓急有张有弛地积极跟进，掌握客户的情况和市场的变化，如有需要或有可能，要调整报价或增加服务，特别是免费服务内容，想方设法增强竞争力，力争把每一单都做成功。同时，把跟踪的情况和调整的内容做好记录。根据情况，及时控制资源，即提前预订某一时段的房、车、火车票、机票。

组团旅行社如果开设门市服务网点，收客工作主要由服务网点负责。计调部进行线路内部计价后需要对服务网点报价，最后由服务网点向游客报价。国内组团社专线部在所经营地区开发了很多不同的旅游线路，在对每一条旅游线路进行内部计价的基础上，加上每条线路的操作费用（操作费包含整个旅游行程的制定与落实费、航空机票出票操作费、省外旅游服务预定协调工作费等）就是专线部对服务网点的报价了。操作费用的多少应根据具体的线路来确定，一般跟团游的利润低一些，一般是计价的5%左右，包团利润高一些，一般是计价的10%左右。

二、计算成本价

（一）落实线路成本构成项目费用

（1）四川当地接待费用经组团社计调前期询价，地接社报价为2540元/人。

（2）太原往返成都机票经向票务中心或航空公司询价，8月中旬能够给出的团队最低折扣为5折。同时，根据航班时间，第一天下午太原飞成都，需安排团队晚餐，这样比地接社预报的正餐要多一正餐，需计入成本。

（3）其他费用按照组团旅行社实际产生或规定核计。

（二）计算成本价

（1）太原往返四川交通：机票1240元（单程）×50%（机票折扣）×2+50元（机场建设费）×2＝1340元/人。太原机场接送飞机30元/人。

（2）四川地接综费：2540元+30元（增加一正餐）＝2570元/人。

（3）全陪费用：［1340元（全陪往返机票）+100元/天（导服费）×8天］÷21人≈102元/人。

（4）包、帽：15元/人。

（5）旅游人身意外保险：10 元/人。

合计：4067 元/人（1340+30+2570+102+15+10）。

（三）价格调整

很明显，组团社计算出的该四川旅游线路产品单人成本已超出 4000 元，若再加上组团社利润，这样的价格远高于客户 4000 元/人的预算，客户很难接受。这种情况下就需要组团社及时和地接社沟通，协商降低成本的途径。具体操作中，可考虑以下几种方式：

1. 组团社向地接社重新询价

通过再次询价，看地接社是否有调价空间，必要时可要求地接社分解报价，组团社自己核实之前报价是否高于正常操作价格。案例中组团社再次向四川 A 旅行社询价，并要求其分解报价，但结果是地接社分解报价项目费用均在正常操作费用水平，并且分解后的各项目相加结果高于之前 2570 元/人的价格 100 多元。说明 2570 元的报价已经是地接社折让后的最低价，并无降低费用的空间。

2. 重新核定行程，减少收费项目

这种操作主要是以减少景点或更换景点的办法来降低成本。在案例中，行程中的主要景点无法替代或减少，如九寨沟、黄龙、峨眉山、乐山等，否则行程不完整，而次要景点不产生门票或费用很低，对成本影响不大，没必要减少或替换。

3. 调整接待标准

这种方式可以直接影响到要素成本，处理简单，且效果明显。如调整交通方式或降低乘坐等级：飞机换火车，动车一等座降至二等座，汽车豪华高配车型调整至普通标配车型等；降低用餐或酒店住宿标准以及减少杂费支出等。案例中，往返交通方式如换作乘火车，行程无法完成，区间交通不能调整；团餐标准本身不算很高，降低标准不仅会失去特色，而且成本降低不明显；酒店住宿通过与地接社沟通，地接社指出，在九寨沟和峨眉山等景区四星级酒店成本较高，比成都四星级酒店价格高近 100 元/间，建议可保留成都四星级酒店标准，其余住宿地调整为挂牌三星级酒店，这样能够从整体上保证住宿质量，还可使住宿成本降低 200 元/人。

通过成本调整：4067 元-200 元=3867 元/人，组团社最终计算出的接待成本为 3867 元/人。

三、向游客报价

要求：计调人员按照旅行社的有关规定和团队的具体情况，加上适当的利润后，将线路产品的价格报给业务员或旅游者。

案例中线路产品的成本已经接近 4000 元，客户在之前业务接洽时曾提出总费用要控制在 4000 元以内，如果按照旅行社正常利润率取值范围 5%～10%及市场竞争状况来看，以 5%左右也就是近 200 元利润加价向客户报价比较适当。据此作如下报价计算：

3867 元/人×（1+0.05）≈4060 元/人

组团社向客户应报出的旅游线路产品的价格为4060元/人。

四、组团合同订立

要求：计调人员向客户报价后，通过与客户沟通与协商，确定最终的接待安排，并指导业务人员与客户签订旅游合同。

（一）同游客达成一致

计调人员直接或通过业务员向游客报价后，不能坐等客户回复，应积极主动地与客户沟通，介绍产品设计思路和价格构成，了解客户对产品设计和价格的态度。行程安排及价格不是一次就能确认的，游客往往对计调人员的设计安排会产生一些疑问、出现分歧甚至矛盾，这就需要计调人员耐心与客户交换意见，修正产品设计内容，达到最终一致。案例中组团社需要向客户A公司说明或协商的问题如下。

1. 设计思路与行程编排

组团社首先要将线路设计的构思和具体行程的安排向客户详细说明，以获得客户对产品的理解和支持，同时征求客户意见，进一步改进产品设计。案例中，客户对组团社四川旅游线路设计思路和行程安排很认可，认为线路突出美食与休闲特色，行程编排合理，松紧适度，内容丰富，能够区别市场当中的常规产品，符合预期。产品整体设计的确认，不仅获得客户的信任，为进一步沟通奠定了基础，还极大地提高了工作效率，避免了重新设计的麻烦。

2. 飞机航班的选择

太原往返成都的航线单程就有多家航空公司的10余次航班，而不同的航空公司航班时间和机票价格，同一航空公司多个班次的航班时间和机票价格均有所差异，这对线路产品的成本和行程编排都会产生直接影响。这就需要组团社计调在综合考虑航空公司服务保障、产品成本以及航班时间对行程影响等方面的基础上，充分与客户沟通，在得到客户认可的情况下最终选定航班。案例中，组团计调在核算产品成本时，已向航空公司询过机票价格，并经初步判断，拟定了四川航空公司的航班（见表3-6）：3U8532（太原飞成都）14：40~16：55；3U8531（成都飞太原）08：35~10：50。选择原因主要考虑折扣最低，往返5折，时间基本合适，无太赶早或红眼航班问题。由此也确定了团队出发返回时间：8月14日—8月21日。

表3-6 太原/成都部分航班时间与机票折扣情况汇总

航班	太原—成都	成都—太原	最低折扣	班期
MU5233/MU5234	7：35~9：50	11：05~13：15	6折	每天
CZ8449/CZ8450	11：05~13：20	14：30~16：35	6.5折	每天
3U8532/3U8531	14：40~16：55	08：35~10：50	5折	周一、三、五、日
CA3647/CA3646	21：50~00：15	18：20~20：40	5折	每天
…	…	…	…	…

组团社在与客户沟通过程中，客户提出航班的安排使得第一天出发较晚和最后一天回程较早使得游客没有在成都更多停留和自由活动时间的问题，要求组团社是否能调整航班安排：去程安排上午航班，返程安排下午航班。组团社将选择四川航空 3U8532/3U8531 航班的理由向客户进行了说明，并强调旅行社选定航班是经过综合考虑，而且客户所希望时段的航班机票折扣不低，成本较高，会直接导致团费增加，不太经济。最终，客户接受了组团社意见，确认了航班安排。

3. 自费项目问题

案例的行程中出现的自费项目主要包括：川剧变脸晚会、藏羌风情歌舞晚会等娱乐项目和都江堰、黄龙、峨眉山等景区的电瓶车、索道等消费。这些项目费用较高，需要游客自理消费，这让组团单位领导颇为敏感，担心出游员工对此会提出意见。组团社为此向客户说明，自费项目非行程安排的必选项，如加入包价，一方面会增加成本，另一方面也未必适合团队需要。娱乐自费项目的安排丰富了游客行程，体现出产品特色，游客根据自身喜好，自愿选择；另外，团队以青年人为主，并无必要选择消费景区内电瓶车、索道等自费项目。这样的安排，线路产品成本不会增加，游客也能理解接受。

4. 接待标准问题

案例中的接待标准有两点需要与客户沟通：一是住宿方面，原计划安排全程四星级酒店，但景区酒店在旺季价格很高，为降低成本，拟安排九寨沟、峨眉山等景区住宿调整至三星级酒店，成都仍安排四星级酒店。行程中住宿安排标准不一致，客户对此表示接受。二是用餐安排方面，行程中九寨沟游览当日中餐需自理（自助餐 60 元/人起），组团社出于九寨沟景区内用餐条件不好且费用较高原因，计划建议客人自带食品或自费选餐。但这一考虑客户未能接受，认为全程用餐都应统一安排，让游客自理会引发意见，不好解释，九寨沟自助餐按最低标准 60 元增加费用，单位可以接受。这样，行程内用餐调整为 7 早 13 正餐，费用增加 60 元/人。

5. 购物问题

客户最初对接待安排的要求之一，就是全程不安排购物店，但组团社在完成线路产品设计时，安排了一处四川特产购物店。这需要向客户说明，安排购物店一是保证产品设计内容完备，让游客感知四川丰富的物产、特产；二是团队中年轻女性近一半，有较强的购物需求，而且购物店只有一家，不会影响行程安排。这一问题，组团社与客户也达成了一致。

6. 价格问题

组团社原计划对客户的报价是 4060 元/人，加上客户调整用餐增加 60 元/人，这样对客户最终报价为 4120 元/人。另外，成团人数 21 人，按照双标间安排住宿，会产生单男或单女，需补足单房差 700 元，总团费会另增加 700 元。显然这样的价格已超出客户的预算范围，客户最初不愿接受。组团社通过向客户分析了价格构成，说明行程内容多、标准高、特色突出、以纯玩为主等因素直接提高了成本，但接待质量有所保证。客户在进一步调研和与组团社沟通的基础上最终同意提高预算，接受旅行社的报价。

（二）订立合同

《旅游法》第五十七条规定：旅行社组织和安排旅游活动，应当与旅游者订立合同。旅游合同是对旅行社与游客双方权利义务的约定，既保障游客的合法权益不受侵害，又保护旅行社的经营利益。旅行社与游客订立团队一定要签订《旅游合同》。

旅行社在与游客达成一致后，尤其是价格方面不存在异议，就可由业务人员与游客签订旅游合同。为使合同订立后不对旅行社后续操作造成影响，计调人员在业务人员与客户签约时需提醒其注意以下几点：

第一，应使用国家旅游局、国家工商行政管理局制定或参照其制定的《国内旅游组团合同》，书面完成合同签订，不能以口头协议或简化合同签订事项代替规范的合同订立过程。如合同条款设立不规范或内容填写不当，都可能会引起日后与游客的争议。

第二，旅行社应当对合同的具体内容做出真实、准确、完整的说明。

第三，旅行社要对合同内容中的交通、住宿、餐饮等旅游服务安排和标准，旅游费用及其交纳的期限和方式，违约责任和解决纠纷的方式等重要条款详细填写并如实告知游客。

第四，认真审核并准确登记、提交团队游客的身份证件信息。身份证件信息能够帮助计调了解游客状况，如年龄构成、性别构成、客源地等，从而判断游客的部分需求特征。另外，身份证件的有效性对团队操作影响较大，从预订交通票、办理保险到办理酒店入住手续，都需要准确有效的身份信息。

第五，团款收取。签订合同之后，一般情况下旅行社应全额收取团款，交财务部入账，填写交款记录。但在某些市场环境下，团体游客不会一次性全额付款，往往只按一定比例（70%~80%或更低）预付团款，余款则在团后结算。在预付款的情况下，绝大多数时候组团社都需要先垫付部分团款，当游客在出游前未按照合同规定付足预付款或预付款过低时，组团社会很被动。因此，旅行社在签订合同时一定要与客户充分协商，尽可能提高预付款的金额，并且认真评估经营风险，不能只考虑经营业绩，盲目接单，导致尾款无法正常结算，形成坏账。

案例中客户 A 公司与组团社签订合同后，并未全额付清团款，预付了 80%的款项，原因主要是客户第一次与组团社合作，不太放心接待质量，以及受民营企业的经营理念所影响。组团社经与客户沟通确认和风险评价，认为团队接待质量能够保证客户满意，客户 A 公司社会信誉良好，不会成为风险客户。由此，组团社顺利与其签订了《国内组团合同》。客户预付款项计算如下：4120 元/人×21 人×80%＝69216 元。并约定其他临时增加费用（包括单房差）同余款一并结算。

【知识链接】

身份证知识

居民身份证是国家法定的证明公民个人身份的证件。在旅行社给客人订机票、办签证、买旅游人身意外险、办理入住宾馆手续时都需要游客身份证。身份证号还能向我们透露很多信息，如游客的原籍、年龄、生日、性别，由此我们可以推断客人的部分需求。例如，从身份证上可以看出是老年人还是年轻人，如果是老人，则行程不要安排太紧，要特别叮嘱注意安全等；还可以看出游客生日是哪天，如果旅游当天是游客生日，旅行社可以给游客提供一份生日礼品，让游客获得意外的惊喜。

一、居民身份证编号识别

身份证编码规则如下：根据中华人民共和国国家标准（GB11643-1999）中有关公民身份号码的规定，公民身份号码是特征组合码，由17位数字本体码和1位数字校验码组成。排列顺序从左至右依次为：6位数字地址码，8位数字出生日期码，3位数字顺序码和1位数字校验码。

（1）地址码（身份证前6位）：表示编码对象第一次申领居民身份证时的常住户口所在县（市、旗、区）的行政区划代码。第一位和第二位为省、自治区、直辖市代码；第三位和第四位为地级市、自治州代码；第五位和第六位为县、县级市、区代码。例如，身份证号为330204198805229×××，如33代表浙江省，02代表宁波市，04代表江东区。所有区域的编码可以到网站查询最新的县及县以上的行政编码资料。

（2）生日期码（身份证第7~14位）：表示编码对象出生的年、月、日，其中年份用四位数字表示，年、月、日之间不用分隔符。例如：1988年9月20日就用19880920表示。

（3）顺序码（身份证第15~17位）：是县、区级政府所辖派出所的分配码，每个派出所分配码为10个连续号码，例如“000~009”或“030~039”，其中单数为男性分配码，双数为女性分配码，如遇同年同月同日有两人以上时顺延第二、第三、第四、第五个分配码。例如：007的就是个男生，而且和他同年月日生的男生至少有两个，他们的后四位是001*和003*。

（4）校验码（身份证最后一位）：是根据前面17位数字码，按照ISO7064：1983.MOD11-2校验码计算出来的检验码。主要是为校验计算机输入公民身份证号码的前17位数字是否正确，其取值范围是0~10，当值等于10时，用罗马数字符X表示。校验码为“X”不能更换，并且我国的计算机应用系统也不承认19位的身份证号码。

二、居民身份证有效期限与持证人年龄、签发日期的关系

居民身份证的有效期分别为10年、20年、长期3种。16~25周岁的，发给有效期为10年的居民身份证；26~45周岁的，发给有效期为20年的居民身份证；46周岁以上的，发给长期有效的居民身份证。证件有效期限从签发之日算起。

（三）编制团号

组团社与游客签订了旅游服务合同之后，要完成团号的编制。团号，即旅行团的编号。在为游客办理旅游人身意外险的保单、制订组团计划时的文件、团队资料存档时都要填写，以便和其他团队区分开。目前，我国各家旅行社的团号都不一样，有的简单，有的复杂，有的对团队号不重视，有的比较重视。

WTO规范团号就是一种标准团号，即通过这个团队的编号，就能够一目了然地看出它的游览城市、往返交通、人数、团队等级等各方面的信息。WTO规范团号以国际航空代码为基础，分为中国区域、境外华侨区域、港澳台区域和国际区域4个区域。现举例说明团号的编制。

以案例操作“四川成都、九寨沟、黄龙、峨眉山、乐山双飞八日游”为例，出团日期为8月14日，出团数为第一个，合成WTO规范团号：

XNC	08	B—2F	0814	A
①	②	③ ④	⑤	⑥

①先参照基本代码设定团号，前两位英文大写为区域代码，第一位和第二位XN代表西南大区，与第三位（第一个游览城市成都的拼音大写）组成三位数团号代码——XNC。

②第四位和第五位代表游览天数。团队游览时间按照国家规定日期由两位阿拉伯数表示，八天是08。

③第六位代表团队的等级。日期之后的字母代表团队的等级。熊晓敏计调实务中认为，H代表豪华团，B代表标准团，S代表散拼团。定制团队标准不明确时可以省略该项编号。

④连接横线后两位是交通等级，双飞（2F），单飞（1F），一飞一卧（1F1W），双卧（含船）（2W），双座（2Z）全程汽车（2T）。

⑤交通等级后两位是旅游团出团时间，按照国家规定月份日期由两位阿拉伯数字表示，8月14日是0814。

⑥最后一位英文大写为出团数，如第一个团写作“A”，第二个团写作“B”，以下依此类推。这里是8月14日当天第一个团，所以标注为A。

所以对于前述案例团队编号可注为：XNC-08-2F-0814-A。组团社也可根据自己的管理和操作规范，自行制定团队编号标准，如仍以前例团号可编为：Z150814-GNSC-08

-2F1-21+1。其中：Z150814 表示组团（Z）+时间（2015 年 8 月 14 日），GNSC 表示目的地国内（GN）+四川（SC），08 表示时间 8 天，2F1 表示双飞（2F）+当日第一个团（1），21+1 表示团队人数 21 名客人加一名全陪导游。

任务四　行前安排

任务导入

组团社与客户签订《旅游合同》后，计调人员需完成出团前各项工作安排。在规定时间内为游客订妥机/车/船票，并取得机/车/船票等。

任务解析

旅游活动是一种异地活动，无论从常住地到旅游目的地，还是在目的地的暂时逗留，交通都承担着旅游者空间位移的任务。交通不仅要解决旅游者往来不同旅游点的空间距离问题，更重要的是解决时间距离问题。因此，安全、舒适、便捷、经济是旅行社采购交通时需要考虑的因素，交通的形式主要有飞机、火车、汽车和轮船，旅行社必须与包括航空公司、铁路部门、轮船公司、汽车公司在内的交通部门建立密切的合作关系。

根据案例中团队计划安排和旅游合同约定，组团社为客户在往返大交通安排上选择了航空方式。对于航空服务的采购，旅行社要具体落实在飞机的订位上。预订机位首先要选择航空公司，选择时主要考虑 6 个方面的因素，即机票折扣、机位数量、工作配合度、付款方式、航班密度、各地联络网络方便与否。计调部根据旅游接待计划，在规定的期限内向航空公司提出订位，如有变更，应及时通知有关方面。组团计调根据之前选定的四川航空公司及航班 3U8532/3U8531，向票务中心订票并取票。

相关知识

国内组团计调在为游客选择交通工具时，主要是选择飞机和火车两种交通工具，所以国内组团计调除要掌握汽车知识以外，还必须掌握飞机和火车的相关知识。

一、航空及铁路知识

（一）航空知识

1. 订机票常识

（1）航班。即飞机航行的班期，分为定期航班和不定期航班。民航运输飞行主要有 3 种形式：班期飞行、加班飞行和包机飞行。其中，班期飞行是按照班期时刻表和规定的航线，即定机型、定日期、定时刻的飞行；加班飞行是根据临时需要在班期飞行以外增加的飞行；包机飞行则是按照包机单位的要求，在现有航线上或以外进行的专用飞行。此外，还有不定期航班与季节性航班。

（2）航班号。为了方便运输和用户，每个航班均编有航班号。目前国内航班的编号是由执行任务的航空公司的二字英文代码（见表 3-7）和 4 个阿拉伯数字组成。其中，第一个数字表示执行该航班任务的航空公司的数字代码，如 1 表示中国国际航空公司，2 表示西北航空公司，3 表示南方航空公司，4 表示西南航空公司，5 表示东方航空公司，6 表示北方航空公司。第二个数字表示该航班的终点站所属的管理局或航空公司所在地的数字代码，第三个和第四个数字表示该航班的具体编号，第四位数字若为单数表示去程航班（即由飞机基地出发的航班），双数则为回程航班（即飞机返回基地的航班）。如 SZ4301 是西南航空公司自成都至广州的飞机，CA1501 是中国国际航空公司自北京至上海的飞机。

我国国际航班的航班号是由执行该航班任务的航空公司的二字英语代码和三个阿拉伯数字组成。其中，中国国际航空公司的第一个数字为 9，其他航空公司第一个数字以执行航班任务的该航空公司的数字代码表示。前者如中国国际航空公司北京至新加坡为 CA977，至东京为 CA919；后者如中国东方航空公司上海至新加坡为 MU545，至大阪为 MU515。目前，我国航空运输飞国际航班的航空公司有中国国际航空公司、中国东方航空公司、中国南方航空公司、中国北方航空公司和中国新疆航空公司。

表 3-7　国内航空公司二字代码及民航管理局代号

二字代码	简称	航空公司全称	所属管理局	民航管理局代号	航站所在地
CA	国航	中国国际航空公司	华北管理局	1	北京
WH/MU	西北航/东航	中国西北航空公司	西北管理局	2	西安
CZ	南航	中国南方航空公司	广州管理局	3	广州
ZH	深航	中国国际航空公司		地方航空借用新航“9”	深圳
SZ/CA	西南航/国航	中国西南航空公司	西南管理局	4	成都
3U	川航	四川航空公司		地方航空借用厦航“8”	
3Q/MU	云航/东航	云南航空公司		5	昆明
MU	东航	中国东方航空公司	华东管理局	5	上海
FM	上航	上海航空公司		地方航空借用新航“9”	
SC	山航	山东航空公司		地方航空借用国航“1”“4”	济南
CJ/CZ	北航/南航	中国北方航空公司	北方管理局	6	沈阳
GP/HU	通用、海航	中国通用航空公司	华北管理局	7	太原
MF	厦航	厦门航空公司	华东管理局	8	厦门
XO/CZ	新航/南航	新疆航空公司	西北管理局	9	乌鲁木齐

备注：二字代码“/”前为原代码，“/”后为兼并后现代码。

（3）机型、机位（座）。国内一般使用4种机型：波音（B）居多；欧产空客（A）、麦道（MD）次之；运7（Y-7）用于支线。对应几种机型的机位数见表3-8。

表3-8　常见机型的机位（座）数

机型	机座
B-737 200	120座
B-737 300	145座
B-737 500	150座
B-747（双层）	340~400座
B-757	198座
B-767	246座
B-777	380座
空客A320	150座

（4）舱位等级。分为头等舱、公务舱、经济舱。

（5）电子客票：目前机票全部是电子机票，纸质机票已完全退出市场了，客人到了机场用相应身份证办理登机手续即可。中国旅客购票，须凭本人《居民身份证》或其他有效身份证件购买；外国旅客、华侨、港澳台胞购票，须凭有效护照、回乡证、台胞证、居留证、旅行证或公安机关出具的其他有效身份证件购买。购买儿童票、婴儿票，应提供儿童、婴儿出生年月的有效证明。国内、国际机票的有效期均为一年。

（6）票价：电子客票的票款包括3个部分：票面价格+机场建设费+燃油附加费。票面价格是指出发机场到到达机场的价格。机场建设费一般情况下是50元，有些小飞机是10元。乘坐飞机需要缴纳一定的燃油附加税，燃油附加税的缴纳数是根据国际油价的变化而调整。婴儿票没有机场建设费和燃油附加税两项费用，儿童票无机场建设费，燃油费减半。一般分为公布票价、折扣票价两种。机票票面价格在无折扣的情况下按成人100%，儿童（2~12岁）50%，婴儿（2岁以内）10%票面价格购票。有组织的、同一日期、同一等级、同一目的地，10人以上的团体，可以单独申请团体优惠票。

（7）飞机餐（配餐）。飞行超过2小时有正餐，指米饭；配餐只有点心；特殊旅客（如穆斯林）有特餐。

（8）直达、经停。直达是指从出发地到目的地，不需要技术支持的航班；经停指因技术原因或从经营方面考虑，需要加降（如加油等）的航班。

（9）行李。旅客随身携带物品是经指航空公司同意由旅客自行携带乘机的零星小件物品。

国内航班随身携带物品的重量，每位旅客以5千克为限。持头等舱客票的旅客，每人可随身携带两件物品；持公务舱或经济舱客票的旅客，每人可随身携带一件物品。每件随身携带物品体积均不得超过20厘米×40厘米×55厘米。超过规定件数、重量或体积的限制，应作为托运行李托运。航空公司提供给旅客的免费行李限额为：头等舱（记者）40 千克；公务舱 30 千克；经济舱 20 千克。

（10）乘机时间要求。乘坐国内航班的旅客应在客票上列明的航班规定时间起飞前 90 分钟到达指定机场，凭客票及有效身份证件办理乘机手续。航班规定离站前 30 分钟停止办理乘机手续。旅客没有按规定时间到达指定机场，或携带的护照、签证及旅行证件不符合规定，未能办妥乘机和出境等各类手续而引起的一切损失和责任由旅客自负。

2. 航空交通服务的采购

航空交通服务的采购，是指旅行社计调人员根据旅游团队的旅游计划或散客旅游者的委托，为旅游者和旅游团队代购旅游途中所需的飞机票。负责航空交通服务采购的旅行社计调人员必须具备有关航空交通服务的各方面知识。这些知识包括有关航空公司使用的各种设施设备及提供的各种服务项目、各种机票价格、国家关于民航运输的有关法律规定及航空公司的各种相关规定等。只有具备这些知识，旅行社计调人员才能够顺利开展航空交通服务的采购。航空交通服务采购分为两种形式，即定期航班机票的采购和旅游包机的预订。

（1）定期航班机票的采购。定期航班机票的采购业务主要包括机票的预订、购买、退订与退购等内容。

①机票的预订。航空交通服务的采购始于飞机票的预订。旅行社计调人员在预订飞机票之前，必须了解乘坐飞机的旅游者和提供这种服务的航空公司两方面的信息，以便能够顺利地预订到旅游者所要求乘坐的航班及相应的座位。旅游者方面的信息包括旅游者的姓名、年龄、性别、国籍、家庭住址、联系电话、身份证号码（或护照号码）、护照及签证有效期，同行的人数，有无儿童随行，旅行目的地，乘机日期和具体时间，支付方式及其特殊要求，等等。航空公司方面的信息包括飞行设施设备、机票价格及其他服务信息。

②机票的购买。计调人员在掌握了全部所需的信息后，就要向有关航空公司售票处提出预订和购买机票的要求。预订团队机票时，拿游客名单向售票处申请折扣，一般申请下来的折扣要比散客的好些。折扣下来后，给售票处预付机票款，出票前务必再和售票处仔细核对名单，姓名、身份证号都不得有误。团队机票一般不可改签或退票。

③机票的退订与退购。计调人员在为旅游团队或旅游者预订或购买机票后，有时会遇到因旅游计划变更造成旅游团队的人数减少或旅游者（团队）取消旅行计划等情况。遇到此类情况时，计调人员应及时办理退订或退票手续，以减少损失。旅行社退订机票，一般按照旅行社事先同有关航空公司达成的协议或口头谅解所规定的程序办理。旅行社退购机票，则应按照民航部门的规定办理。

（2）旅游包机的预订。旅游包机是旅行社无法满足旅游者乘坐正常航班抵达目的地的要求而采取的一种弥补措施。这种情况多发生在旅游目的地是旅游旺季的旅游热点地区或正常航班较少的地区。另外，旅行社在接待过程中发生误机事故后也会采取包机的方式将旅游者尽快送达目的地。

当出现需要包机的情况时，旅行社计调人员应立即设法同旅游包机公司或其他航空运输公司联系，通报乘机的人数、日期、前往地点等情况，并询问租赁飞机的费用、所能提供的机型、起飞和降落的地点等信息。一旦条件合适，应立即向旅行社有关领导请示，经批准后向所选择的旅游包机公司或其他航空运输公司提出包机申请。当包机申请被接受后，采购人员应立即同对方签订包机协议。

3. 航空交通服务的采购流程

（1）确定采购对象。计调人员通过各种渠道和方法收集航空公司、机票销售单位信息资料及负责人联系方式，了解航空公司的规定及航空公司的经济实力，主要包括航空公司的机票折扣、机位数量、服务态度、航班密度、改/退票的手续及费用，机票销售单位信誉度、网络方便与否、付款方式、工作配合度、竞争优势、机票返利额度等信息。最后，确定多家本旅行社的采购对象以供选择。

（2）签订合作协议。旅行社计调人员与航空公司或机票销售单位经过多次协商之后，确定相关事项，然后双方签订正式《经济合同书》，明确双方合作关系及相互约定并备案。

（3）整理相关资料。计调部要印制航空公司的航班、票价信息及相关规定、机票销售单位信息，整理备案。设计并印刷订购票所需的表单，如飞机订票单（见表3-9）订票身份证信息确认单、机票变更/取消单等。

表3-9　××旅行社国内旅游组团部航空订座单

<table>
<tr><td rowspan="2">自</td><td rowspan="2">至</td><td rowspan="2">航班号</td><td rowspan="2">日期</td><td rowspan="2">起飞时间</td><td colspan="3">人数</td></tr>
<tr><td>成人</td><td>儿童</td><td>幼儿</td></tr>
<tr><td></td><td></td><td></td><td></td><td></td><td></td><td></td><td></td></tr>
<tr><td></td><td></td><td></td><td></td><td></td><td></td><td></td><td></td></tr>
<tr><td colspan="8"></td></tr>
<tr><td>序号</td><td>姓名</td><td colspan="2">身份证号</td><td>序号</td><td>姓名</td><td colspan="2">身份证号</td></tr>
<tr><td>1</td><td></td><td colspan="2"></td><td>11</td><td></td><td colspan="2"></td></tr>
<tr><td>2</td><td></td><td colspan="2"></td><td>12</td><td></td><td colspan="2"></td></tr>
<tr><td>3</td><td></td><td colspan="2"></td><td>13</td><td></td><td colspan="2"></td></tr>
<tr><td>4</td><td></td><td colspan="2"></td><td>14</td><td></td><td colspan="2"></td></tr>
<tr><td>5</td><td></td><td colspan="2"></td><td>15</td><td></td><td colspan="2"></td></tr>
<tr><td>6</td><td></td><td colspan="2"></td><td>16</td><td></td><td colspan="2"></td></tr>
<tr><td>7</td><td></td><td colspan="2"></td><td>17</td><td></td><td colspan="2"></td></tr>
<tr><td>8</td><td></td><td colspan="2"></td><td>18</td><td></td><td colspan="2"></td></tr>
<tr><td>9</td><td></td><td colspan="2"></td><td>19</td><td></td><td colspan="2"></td></tr>
<tr><td>10</td><td></td><td colspan="2"></td><td>20</td><td></td><td colspan="2"></td></tr>
</table>

（4）实施订票业务。计调人员根据接待计划向机票销售单位提出订票、购票需求，航空交通部门在约定时间内出票，计调员在约定时间内接票。订机票前要再次确认游客名单及信息。

（5）报账结算。计调人员根据本社规定，将订票、购票明细账及返利情况上报财务部门，财务部门审核无误后，根据约定付款时间及方式为航空交通部门办理结算事宜，并支付相应票款。

（二）铁路知识

1. 旅客列车的种类及代码含义（见表 3-10）

表 3-10　列车代码种类对照

字母类型	列车种类	备注
G 字头列车	高速动车	2009 年 12 月 26 日，武广高速铁路正式对公众运行，新启用车次为 G+4 位数字，意为高速动车，最高时速可达 350 千米。
C 字头列车	城际列车	2008 年 8 月 1 日，京津城际铁路正式对公众运行，新启用车次为 C+4 位数字，意为城际列车，最高时速可达 350 千米。
D 字头列车	动车组列车	以 CRH1、CRH2、CRH5 型为主，最高时速可达 250 千米，其中广深铁路更是全线使用此车。
Z 字头列车	直达特快旅客列车	简称直特，最高时速 160 千米，是 2004 年 4 月 18 日铁路第五次提速才出现的，这样的列车在行程中一站不停或者经停必须站但不办理客运业务，全部都是空调列车。
T 字头列车	特快旅客列车	简称特快，最高时速 140 千米，全部都是空调列车；跨局特快全程只停省会城市、副省级市和少量主要地级市等特大站或直达，管内特快全程一般只停地级市。
K 字头列车	快速旅客列车	简称快速，最高时速 120 千米，此类列车 95% 以上为空调列车；全程停靠地级市类的中大站，也有少量直达的。
1001—5998 列车	普通旅客快车	普通旅客快车，大约 40% 为空调列车停靠县级市和大部分县级中大站点。
6001—7598 列车	普通旅客慢车	简称普客或慢车，停靠大部分可以停靠的站点；由于票价低廉，列车基本上“站站停”，很受沿线乘客喜爱。
7601—8998 列车	通勤列车	此类列车通常用于铁路职工和周边居民上下班，列车“站站停”；铁路职工凭证免费乘坐。
L 字头列车	临时旅客快车	此类列车一般在春运、暑运、国庆长假等时候开行，跨局临客列车一般没有空调，也被称为“民工专列”。
Y 字头列车	临时旅游列车	旅游季节增开的，一般都由各大旅行社开展主题游活动，租用铁路部门的车体开行的车次。

2. 车次的编排

车次的编制和上行下行有关，铁路规定：进京方向或是从支线到干线被称为上行，反之离京方向或是从干线到支线被称为下行。上行的列车车次为偶数（双数），下行的列车车次为奇数（单数）。如 T11 次是从北京开往沈阳北方向，为下行所以是奇数（单数）的；它的回头车 T12 次是从沈阳北开往北京方向，为上行，所以是偶数（双数）的。另外还有的车在运行途中会因为线路上下行的改变而改变车次，例如 K388/385 386/387 次，是运行沈阳北到成都区间内的，从沈阳北始发是开向北京的，所以上行，车次为 K388 次。车经停天津以后开始向离京方向行驶，改为下行，所以车次同时改为 K385 次。从成都向沈阳北开的时候也是一样，在到天津前是上行，所以车次是 K386 次，经停天津后改下行，所以车次为 K387 次。同时在改车次前后的区间内，车次自成一对。如沈阳北到天津区间车次是上行 K388、下行 K387。

列车的卧铺和硬座编组也和上下行有关，往北京方向开，卧铺基本在前面，硬座在后面；反之，返回时，就变成硬座在前面、卧铺在后。例如，南昌—上海的 K288 次，往上海方向为上行，卧铺在前、硬座在后。

3. 车票

铁道部规定，2012 年 1 月 1 日起，所有旅客列车都将实行实名制购票验票乘车制度。旅客购票均须凭本人有效身份证件，并持车票及购票时所使用的乘车人本人有效身份证原件（免费乘车的儿童及持儿童票乘车的儿童除外）进站、乘车。车票票面主要载明以下内容：发站和到站站名；座别、卧别；径路；票价；车次；乘车日期；有效期。

火车票中包括客票和附加票两部分。客票部分为软座、硬座。附加票部分为加快票、卧铺票、空调票等。为了优待儿童、学生和伤残军人，中国铁路还发售半价票：随同成人旅行身高 1.2~1.5 米的儿童，可以享受半价客票、加快票和空调票（简称儿童票）。超过 1.5 米时应买全价票。每一成人旅客可免费携带一名不足 1.2 米的儿童。超过一名时，超过的人数应买儿童票。儿童票的座位等级应与成人车票相同，其到站不得远于成人车票的到站；学生凭附有加盖院校公章的贴有优惠卡的学生证（小学生凭书面证明），每年在 12 月 1 日至次年 3 月 31 日期间和 6 月 1 日至 9 月 30 日期间，可享受 4 次家庭至院校（实习地点）之间的半价硬座客票、加快票和空调票；中国人民解放军和中国人民武装警察部队伤残军人（以下简称伤残军人）凭“革命伤残军人证”享受半价的软座、硬座车票和附加票。

4. 计调员在制定线路时如何选择火车车次

游客乘坐火车往返于通行城市时，往往有多班车次可供选择。计调人员在选择时，可根据团队的具体行程安排来选择车次。如短线团队时间比较紧张，一般安排一天内完成行程，就可以安排早上坐上火车抵达、下午返回的方式，这样比较节省团费，同时行程不会很累。

二、确认正式出团计划

组团社通过团队预报计划与地接社建立业务关系后，还需要与地接社多次沟通协调，并经游客认可才能最终确定团队的接待安排。团队出发前，组团社在接待事项，如人数、日程、标准无大变化的情况下，应该在团队到达第1站前10~15天内，将正式接待计划以网络或传真方式发至地接社。正式计划以正式文件打印，需双方签字、加盖公章确认生效。

组团社通过出团计划书与接团社之间约定有关接待事项，如旅游线路中行程安排及所包含的游览景点，购物、娱乐项目，交通工具的选择，食宿标准，以及付费方式等。正式出团计划（或接待计划）既是团队接待安排的任务书，也是组团社和地接社的协议合同书，签章确认后便具有法律效力，约定了双方旅行社的权利与责任。因此，地接社在团队接待过程中要受到组团社的监督和约束，不能随意更改事先约定的有关接待事项；否则，组团社可根据有关约定扣减团费或通过法律手段解决问题。同时，确认计划也可保障地接社的经济利益，尤其是向组团社的结算收款。当旅行社之间因团队接待问题发生纠纷时，经确认的接待计划书可作为基本依据帮助裁定。

正式出团计划制定时应认真严谨，重要事项不能出现遗漏或偏差，否则将带来难以弥补的损失。例如，组团社将原本20元/人餐标填录成30元/人，地接社按高标安排团餐并与组团社结算，就会造成组团社成本上升，利润下降的问题。

出团计划一般在发出以后，不应再有大的变更，团队出发前如有调整，组团社与地接社要再次进行书面确认。团队出发前24小时以内，计调人员还应对接待事项进行最后的确认，以防地接社疏忽和遗漏，发现问题可及时补救。特别要强调的是，千万不能因为怕麻烦而不进行最后的确认。案例中组团社8月2日向地接社发出了团队的正式计划，具体内容如下所示。

四川A旅行社：

现将我社组织的XNC-08-2F-0814-A内宾团一行21+1人计划发给贵社，如无异议，请盖章后回传确认！愿合作成功！

表3-11　组团社与地接社正式接待计划确认单

收件单位	四川××旅行社			发件单位	山西××旅行社		
收件人	张××			发件人	王××		
E-mail	×××××			E-mail	×××××		
Tel	028-×××××××	Fax	028-×××××××	Tel	0351-×××××××	Fax	0351-×××××××
线路	成都、九寨沟、黄龙、乐山、峨眉双飞八日				团队人数	21+1	

续表

<table>
<tr><td rowspan="9">行程安排</td><td>日期</td><td>交通</td><td colspan="2">日程安排</td><td>用餐</td><td>住宿</td></tr>
<tr><td>8.14</td><td>飞机</td><td colspan="2">太原乘飞机 3U8532，14：40/16：55 赴成都。</td><td>晚餐</td><td>成都</td></tr>
<tr><td>8.15</td><td>汽车</td><td colspan="2">游览【都江堰景区】、都江堰【熊猫基地】、【映秀地震遗址】。</td><td>早、中、晚餐</td><td>茂县</td></tr>
<tr><td>8.16</td><td>汽车</td><td colspan="2">乘车赴松潘，游览【黄龙风景区】；中餐安排羌寨十三花生态餐；下午乘车赴九寨沟，晚餐后参加“走进藏家篝火晚会”活动。</td><td>早、中、晚餐</td><td>九寨沟口</td></tr>
<tr><td>8.17</td><td>汽车</td><td colspan="2">【九寨沟风景区】一日游；晚餐后可自费参加九寨沟“藏羌风情歌舞晚会”。</td><td>早、中、晚餐</td><td>九寨沟口</td></tr>
<tr><td>8.18</td><td>汽车</td><td colspan="2">乘车返成都，途中参观【藏族文化特色村寨】、高原特产展示服务中心、【古羌城】景区；晚餐安排四川火锅。</td><td>早、中、晚餐</td><td>成都</td></tr>
<tr><td>8.19</td><td>汽车</td><td colspan="2">乘车赴乐山，游览【天工开物文化旅游景区】、【乐山大佛】；后乘车赴峨眉山。</td><td>早、中、晚餐</td><td>峨眉山</td></tr>
<tr><td>8.20</td><td>汽车</td><td colspan="2">【峨眉山景区】一日游；晚餐安排正宗川菜；后乘车返成都。</td><td>早、中、晚餐</td><td>成都</td></tr>
<tr><td>8.21</td><td>飞机</td><td colspan="2">成都乘飞机 3U8531，08：35/10：50 返太原。</td><td></td><td></td></tr>
<tr><td rowspan="8">接待标准</td><td colspan="2">区间交通</td><td colspan="4">当地 28 座空调旅游巴士。</td></tr>
<tr><td colspan="2">景区门票</td><td colspan="4">含行程所列景点大门票（含九寨沟观光车、峨眉山观光车及万年寺门票）。</td></tr>
<tr><td colspan="2">住宿</td><td colspan="4">成都挂牌四星酒店双标间，九寨沟、茂县、峨眉山挂牌三星酒店；若出现单男单女需补单房差 700 元/人。</td></tr>
<tr><td colspan="2">用餐</td><td colspan="4">7 早 13 正，含羌族生态餐、四川火锅、正宗川菜三餐风味餐；正餐 30 元/人（十二菜一汤，主食足量）；九寨沟内自助中餐 60 元/人。</td></tr>
<tr><td colspan="2">购物</td><td colspan="4">高原特产展销中心（综合店）。</td></tr>
<tr><td colspan="2">自费项目</td><td colspan="4">藏羌歌舞晚会（280 元/人起）、川剧变脸晚会（200 元/人起），客人自愿选择参加。</td></tr>
<tr><td colspan="2">导游</td><td colspan="4">优秀中文导游。</td></tr>
<tr><td colspan="2">费用不含</td><td colspan="4">都江堰电瓶车 25 元/人；黄龙往返索道 120 元/人；峨眉山金顶往返索道 120 元/人；万年寺上行索道 65 元/人；下行索道 45 元/人；峨眉山索道保险 15 元/人；猴区专项意外保险 5 元/人。</td></tr>
<tr><td colspan="3">团款结算</td><td colspan="4">接待综合费用 2430 元/人；团前汇款 80%，余款团后一周内结算。</td></tr>
<tr><td colspan="3">盖章确认</td><td colspan="2">组团社（签章）
2017 年 8 月 2 日</td><td colspan="2">地接社（签章）
年　月　日</td></tr>
<tr><td colspan="3">备注</td><td colspan="4">此团为我社重要客户，请重点关照，安排具有良好服务意识好的优秀导游，以保证接待质量。确认后请将地接导游信息发至我社，我社也将把全陪导游和客人信息发至贵社。</td></tr>
</table>

三、选派导游

全陪作为国内组团社的代表，全程参与旅游团的活动，负责旅游团各环节的衔接，监督接待计划的实施，协调领队、地陪、司机等旅游接待人员之间的关系。因此，旅行社在选派导游时应注意全陪的品德修养、业务能力、沟通能力等，同时还要根据不同团队的要求和特点选派不同的全陪。

针对案例中客户 A 公司的情况，需要安排一名工作经验丰富、沟通能力和服务意识强的全陪导游。计调最终选用了 28 岁、工作 6 年、善于沟通协调、主动服务意识强、有亲和力、活泼热情的女导游刘××。

四、派团

（一）派发接待计划

组团社计调在与地接社完成接待计划确认和选定全陪导游后，需要填写出团业务单据，向全陪导游安排出团任务。计调向导游派发团队接待通知书、游客名单、旅行社接待计划确认单复印件、导游带团日志、旅游服务质量监督反馈表、派团单等表单和导游旗等物品。团队接待通知书（见表 3-12）是计调派团中最为重要的业务表单，包括团队信息、行程安排、接待标准、费用结算、注意事项等项目。通过计划单，全陪导游可以详细了解团队情况、接待安排情况、费用结算情况及工作注意事项。

表 3-12　团队接待通知书

<table>
<tr><td>团队名称</td><td colspan="2">A 公司员工奖励旅游团</td><td>团号</td><td colspan="2">XNC-08-2F-0814-A</td></tr>
<tr><td>团队人数</td><td>21+1</td><td>领队姓名</td><td>赵××</td><td>联系方式</td><td>1370351××××</td></tr>
<tr><td>线路</td><td colspan="3">成都、九寨沟、黄龙、乐山、峨眉山双飞八日</td><td>接待时间</td><td>2015. 8. 14—8. 21</td></tr>
<tr><td>组团社</td><td>山西××旅行社</td><td>团队计调</td><td>王××</td><td>手机</td><td>1390351××××</td></tr>
<tr><td>地接社</td><td>四川××旅行社</td><td>地接导游</td><td>李××</td><td>手机</td><td>1380285××××</td></tr>
<tr><td rowspan="4">行程安排</td><td>日期</td><td>交通</td><td>日程安排</td><td>用餐</td><td>住宿</td></tr>
<tr><td>8. 14</td><td>飞机</td><td>太原乘飞机（3U8532/14：40~16：55）赴成都。</td><td>晚餐</td><td>成都</td></tr>
<tr><td>8. 15</td><td>汽车</td><td>游览【都江堰景区】、都江堰【熊猫基地】、【映秀地震遗址】。</td><td>早、中、晚餐</td><td>茂县</td></tr>
<tr><td>8. 16</td><td>汽车</td><td>乘车赴松潘，游览【黄龙风景区】；中餐安排羌寨十三花生态餐；下午乘车赴九寨沟，晚餐后参加走进藏家篝火晚会活动。</td><td>早、中、晚餐</td><td>九寨沟口</td></tr>
</table>

续表

<table>
<tr><td rowspan="6">行程安排</td><td>日期</td><td>交通</td><td>日程安排</td><td>用餐</td><td>住宿</td></tr>
<tr><td>8.17</td><td>汽车</td><td>【九寨沟风景区】一日游。晚餐后可参加九寨沟藏羌风情歌舞晚会（费用不含：280元/人起）。</td><td>早、中、晚餐</td><td>九寨沟口</td></tr>
<tr><td>8.18</td><td>汽车</td><td>乘车返成都，途中参观【藏族文化特色村寨】、【高原特产展示服务中心】、【古羌城】景区；晚餐安排四川火锅。</td><td>早、中、晚餐</td><td>成都</td></tr>
<tr><td>8.19</td><td>汽车</td><td>乘车赴乐山，游览【天工开物文化旅游景区】、【乐山大佛】；后乘车赴峨眉山。晚餐后可参加“川剧变脸晚会”（不含200元/人起）。</td><td>早、中、晚餐</td><td>峨眉山</td></tr>
<tr><td>8.20</td><td>汽车</td><td>【峨眉山景区】一日游；晚餐安排正宗川菜；后乘车返成都。</td><td>早、中、晚餐</td><td>成都</td></tr>
<tr><td>8.21</td><td>飞机</td><td>成都乘飞机（3U8531/08：35~10：50）返太原。</td><td>早餐</td><td></td></tr>
<tr><td rowspan="5">接待标准</td><td>区间交通</td><td colspan="4">当地28座空调旅游巴士。</td></tr>
<tr><td>景区门票</td><td colspan="4">行程所列景点大门票（含九寨沟观光车、峨眉山观光车及万年寺门票）。</td></tr>
<tr><td>住　宿</td><td colspan="4">成都挂牌四星酒店双标间，其他地区挂牌三星酒店双标间。</td></tr>
<tr><td>用　餐</td><td colspan="4">7早13正，含羌寨生态餐、四川火锅、正宗川菜三餐风味餐；正餐30元/人（桌餐十二菜一汤、主食足量）（九寨沟自助中餐60元/人）。</td></tr>
<tr><td>自费项目</td><td colspan="4">藏羌歌舞晚会（280元/人起）、川剧变脸晚会（200元/人起）。
都江堰电瓶车25元/人；黄龙往返索道120元/人；峨眉山金顶往返索道120元/人；万年寺上行索道65元/人；下行索道45元/人；峨眉山索道保险15元/人；猴区专项意外保险5元/人。</td></tr>
<tr><td colspan="2">团款结算</td><td colspan="4">四川当地接待费用2430元/人；团前汇款80%（40824元），余款团后结算。</td></tr>
<tr><td colspan="2">借　款</td><td colspan="4">3000元。</td></tr>
<tr><td colspan="2">备　注</td><td colspan="4">此团队是旅行社重要客户，需尽心服务，尤其要加强与领队的沟通；8月14日中午12：20在××地点接客人赴机场；去程登机前与地接导游联系；行程中注意酒店住宿和用餐标准、质量；自理项目需向客人解释清楚，监督地接导游不得强制消费。</td></tr>
</table>

（二）费用计划

组团计调在派团过程中一定要将游客的费用结算情况和地接社团款结算协议告知全陪导游。在预付款的情况下，绝大多数时候组团社都需要先垫付部分团款，在做财务预算时需考虑到可能变化的因素，以便多做些准备。如计调在出团计划中预算有与地接社的结算费用或全陪机动费，全陪需要填写“用款单”，计调和主管领导签字后到财务部领取款项。

五、安排行前说明会

组团计调在出团前还应向游客做好出团说明工作，一般情况下应在团队出发前几日安排出团说明会。说明会由游客确定时间，召集所有参团人员，组团社安排工作人员和全陪导游参会。召开出团说明会主要目的是让游客与全陪导游见面熟悉，并向游客详细介绍旅行社接待安排和游客出行注意事项，介绍说明工作由全陪导游完成。在有些游客不便参加的情况下，也可以不统一组织出团说明会，而改为向游客发送旅游出团通知书，以书面的形式介绍相关事项，如表 3-13 所示。

表 3-13 赴四川旅游出团通知书

国内旅游出团通知书

尊敬的__________贵宾一行 21 人（独立成团）

您好！欢迎您参加山西××旅行社组织的四川成都、九寨沟、黄龙、峨眉山、乐山双飞 8 日游__________旅游团，我们已为您安排妥旅游接待事宜，敬请您按本通知做好一应旅行准备，如有问题请及时联系我们。

旅游行期：2015 年 8 月 14 日至 2015 年 8 月 21 日

集合时间：2015 年 8 月 14 日中午 12：20 分；集合地点：太原市经济开发区×××

去程航班：太原飞成都（3U8532/14：40~16：55）；回程航班：成都飞太原（3U8531/08：35~10：50）

全陪导游：刘×× 电话：1383512××××

旅行应急联系人：王×× 电话：1390351××××

特别提示：旅游者未按约定时间到达约定集合出发地点，也未能在出发中途加入旅游团的，视为旅游者自愿解除合同。

温馨提示：

（1）外出旅游，着装最好以轻便舒适的服装、鞋帽为主，建议穿着合脚的软底平跟或低跟鞋（如旅游鞋），避免穿新鞋或高跟鞋。（雨季时 6~8 月）备足相关的雨具，特别是去高原旅游，要注意适当的鞋子，最好是专业的旅游鞋或登山鞋一类（能防水）。

（2）四川气候区域表现差异显著，东部平原地区夏季炎热、多雨，西部高海拔地区则寒冷、日照充足，气候垂直变化大，气候类型多。雨季天气多变，时而热、时而冷，容易引起感冒之类的疾病，所以要注意保暖并准备相应的药物。

（3）川西北高山高原高寒气候区，早晚温差大，请备衣保暖。高原景区日照强，紫外线强，长时间在户外活动，请戴上太阳帽，涂抹防晒霜、润唇膏以保护皮肤。高海拔地区，不宜剧烈运动，如长时间急行、跑步等。宜少饮酒，多食蔬菜、水果，以防发生高山反应。

（4）请尊重当地少数民族的生活和信仰，避免与当地居民发生冲突。

（5）四川特产：火锅底料、四川老腊肉、蒲江米花糖、蜀锦、张飞牛肉、青城茶、瓷胎竹编、仿真大熊猫、中华吕艺彩陶、郫县豆瓣、川酒等。

注意事项：

1. 乘机须知

（1）乘机人须随身携带本人有效身份证件，如身份证、军官证、护照等，如证件丢失请到户口所在地派出所开具临时登机证明。

（2）乘机手续由旅行社导游统一办理，游客应主动配合导游工作；危险禁带物品不允许登机，请按民航规定携带行李，托运行李提前告知导游，并注意将贵重物品随身携带。

（3）旅行团队的往返机票属团体票，一般情况下有“三不”规定：不准退票、不准改期、不准签转，具体情况以各航空公司客票规定为准。

2. 旅游活动

（1）旅行团是集体活动，要有团队精神，按导游引导的线路参观、游览，不脱离队伍。出发、参观游览、自由活动或购物时，请各位游客按照导游指定的时间、地点集中，要有集体观念，严守“提前十分钟”到达指定位置集合原则，以免影响团队正常旅程安排。

（2）在旅游旺季，由于旅游人数较多，为了确保行程安排的顺利完成，导游会根据景点、缆车等开放的具体时间，对叫早、出发等时间做适当的提前或错后调整；另外，为了避开太多的旅游者，导游会在不减少景点的情况下，合理地调整行程，请各位游客积极配合。

3. 酒店住宿

（1）酒店提供的客房以同性客人、夫妻同房为原则；如住宿出现自然单间，导游将安排游客与同性合住，或安排三人间；如需单人间，报名时应申请，并补交单间差。

续表

(2) 请您在前台及时索取酒店地址名片，记住导游的房间号码，以便遇到任何问题和紧急事项时可以联系。入住酒店时，询问清楚房间内是否可以吸烟，无烟房禁止吸烟。进房前，务必问询清楚次日进早餐时间、地点，以及出发集合时间、地点。

(3) 入住客房后请根据酒店房间内家私一览表中所列的设备设施的质量及数量进行核对，如有问题请及时通报导游或酒店相关服务人员，以便快速更换调整；洗浴时请注意防滑，建议提前铺好防滑垫。夜间睡前及离店时请确保关闭门窗。切勿将所住饭店的房间号告诉陌生人，或邀请陌生人到房间里访谈，以免发生人身和财物安全问题。

4. 团队用餐

(1) 用团餐时，请自觉服从安排，在餐厅领座员的引导下，按秩序就座用餐，要有足够的耐心等待上菜，不要敲打碗碟、桌椅。用自助餐时，要排队按顺序取菜，遵守少取多次的原则，不要一次取得过多，吃饱吃好，以免丢弃浪费。由于团队用餐需提前预订，如旅客自身原因放弃用餐，餐厅将不退餐费。

(2) 如用餐人数不足10人/桌，菜量视人数酌减；如因特殊及客观原因导致整团无法用餐时，将按标准退餐费，希望旅客能够谅解。

(3) 旅客因宗教或其他原因对用餐有要求，或要求特殊安排，请务必向接待方事先说明，以便接待方能预先做特殊安排（超标餐费需自理）。

5. 活动安全

(1) 在旅途中请您将移动电话保持开机状态，并将联系电话告诉您的地方导游，以便导游能随时与您取得联系。请尽量避免脱团活动，如确有需要，请事先通报导游，并约定归队时间准时归队，并在归队时通知导游。

(2) 自由活动期间请各位游客多人结伴而行，避免单独行动。为保证行程顺利完成，请您一定配合当地导游的工作，严格遵守游览时间。

(3) 行程中或自由活动中，参加刺激性的活动项目，要量力而行。不要在设有危险警示标志的地方停留、拍照、摄像。搭乘交通工具、酒店洗浴、参观游览等过程中，请注意扶梯、台阶、地面等设施，以防意外扭伤和摔伤。因个人疏忽、违章或违法引起的经济损失或赔偿、受到的法律制裁，须个人承担责任。

(4) 现金、证件或贵重物品请务必随身携带，在餐厅、商场、酒店大堂、机场等公共场所要格外注意保管好自己的财物和证件。请不要将其委托不熟悉的人保管，否则一旦发生失窃，责任须由本人自己承担。

(5) 如果发生行李或贵重物品损坏、丢失、被窃、被抢或人身伤害等事故，须及时报警、报损、报失，并保留好相关票据及证明材料，以备我社协助您向有关方面，如航空公司、酒店、保险公司申请理赔。

6. 景点门票

(1) 景点依当地规定会对特定人群给予门票优惠，请您携带学生证、老年证、离退休证、军官证、残疾证等有效证件。如遇门票优惠，由旅行社根据优惠门票价格与旅行社折扣门票价格的差额统一办理退款。

(2) 由于团队行程中所有景点门票均为旅行社打包整体销售，因此若旅客因自身原因未能参观游览，则视为自动放弃，无法退景区（点）门票，车费、餐费、导服费不退，其他费用将根据实际情况另议。

7. 自费项目选择

部分景区（点），设有计划外自费游览活动项目。自费项目是推荐项目，自费活动的组织将不会带有任何强迫因素。对于接待人员在不影响正常行程活动前提下推介的自费项目，客人应本着自愿自费的原则，自主决定是否参加。

8. 购物

如行程计划中有购物安排，请您积极配合导游的工作，确保行程顺利完成。购买物品时，切记索要发票。如行程中无计划购物，游客要求导游安排，须经全体客人签字同意。若无心向当地小贩购买旅游商品时，请不要随意触碰商品或还价，谈妥价钱后要购买，以免发生争执。

旅行过程中，希望游客能够对导游工作给予理解与支持，出现问题时大家共同商量解决。

其他：

(1) 我社保留根据实际情况对具体行程和价格做适当合理调整的权利。

(2) 请您认真填写游客意见书，我社将以意见书作为处理投诉的重要依据。

衷心预祝您旅途愉快！

任务五　团队监督工作

任务导入

客户 A 公司团队顺利从太原出发后，计调人员需监督控制团队运行；8 月 21 日返程结束后，计调人员还需完成审核报账、团款结算、资料归档及客户回访等工作。

任务解析

案例中团队自 8 月 14 日出发至 8 月 21 日结束，共计 8 天时间，整个行程中由于前期计划周密，导游工作认真负责，行程保持顺畅，未出现接待责任和安全问题，组团计调人员在团队监控过程中未出现棘手问题。团队整个行程中，组团计调协调处理了两个一般化问题：一是第一天太原飞抵成都后，游客认为没有行程安排，时间尚早，提出自行到成都市内逛街的想法，要求导游不用统一安排晚餐，将餐费按标准退给客人自主用餐。全陪导游将游客提出的要求，向组团社计调进行了汇报，计调认为游客这一想法可以理解，为合理要求，及时与地接社沟通协调，地接社同意了这一调整，随即通知地陪导游取消第一天晚餐，并安排给游客按 30 元/人退费。同时，组团计调也告知全陪导游与客人办理接待调整确认手续并协助办理退费事宜；二是全陪导游在核查客人名单信息时发现一位李××的游客身份证号显示 8 月 20 日的生日，这一天是行程结束的前一天，全陪导游报请组团社计调应如何安排。组团计调按照旅行社操作惯例，通知全陪导游为过生日的游客购买一份四川当地的旅游纪念品，并请地陪导游协助订购一份生日蛋糕，在 8 月 20 日晚餐时，为该游客庆祝生日。地接社得知这一情况后，主动为客人安排生日餐以及酒水以表达心意并欢送客人。通过对上述问题的协调处理，提升了游客对行程接待的满意度，游客也表达了对旅行社的感谢和对导游工作的表扬。

相关知识

一、团队运行监控

组团社计调人员的发团管理工作，从与旅游团队签订的旅游合同生效时开始，贯穿旅游团队旅游活动的始终，尤其是在发团以后，这种管理尤为重要。组团社要监督地接社按照合同要求提供相应的服务，维持游客和本社的利益。对旅游团队进行有效的监督和控制，一方面能够保证团队按照接待计划保质保量地完成旅游活动；另一方面能够发现团队运行中的问题，及时协调解决并排除隐患，提高游客满意度。

团队出发后，组团计调应履行监督职责，时时监督控制团队的异地运行，监控内容如下。

（一）监督地接社的接待情况

计调人员主要监督地接社的接待质量是否达到双方确认协议当中的约定标准和要求，尤其是在车辆安排、用餐和住宿等游客比较敏感和关注的方面，接待社能否认真落实。具体监督方法可以通过组团社派出的全陪导游或客人的信息反馈，发现问题及时纠正，消除各种隐患。

（二）监督全陪的工作情况

组团计调在团队发出后应该要求全陪导游定期向组团社汇报团队情况，同时还要向接待社了解全陪在工作中是否认真履行自己的职责。现在很多国内团为了降低成本，不再派全陪，给组团社的督察工作带来一些不便，这样就更有必要与地拉保持通信联系，如有问题必须及时按程序处理。

（三）监督游客的游览情况

组团计调在团队发出后应该向全陪导游、接待社了解客人游览的情况，在第一时间发现问题，并及时与地接社协商解决，保证团队顺利游览。出现游客违规情况，要及时收集证据，为以后处理问题留下依据。

旅游团队在运行过程中，难免会出现多种情况和问题，如导游人员不尽职、服务态度差，接待质量不达标，游客与导游不配合，游客要求变更接待计划以及旅游安全事件等问题。组团社要与旅游团队导游人员、地接社计调人员保持密切联系，及时获得团队的有关信息。遇到突发事件，组团社要负责协调各个方面的关系，及时排除困难因素，确保旅游活动的顺利进行。若碰到由于天气等不可预见因素而导致旅游活动的中断或旅游线路的更改，发团社要与地接社配合做好游客的思想工作，并按有关规定及时处理理赔事宜，避免事态的扩大。

二、报账与结算

团队结束后，应督促导游报账，完成与客户和地接社的款项结算。

（一）导游报账

旅游团队行程结束后，计调人员应及时通知导游员报账（一般要求团队行程结束后1周内清账）。通过对导游报账的审核，计调人员能够全面掌握团队运行情况，为今后团队操作、协调与地接社及客户的关系和进行团款结算提供依据。在审核导游人员的报账过程中，计调人员主要关注以下几方面：

第一，行程的调整变动情况。在团队运行过程中，由于受主客观因素的影响，行程安排经常会出现一些变动，或增减了项目，或调整了顺序，这些调整与变化会直接影响旅行社对旅游线路产品设计的评估。对于行程计划的变动情况，组团计调主要是通过全陪导游工作汇报和审核导游填报的导游带团日志来了解。

第二，计划费用变动情况。旅游团队费用的使用与支出一般情况下都是按照费用计划执行的，但在实际运行过程中，会由于行程的调整变化或旅行社操作需要，导致团队费用增加或减少，从而影响到组团社的收益变化。对于计划费用变动情况，组团计调主要是通过审核导游填报的导游报账单来掌握。案例中，由于组团社为游客赠送生日蛋糕和礼物，超计划支出 175 元，这样，按照预算组团社最终营业利润会减少 175 元，但这种费用支出是旅行社认可并可以承受的。

第三，游客的满意度。对于旅游线路产品设计和接待工作质量好坏的判断主要还是以游客的满意度来评价，这是最为客观和直观的标准。游客对旅游接待工作的满意程度，旅行社可以通过游客填写的旅游服务质量监督反馈单中反馈的意见和建议来分析判断。案例中，游客对组团社和地接社的行程安排和接待服务给予了很高的评价，同时专门对全陪导游的工作给予了表扬。

全陪导游凭报账时需认真填录导游报账单、导游带团日志并随团队接待通知书及其他团队资料和原始票据等报计调审核收录。对于涉及费用使用的账单，计调人员应详细审核，以此为据填制决算单，连同地接社接待计划确认件、地接社结算单、团队接待通知书及原始凭证，向财务部报账。报账完毕之后，计调将涉及该团的协议单位的相关款项及时录入团队费用往来明细表中，以便核对。

（二）款项结算

组团社的团款结算主要有两方面：一是对游客的团款结算；二是对地接社的团款结算。与游客结算（见表 3-14），主要是根据双方协商及合同约定，或团前一次性结清团款，或采取预付团款的形式，游客先支付部分团款，团队活动顺利结束后结清余款。若由于投诉而使得组团社与游客暂时无法结算团款余额时，组团社要积极与游客沟通协调，如确属旅行社接待质量尤其是地接社接待问题引起的投诉，组团社查实清楚后，应在地接社的配合下，妥善处理问题，结算团款。对地接社结算，一般情况下，组团社在与客人结算完团款后，再与地接社结算接待费用。组团计调首先要确认游客对地接质量有无异议和投诉，要了解清楚。给地接社结算全款时，应要求地接社把客人的意见反馈表传回组团社，作为结算的依据。如地接的接待质量良好，无游客投诉问题，组团社应按约定按时向其结算团款。在游客对地接社存在投诉的情况下，组团计调应先处理游客投诉问题，之后与地接社结算团款。通常在结算时，先由地接社编制费用结算清单，后发至组团社，由组团计调审核无误后，报领导签批，向地接社回传确认结算单，同时报财务部办理款项结算。案例中组团社的结算操作如下：

1. 对游客结算

表 3-14　组团社与游客结算单

<table>
<tr><td>团队名称</td><td>A 公司优秀员工</td><td>团号</td><td>XNC-08-2F-0814-A</td><td>人数</td><td>21</td></tr>
<tr><td>旅游线路</td><td colspan="2">成都、九寨沟、黄龙、乐山、峨眉山双飞八日</td><td>收费标准</td><td colspan="2">4120 元/人</td></tr>
</table>

续表

协议团款	86520 元	预收团款	69216 元
费用增加	单房差 700 元	费用减少	
应结算余款	18004 元	游客签字	

2. 对地接社结算

8 月 27 日，四川 A 旅行社将团队费用结算单发至组团社，要求结算余款。组团社审核无误后，根据双方确认协定，于 8 月 31 日将余款 10906 元转账至四川 A 旅行社，完成结算。

地接社接待费用：2430 元/人；总团费：2430 元×21 人+700 元（单房差）= 51730 元。

已结算款项：预付团款 80%，40824 元。

应结算余款：10906 元。

三、归档总结

应将该团的接待计划、业务往来单据等资料整理归档；完成团队接待工作总结；处理好售后事宜。

（一）建立团队档案

团队各款项结算完成后，计调人员要整理该团的原始资料，月底前将团队资料登记存档，做到一团一清，以备查询。建立团队档案的主要资料包括：地接报价单（历次报价）、双方签字的确认单（盖章）、组团合同、客户名单表、行程单、结算单、订车单、订票单等。

【知识链接】

团队档案

旅行社业务档案是旅行社在经营管理等业务活动中形成的有保存价值的文字、图表、声像等历史记录，是旅行社业务经营成效的积累和总结，是企业发展的必要条件。

1. 业务档案立卷

为利于规范操作和管理，旅行社业务档案实行统一样式，即每卷业务档案分为档案卷面、目录、内容等三个部分。

(1) 卷面：每卷档案用牛皮纸或其他硬质纸制作封面（或采用通用档案封面），封面标明“旅行社旅游业务档案”字样，注明旅行社名称、起止时间、份数、制作人、保管人、案卷编号等。案卷编号格式为：20××-××-××，即年份—月份—当月案卷序号。

（2）目录：内容应一目了然，标明序号、日期、旅游目的地、页码等。

（3）档案内容：依序整理的各旅游散客、团队资料。

2. 业务档案的留存

（1）及时归档立卷，一团一档一号。旅游团队返回后，导游应及时将相关资料收集整理后交至旅行社档案制作（保管）人员整理，旅行社当月所有出团团队资料应在最后一个团队返回后，一周内分别按规定立卷归档完毕。

（2）档案资料应按保存件规定的书写墨水填写或复写方式复写；合同、计调单（出团通知书）、行程单等主件应填写所有规定内容与项目，不留空格项，确实需要省去的内容可用画线的方法省略或删除；地接社回执等传真确认件须用复印件归档，缺件的业务组团档案应由具体经办人或责任人写出书面说明，连同组团资料一并归档。

（3）档案按顺序整理；每卷档案内容的顺序按当月使用的合同号或团号顺序进行装订。

（4）旅行社要指定专人负责业务档案资料的归档、检查及档案的制作和保管工作。

（5）严格执行旅行社业务档案保存规定，出境游档案保存最少为 3 年，其他旅游档案保存期最少为 2 年。

××旅行社××团队档案业务资料封面

1. 组团团号：________________________________
2. 出团时间：________________________________
3. 导游姓名：________________________________
4. 归档目录：________________________________

档案资料明细

序号	资料名称	是否齐全	序号	资料名称	是否齐全
1	旅游合同		7	租车合同驾驶员及车辆证件	
2	游客名单及证件		8	附件（业务变化等其他资料）	
3	行程安排表		9	游客意见反馈单	
4	计调单		10	游客（领队）带团小结	
5	传真确认资料		11	与发生旅游业务单位的委托合同	
6	团队保险单		12	团队结算单及对应的财务台账编号	

整理人意见：　　　　　　　　　　　　　　　　总经理：

保管人：

××××年××月××日

（二）总结工作

团队结束后，全陪导游要对整个带团工作进行总结，填报带团日志（见表 3-15）。计调人员认真检查导游带团日志，对发现的问题和建议应及时与导游沟通，导游带团日志作为业务档案的构成材料应及时归档。

有表扬和投诉都需要报告给部门负责人，有的表扬需要对当事人进行褒奖，或通过一定的宣传，提高旅行社的美誉度；有的投诉涉及多个部门，处理不好，可能会给旅行社带来名誉或经济损失。计调员要搞清楚情况，如实向部门领导报告，做好协调工作。

表 3-15 导游带团日志

导游员姓名		性别		导游证号	
旅游者（团）名称				团号	
接待时间		团队人数		领队姓名	
旅游线路					
日志					
说明	本日志应对游客意见，地接社在餐饮、住宿、交通、服务、游览景点等安排接待质量和行程中突发事件处置情况等内容予以记载				

（三）售后服务

在团队结束行程返回本地后，组团计调应及时进行客户回访，了解游客的满意度，准确掌握游客反馈的信息，以便为今后工作的改进提供依据。同时，计调人员要不断加强与客户的联系与沟通，保持良好的关系，努力使之成为旅行社长期稳定的客户。

项目四

国内地接计调业务

项目概述

通过本单元的学习，了解地接计调的概念和基本职责，掌握地接计调的工作流程，并能在实际工作中应用。

任务一　初识国内地接计调

任务导入

上一项目的学习涉及小部分地接计调的知识。请回忆什么是地接计调，以及地接计调主要的工作有哪些。并以小组为单位，走访联系国内地接计调，观察、记录并整理国内地接计调的基本职责和工作流程。

任务解析

国内地接计调是计调非常重要的工作板块。学生通过实地调研，能够全面、生动、直观地了解和掌握国内地接计调的分类及基本职责，为后续的学习打下良好的基础。

相关知识

一、相关概念

（一）地接社

地接社，全称为地方接待旅行社，是受组团旅行社（简称组团社）委托，直接为旅游者（团队）安排本地活动行程，并提供接待服务的旅行社。地接社是相对于组团社而言的，同样一家旅行社，当它从事组团业务时被称为组团社，而当它从事其他组团社委托接待业务时，则被称为地接社。

（二）地接计调

地接计调是指根据组团社的合同要求，安排旅游团队的接待计划，承担相关旅游服务采购和业务调度，并整理记录相关信息的旅行社专职人员。通俗地说，地接计调就是掌握当地的食、住、行、游、购、娱六大要素价格、状况等因素，根据各要素的情况安排行程并把行程和价格传送至组团社计调或业务人员手中的人。

二、地接计调的分类

按业务范畴分，地接计调分为国内地接计调（国内游计调）和国际入境计调（入境游计调）。

（一）国内地接计调

按照组团游客活动区域可分为以下几类。

1. 一日游地接计调

一日游游客指的是离开常住地 10 千米以外，出游时间超过 6 小时但又不足 24 小时，并未在其他地方的旅游住宿设施内过夜的游客。对这类游客地接计调无须安排住宿。

2. 专题游地接计调

专题游是指为满足某些特殊兴趣和爱好的游客而举办的具有特定内容的旅游项目。如冬夏令营、漂流、夕阳红、海滨度假等。

3. 中转联程游地接计调

由旅行社之间或独自的旅行社通过中转的方式进行旅游的过程叫作中转联程游。

4. 商务会展旅游地接计调

商务会展旅游指的是会议展览等活动的接待者利用召开会议展览的机会，组织各国与会者参与的旅游活动。

（二）国际入境计调

国际入境计调专门负责外国游客进入中国境内的接待安排。根据入境出发地和语系特征可分为：欧美加地区计调、德法西葡地区计调、非洲地区计调、东南亚地区计调、日韩地区计调、俄罗斯北欧地区计调、伊斯兰中东地区计调、港澳台地区计调、印巴南亚地区计调和拉美地区计调。

不同类型、不同地区的旅游者在旅游六要素方面的需求是不同的，地接计调在旅游接待时应区别对待。

三、国内地接计调的基本职责

地接计调的直接上级是计调部经理，地接计调对其负责，受其监督。地接计调的基本职责主要有：收集情报、统计数据、协调联络、业务操作。

（一）收集情报

广泛收集旅游市场的各种信息，能为计调部和旅行社领导进行分析和决策提供重要依据。其具体工作职责如下：

（1）收集旅游行业（主要是指旅游业的六要素）的各种信息。

（2）收集与旅游行业有关的各种国家政策和法规。

（3）收集旅行社同行的各种销售策略和宣传产品。

（4）收集旅游者（团队）关于旅游的心理、想法和反馈意见。

（5）将收集到的各种信息进行汇总、编辑、筛选、分析，整理出有条理、有思路的建议或决策供计调部和旅行社领导参考和判断。

（6）将各种收集的信息分门别类进行整理，建档和归档留存，以备急需之时查用。

（二）统计数据

统计数据是旅行社制订年度业务发展规划和实施企业稳步推进战略的重要参考。其具体工作职责如下：

（1）按月、季度和年统计旅行社的业务数据，编写接待人数报表。

（2）接待和安排有关部门及人员分发的旅游者（团队）接待计划。

（3）接受、处理和安排各地旅行社发来的旅游者（团队）计划。

（4）向旅行社领导和财务部门提供旅游者（团队）流量、游览天数、交通、票务等方面的业务统计和分析报告。

（5）编撰旅行社全年业务计划等。

（三）协调联络

旅行社经营具有涉及面广、信息量大、时间跨度长等特点，而计调的主要职责就是计划和调度。因此，相互联络、内外沟通、上下协调等的接洽衔接，就显得格外重要。其具体工作职责如下：

（1）做好值班期间的工作日志和电话记录，并能够准确无误地进行转达和传递。

（2）通过现代通信科技手段，对夜间值班的电话进行转接设置，相关内容及时通知相关部门和责任人。

（3）对旅行社的接待计划了如指掌，并能够在接待计划表上及时准确地落实旅游者（团队）编号、姓名、人数、等级、抵离日期、订房数量、餐饮标准、票务时间、下一站城市、船号、车次、航班等信息。

（4）全面掌握和调控旅游者（团队）的新增、减少、取消等变化情况，及时通知相关人员予以调整和应对。

（5）做好旅游者（团队）在运行过程中的紧急突发事件的应急预案和对应措施。

（四）业务操作

地接计调应根据旅游者（团队）的不同要求、不同档次、不同来源等实际情况，科学合理地安排接待和实际操作上的具体业务。其具体工作职责如下：

（1）发团业务。发团业务是指旅行社接待和发送旅游者（团队），进行合理的分配和安排，并执行到现实的旅游活动过程中的一种业务。

（2）订房（餐）业务。订房（餐）业务指的是地接计调和酒店、宾馆、饭店之间为了接待旅游者（团队）而进行的诸如洽谈协议价格、签订合作协议、约定联系和沟通以及账务往来和结算等方面的事务。

（3）订票业务。订票业务指的是地接计调和票务公司或车站、码头之间为了接待旅游者（团队）而进行的诸如洽谈火车票、汽车票、游船票、飞机票以及包机、包船、包车厢等的合作协议、约定联系和沟通，以及账务往来和结算等方面的事务。

四、国内地接计调的工作流程

（一）接团前准备

1. 旅游服务采购

通过与各类旅游企业，如酒店、铁路、航空、旅游景点、娱乐表演场所以及其他地接社等建立采购关系，选择其中最理想的合作伙伴，向游客提供最佳的组合型产品。

2. 旅游线路设计和行程制定

在分析现有合作伙伴、竞争对手、旅行社自身情况、客源等的基础上，设计旅游线路、制定行程。

3. 内部计价和对外报价

成本核算是对产品设计成本、营销成本、销售成本、采购成本、接待服务成本、人力源成本及管理费用的计算核定，其中采购成本是直接成本的关键性因素。在成本核算的基础上，征求旅行社内部其他工作人员的意见，特别是导游的意见，根据旅游市场的需求制定合理的价格。根据情况的变化对旅行社推出的线路及时地进行价格调整，以便对客人的询价给予快速报价。

4. 了解接团的基本业务

接团成员主要由导游人员和后勤人员组成，而旅行社工作又具有变化性和复杂性，所以需要加强对这些人员的管理，明确接团服务的要求，严格按照接团流程规范接团。

（二）组织接团

接团工作是地接社的重要工作，接团业务主要包括制订和确认旅游接待计划、落实接待计划、选派地陪、团队跟踪和团队后续工作几个环节。

1. 制订和确认旅游接待计划

接团计划是旅行社落实各项旅游服务的文字依据，是组团社与接团社的财务依据。做好接团管理首先要管理好接团计划。

2. 落实接待计划

落实用餐、用房、用车以及代订交通等工作。

3. 选派地陪

地接社计调部门应本着高度负责的态度，认真选拔地陪导游。

4. 团队跟踪

在旅游过程中，地接计调应与导游保持紧密的联系，时刻把握团队动向，及时解决团队运行中出现的问题。

5. 团队后续工作

团队行程结束，通知导游员凭接待计划、陪同报告书、质量反馈单、原始票据等及时向计调部门报账。及时收集反馈意见，对团队运行情况和导游服务质量进行评估，以提高旅行社的工作实效。

任务二　接团前的准备

任务导入

山东某旅行社近期组织30人团队来山西旅游，要求地接社按照标准型团队进行接待。

任务解析

地接计调接到计划后，应按照组团社要求进行采购。旅游服务采购是计调最基本的业务之一，旅游服务采购的成效，直接关系旅行社旅游产品的价格和企业经营活动的成败。因此，学生要了解地接计调服务采购的策略以及为了实现旅游服务的采购需要建立的协作网络，以及作为一名合格的地接计调在接团前需要做的准备。

相关知识

一、旅游服务采购的含义

旅游产品是旅游经营者为满足旅游者在旅游活动过程中的各种需要所提供的有偿服

务。旅行社作为旅游经营者，通过旅游中间商向旅游者（或直接向旅游者）出售的综合包价旅游产品，大部分是由其他旅游服务企业或相关部门供应的。也就是说，旅行社通过向其他旅游服务企业或相关部门采购食宿、交通、游览、娱乐等单项服务产品，经过组合加工后再进行销售。旅行社是一种旅游中介组织，它不直接经营旅游活动中的食宿、交通、游览、娱乐等服务项目，因此，采购服务也就成为旅行社经营活动中的一个重要方面。旅游服务采购是旅行社通过合同或协议形式，以一定价格向其他旅游服务企业及相关部门预购的行为，以保证旅行社能够向旅游者提供所需的旅游产品。

目前国内地接计调采购的项目主要有餐饮服务、住宿服务、交通服务、景点游览服务、购物服务、娱乐服务、保险等内容。

二、旅游服务采购的原则

旅游服务的采购遵循适价（Right Price）、适量（Right Quantity）、适质（Right Quality）、适时（Right Time）和适地（Right Place）5个原则，即5R原则。

（一）适价原则

适价原则也可称为成本领先原则。地接计调不能做到低成本采购，即实现成本领先的原则，就会大大降低旅行社的竞争力。因此，在旅游服务采购时应多渠道获得报价，进行价格对比，对满意的服务项目进行议价，最后定价。

（二）适量原则与适质原则

地接计调在采购各项目旅游服务时，不仅要保证需求的量的满足，还要保证购买的旅游服务具备理想的质量。

（三）适时原则和适地原则

旅行社产品是一项综合性产品，主要由采购自其他企业的旅游服务项目构成。如果采购不能适时、适地地保证供给，就会影响旅行社的经营工作。

三、旅游服务采购的策略

旅行社与其他旅游服务供应部门或企业之间的关系是一种商品交换关系。在采购活动中，地接计调应该根据具体情况灵活运用采购策略。

（一）集中采购

集中采购是旅行社以最大的采购量去争取最大的优惠价格的一种采购方法。主要目的是通过扩大采购批量，减少采购批次，从而降低采购价格和采购成本。集中采购策略主要适用于旅游温冷区和旅游淡季。

（二）分散采购

分散采购也是旅行社采购活动中经常使用的一种采购策略。一种是近期分散采购，即一团一购的采购方式。另一种是分散采购，即计调设法从许多同类型旅游服务供应部门或企业获得所需的旅游服务的一种采购方法。

（三）建立采购协作网络

建立采购协作网络是计调在采购活动中采用的第三种策略。它必须坚持三个原则：一是协作网络必须比较广泛，覆盖面比较广；二是运用经济规律，在互利互惠的基础上长期合作；三是加强公关活动，建立良好的人际关系。

【典型案例 4-1】

导游员小张从王经理手里拿过团队运行计划表时，王经理还递给她一个精致的礼包，并告诉她内装一条从杭州带回来的高级真丝纱巾，叮嘱其一定要转交给当晚团队所住饭店营销部的李经理。小张不解地问："我们团队的入住李经理的饭店，是给饭店送生意上门，您为什么还要给她送这么好的礼物？"王经理对小张解释道："虽然我们社组织的旅游团队多，而且我也长期将团队安排入住李经理的饭店，但与饭店建立良好的私人关系，对旅行社经营来说是至关重要的。也许李经理并不看重我给她的礼物，但她一定会看重我对她的尊重、对她长期给予我支持的感谢。"小张终于明白了王经理的一番良苦用心。

请对上述案例给予点评。

分析提示

旅行社计调人员在与供应商的合作中，除了互惠互利、用合同来约束双方的责权利外，在很大程度上还得运用公关手段，与供应商的销售人员建立起良好的私人关系。

四、旅游服务采购的协作网络

（一）与餐饮部门的合作

1. 与餐饮部门合作的步骤

（1）先实地察看旅游定点餐厅的地点、环境、卫生设施、停车场地、便餐和风味餐菜单等。然后根据旅游行政管理部门规定的用餐收费标准，与餐厅或饭店洽谈用餐事宜，签订相关协议书等。

（2）与财务部门协商印制或打印专用的餐饮费用结算单，此单必须盖有旅行社专用章方可使用，否则无效。

（3）将下列内容进行整理、列表、打印，分发给前台接待部门，并报财务部备案。

签约餐饮单位名称、电话，联系人的姓名，风味特色以及不同等级（标准、豪华）旅游者的便餐、风味餐最低价格标准等。

（4）根据接待计划或订餐单，将用餐地点、联系人姓名转告前台接待部门或导游，以便做好接待工作。

（5）根据餐饮费用结算单与财务部门共同进行复核，由财务部门定期统一向签约餐厅结账付款。

2. 与餐饮部门合作的注意事项

（1）选择餐厅时，不宜过多，应少而精，而且要注意地理位置的合理，尽可能靠近机场、车站、码头、游览点、剧场等，避免因用餐而往返用车。

（2）订餐时，及时把旅游者（团队）的宗教信仰和个别客人的特殊要求转告餐厅，如客人中有无回民，对餐食有何禁忌等，避免出现不愉快和尴尬的情况。

（3）提醒餐厅，结算用的餐饮费用结算单上，必须有陪同导游的签字，否则无效。

（二）与饭店部门的合作

1. 与饭店部门合作的步骤

（1）根据预报的年客流量、客源的层次、住宿要求与外地和本地的酒店洽谈业务，并实地考察饭店的环境、设施及服务等，签订合作协议书及经济合同等。

（2）把以下各项内容了解清楚，整理列表，打印后转交接待部，并报审计和财务部备案。

- 有关订房的各种规定，如有无预订要求或提前预订客房的时间。
- 各酒店旺、平、淡季的月份及其价格。
- 客房单、双、三人间，大、中、小套间，豪华、总统套间等不同类型，以及其在不同季节的价格。
- 门市价、散客、旅行社合同价（团队价）和特殊优惠价，加床费、陪同床费等。
- 各式早餐、正餐的价格等。

（3）掌握饭店最新客房行情，争取最优惠的房价，经常与饭店保持联络，及时主动地将客人的反馈转达给饭店。

（4）协商、设计、印制一些订单，其中包括：住房预订单、变更住房预订单、取消住房预订单。

（5）把预订单交给接待部门和导游，以便做好接待工作。

（6）注意报账程序。

2. 与饭店部门合作的注意事项

（1）订房时，如有重点团队、旅行社经理人团队或团队中有 VIP 客人时，地接计调应事先通知饭店销售部或营业部，在其客房内摆放鲜花或水果等。

（2）对旅游团队需要举行小型欢迎仪式，或需悬挂欢迎横幅的，应事先征得饭店的同意，并在指定地点举行，避免影响饭店的正常营业。

（三）与交通部门的合作

1. 与交通部门合作的步骤

（1）向交通部门申请建立合同关系，签订正式经济合同书，确定合同量，然后领取合同书。

（2）与交通部门和票务部门保持联系，对常用车次（汽车、火车）进行整理统计，及时更新车次、价格。

（3）将各种票务的规定了解清楚，然后进行整理、打印，再分配给前台接待部门和销售（外联）部门，并报审计和财务部备案。具体包括以下内容：

- 提前预订票的时间限制。
- 订票应交付定（或订）金的百分比（每个旅行社会设置不同的比例）。
- 退票的损失比例。

【知识链接】

火车票新规

2013 年 9 月 1 日起，实行火车票全国通退通签，同时实行火车票梯次退票方案，即在开车前 48 小时退票，收取退票费 5%；在开车前 24~48 小时退票，收取退票费 10%；在开车前 24 小时内退票，收取退票费 20%。

（4）与财务部门协商、设计和印制一些账单，其中包括：机/车票报账单、机/车票订金报账单、机/车票变更/取消报账单。

（5）与销售（外联）部门协商、设计、印制一些表单，其中包括：飞机票预订单、火车票预订单、汽车票预订单、机/车票变更/取消通知单。

（6）根据接待计划实施订票、购票。

（7）明确取票手续和报账程序。

2. 与交通部门合作的注意事项

（1）订票时应注意，机票因线路、季节的不同，价格起伏较大，还要注意儿童票价优惠的百分比。

（2）在取机票或确认机票时，带齐相关证件（身份证等）。

（3）在订火车票时，要注意火车票硬卧、软卧的差价，还有上、中、下铺的差价等。

（4）在预订汽车票时，要注意汽车的设施设备是否齐全、车况如何、车价是净车价还是全含价（包含路桥费、停车费、司机补贴）。这是地接行程中非常关键的问题，常常对团队的接待质量和所获利润产生决定性影响。

（5）与交通部门的结算付款方式。

（四）与参观游览景点的合作

1. 与参观游览景点合作的步骤

（1）与景点就以下内容进行洽谈，签订协议书。

- 旅游门票优惠协议价格事宜（散客、团队、儿童、学生团体、老人、军人、残疾人等)。

• 大、小车的费用。

• 景区外（内）是否有停车场，可供同时停泊车辆数、停车费用、停车时间等。

• 结算方式和期限。

（2）与景点协商印制专用的参观游览结算单。

（3）将以下有关签约景点的规定事宜整理列表，打印后分发接待部门并报审计和财务部备案。

• 签约景点的名称、电话、联系人。

• 将要前往某旅游景点参观的进门方向。

• 去某景点的行车路线、停车地点。

2. 与参观游览景点合作的注意事项

（1）旅游景点在结算用的参观游览券上必须有旅行社的公章及导游的签字，否则无效。

（2）旅行社应与参观景点附属的服务部门和相关服务公司建立合作关系，签订协议书，以方便旅游者的游览和导游服务工作。

（五）与购物商店建立良好关系

2013 年 10 月 1 日施行的《中华人民共和国旅游法》第三十五条规定，旅行社不得以不合理的低价组织旅游活动，诱骗旅游者，并通过安排购物或者另行付费旅游项目获取回扣等不正当利益。旅行社组织、接待旅游者，不得指定具体购物场所，不得安排另行付费旅游项目。

虽然不得指定购物场所，但地接社计调人员可与当地购物商店建立良好关系，在游客自愿购物的前提下向其推荐相关商店。

（六）与娱乐部门的合作

（1）与娱乐单位就以下事宜进行合作洽谈，并签订协议书。

• 旅行社可以通过电话订票。

• 旅行社可以为旅游者（团）包场演出。

• 文艺单位送戏上门演出。

（2）将下列事宜整理列表，打印后分发给接待部，并报审计和财务部门备案。

• 签约娱乐单位的名称、地址、电话、联系人。

• 演出节目的种类和演出时间。

• 每张票的价格。

（3）随时与娱乐单位保持联系，有新节目上演时，应了解节目内容，索取节目简介并通报接待部。

（4）与外联部协商后，设计、印制文艺票预订单、文艺票变更/取消通知单，并明确其使用方法。

（5）根据接待计划或订票单实施订票，并把订票情况如实转告接待部。

（6）财务部按协议统一结账或一次一报。

（七）与保险公司的合作

（1）认真阅读中华人民共和国国家旅游局第 14 号令《旅行社投保旅行社责任保险规定》和保险公司的有关规定。

（2）与保险公司就旅行社游客的旅游保险事宜签订协议书。

（3）将协议书上的有关内容进行整理打印，发给外联部门并通知其对外收取保险费。

（4）将每一个投保的旅游团的接待通知（含名单）按时传真到保险公司作为投保依据。

（5）注意接收和保存保险公司的承保确认书。

（6）按投保的准确人数每季度向保险公司交纳保险费。

（7）当旅游途中发生意外事故或遇到自然灾害，须及时向在第一线的导游了解情况，必要时去现场考察并以最快的速度通知保险公司。计调人员还应在事故发生后 3 天之内向保险公司呈报书面材料，其中包括旅行社游客旅游保险事故通知书、旅行社游客保险索赔申请书。

（8）索赔时，须向保险公司提供有关方面的证明，其中包括：医院的治疗费用单据原件或死亡诊断证明（经司法机关公证），民航或铁路部门的行李丢失证单，饭店和餐厅保卫部门的被盗证明信等。

（八）与相关旅行社的合作

（1）收到组团社的接待计划后，地接计调要仔细核对各团的每项要求，尽可能按计划要求落实执行。

（2）当组团社遇到困难向地接社提出要求时，地接计调要积极配合，协助解决。特别是涉及以下问题时，计调人员必须及时、快捷地处理。

- 接待计划的调整（提前或推迟）。
- 住房的变更（要求改变原订的住房）。
- 航班、车、船次的改变。
- 客人行程结束或中途退团，要求代订各类交通票据及委托其他事项。
- 临时要求增加游览项目。
- 团队人数的增减。
- 临时增加团队接待计划内容。
- 突发事件造成始料不及的困难。

旅行社计调采购业务是整个旅行社运作的中心环节。计调工作人员应与餐饮、住宿、交通、游览景点、购物商店、娱乐等部门以及保险公司、其他旅行社建立良好的协作网络关系，保质保量地为旅游者（团队）提供服务，以保证旅行社业务的顺利开展。

五、签订旅游服务采购合同

旅行社为购买各种旅游服务项目而与旅游企业或相关部门订立的各种购买契约通称为旅游采购服务合同。它以一定价格向其他旅游企业及与旅游相关的其他行业和部门购买相关的服务行为，是一种预约性的批发交易，是一种谈判、多次成交的业务，谈判和成交之间既有时间间隔又有数量差距。旅游采购的这种特点，使得旅行社计调与协作部门之间签订经济合同显得更为必要，它可以预防各种纠纷的发生，确保各自经济利益的实现。旅游采购合同的基本内容包含以下 5 个方面。

（一）合同标的

合同标的是指合同双方当事人权利义务指向的事物，即合同的客体。旅游采购合同的标的就是旅行社购买旅游服务供应企业出售的旅游服务，如客房、餐饮、汽车运输等服务。

（二）数量和质量

由于旅游采购合同是预购契约，不可能规定确切的购买数量，而只能由买卖双方商定一个计划采购量，或者是规定一个采购和供应幅度。关于质量则由双方商定一个最低的质量要求。

（三）价格和付款办法

合同中应规定拟采购的服务的价格。由于价格常常随采购量的大小而变动，而合同中又没有确定的采购量，因此，可商定一个随采购量变动的定价办法，还可规定在合同期内价格可否变动及其变动条件。在国际旅游业中还要规定交易所用的货币以及在汇率变动时价格的变动办法。此外，还要规定优惠折扣条件、结算方法及付款时间等。

（四）合同期限

合同期限指签订合同后开始和终止买卖行为的时间，一般是一年签一个合同，也有的每年按淡旺季签两个合同。

（五）违约责任

违约责任是指当事人不履行或不完全履行合同所列条款时应负的法律责任。按照我国《经济合同法》规定，违约方要承担支付违约金和赔偿金的义务。

【典型案例 4-2】

王小姐利用周末参加了一家旅行社组织的“周末郊区观光二日游”活动，并与旅行社签订了旅游合同，双方约定住宿标准为三星级酒店。周六的游览活动结束后，导游员将旅游团安排在一家酒店入住。王小姐进入房间后发现，客房设施陈旧，水龙头里流出的水都是浑浊的，房间似乎很久都没有人住了，散发着霉味。王小姐当即找到旅行社导游，认为入住的酒店不是三星级，要求更换。导游员坚持所安排的酒店是三星级，并拉着王小姐来到酒店大堂，让王小姐查看悬挂在大堂墙上的由国家旅游局颁发的三星级酒店的标牌。但是，王小姐仍然对酒店的星级表示怀疑，并向旅行社投诉。

分析提示

地接计调在采购服务产品时，一定要在合同中明确规定产品的等级、规格，并要求导游员不折不扣地执行。本案例中，旅行社安排的虽然是三星级酒店，但设施陈旧，服务质量已达不到要求。地接计调在采购时不能贪图便宜，而应该对酒店进行严格考察，选择同星级且质量有保证的酒店进行合作，对于不能为游客提供满意服务的酒店，应及时从合作商名录中予以剔除。

六、采购业务管理

（一）采购管理

1. 建立广泛的采购协作网络

为了保证供应，旅行社计调部门应和相关旅游服务企业特别是饭店、交通运输业等，建立广泛的、相对稳定的、多层次、多渠道的协作关系，尤其是出现旅游服务供不应求时，协作网络越广泛、渠道越多，旅行社取得这些紧缺服务的能力就越强。在出现供过于求的情况时，采购工作的重点则应转向取得优惠价格方面，而为了得到最低的价格，也同样需要有一个广泛的采购协作网络。

2. 正确处理保证供应和降低成本的关系

保证供应和降低成本是旅行社采购工作中同等重要的两大任务，即既要保证供应又要降低成本，但二者很难同时并重。因此，在实际工作中，旅行社会针对不同情况在二者之间有所侧重。也就是说，在供不应求时，侧重供应，调动一切协作网络，保证产品的供给；而在供过于求时，侧重降低成本，争取获得最大的利润空间。

3. 正确处理集中采购与分散采购的关系

在供不应求的紧张情况下，分散采购可能更有益于获得旅游者需要的服务。另外，在供过于求的情况下，分散采购往往能获得更优惠的价格。这是因为集中采购数量虽然大，但是其中远期的预订比较多，而远期预订具有较大的不确定性。卖方会因此而对买方计划的可靠性缺乏信心，从而不愿意给买方一个优惠的价格。

4. 加强对采购合同的管理

旅游服务采购合同是一种预约性的批发交易，是一种谈判、多次成交的业务，谈判和成交之间既有时间间隔又有数量差距。因此，必须加强对其的管理。

5. 正确处理预订和退订的关系

旅行社产品的销售是一种预约性的交易，因此增订或退订对旅行社都有损失。旅行社应设法通过友好协商的办法，尽量使对方降低提价的幅度或减少退订的数量。

（二）计划变更的采购管理

旅游计划的变更及突发事件的发生，都会影响到旅游活动的进程，并影响到最初的采购。因此，当外联部或接待部告知变更时，计调部应积极协助处理并做出相应调整，如根据团队人数增减、交通变化问题、行程变动等情况，修改行程或取消原定行程，并重新采购。通常，计调在对原计划进行调整时，应遵循以下原则。

1. 计划调整的原则

（1）变更最小原则。即将因计划变更所涉及的范围控制在最小限度，尽可能对原计划不做大的调整，也尽量不引起其他因素的变化。

（2）顾客至上原则。旅游计划是旅游活动的依据，旅行社同旅游者一旦形成约定关系，一般不要随意更改，尤其在行程进行中。对不可抗力因素引起的变故，应充分考虑旅游者的意愿，并力求得到他们的谅解。

（3）同级变通原则。变更后，服务内容应与最初的安排在级别、档次上力求一致，尤其是用房。

2. 变更后的采购通常采用的方法

（1）若定期航班出现问题，可以考虑包机，但要注意控制成本。

（2）若飞机改为火车，应尽量利用晚间，但距离不宜过长。

（3）若火车铺位不足，则考虑加挂车厢。

（4）若加挂不行，则考虑利用汽车运输。

（5）房、餐出现问题，应选择就近同级房、餐。

（6）也可采取加菜、赠送果盘或小礼品等方式来弥补计划变更给游客带来的损失。

计调工作承上启下、连接内外，在旅行社中处于中枢位置。当计划变更和突发事件发生时，地接计调应立即拟出应急方案，并与旅行社的相关部门如外联、接待以及相关单位如交通运输业、饭店等迅速构建协同通道，用以应对所有可能的突发事件。

总之，旅行社的采购业务涉及若干企业、部门，选择信誉良好、价格合理的相关企业和部门作为采购对象，并建立互利互惠的协作关系，为旅行社的经营和发展建立起一个高效、优质、低成本的旅游服务采购网络至关重要。

任务三　旅游线路设计和行程制订

任务导入

以所在校区为旅游目的地，收集整理校内可利用的旅游资源，模拟设计一条适合小学生的线路，并根据线路制定旅游行程。

任务解析

线路的设计需要计调人员具有多方面的知识储备。通过本项任务的完成，让学生了解线路的分类，掌握线路设计的基本内容。

相关知识

一、旅游线路的含义

旅游线路是指在一定地域空间，旅游经营者针对旅游客源市场的需求，凭借交通路线和交通工具，遵循一定原则，将若干旅游地的旅游吸引物、旅游设施和旅游服务等合理地贯穿起来，专门为旅游者开展旅游活动而设计的游览路线。旅游线路是旅游供给和旅游需求联结的纽带，是实现旅游者旅游欲望的重要手段。旅游线路，在时间上是从旅游者接受旅游经营者提供的服务开始，直至脱离这种服务为止；在内容上包括旅游过程中旅游者利用和享用的一切因素，涉及食、住、行、游、购、娱等诸要素。从旅游服务贯穿整个旅游过程这一角度看，旅游线路又是旅游产品销售的实际形式。

二、旅游线路的类型

根据旅游线路的概念，按照各种不同的分类标准，旅游线路有不同的类型。

（一）按旅游者活动行为划分

1. 周游观光性旅游线路

游客的目的主要在于观赏，线路中包括多个旅游目的地，同一旅游者重复利用同一路线的可能性小，其成本相对较高，在设计周期性旅游线路时应从单纯的周游性向线性化转移。

2. 度假逗留性旅游线路

此种线路主要为度假旅游者设计。度假旅游者的目的在于休息或娱乐，不太在乎景观的多样性变化。因此，度假逗留性旅游线路所串联的旅游目的地相对较少，有时甚至是一两个旅游点，同一旅游者重复利用同一线路的可能性大。

（二）按旅游线路的结构划分

1. 环状旅游线路

该线路一般适用于大、中尺度的旅游活动。这类旅游线路的特点：一是跨度大，主要由航空交通连接，铁路或公路交通主要用于连接站点相对密集的区段；二是所选景点均为知名度较高的精华旅游城市或风景旅游地；三是基本不走“回头路”，对境外游客的出入境地点一般安排在不同口岸。

2. 节点状旅游线路

该线路是一种小尺度的旅游线路。旅游者选择一个中心城市或自己的常住地为“节点”，然后以此为中心向四周旅游点做往返性的短途旅游。这类旅游线路在国内游客出游中较为常见。原因在于：其一，节点多为旅游地或旅游点的依托城市，游客对中心城市有归属感，食、宿、行、购等条件较好；其二，节点的交通联系更为方便；其三，游览行程短，可以在短期内往返；其四，经济适用，多种因素促使游客宁愿走回头路，而不选择环线。

（三）按旅游活动的内容划分

1. 综合性旅游线路

综合性旅游线路所串联的各点旅游资源性质各不相同，整条线路表现为综合性特色。2013 年的全国旅游宣传主题为“2013 中国海洋旅游年”，宣传口号为“体验海洋，游览中国”“海洋旅游，引领未来”“海洋旅游，精彩无限”。目前我国的海洋旅游开发已形成了“四带一区”的格局，即渤海湾旅游带、长江三角洲旅游带、珠江三角洲旅游带、海峡西岸旅游带和海南旅游区。在产品方面，基本形成了以滨海观光为主，康体疗养、休闲度假为辅，兼及新型产品和高端产品的产品体系。

2. 专题性旅游线路

专题性旅游线路是一种以某一主题内容为基本思想，串联各点而成的旅游路线。全线各地的旅游景物或活动有比较专一的内容和属性，因而具有较强的文化性、知识性和趣味性，受到兴趣、爱好不同游客的欢迎。

（四）按照旅游组织的形式划分

1. 传统的包价旅游

旅游线路全程所需的所有行程及所需的服务都由旅行社负责安排。

2. 灵便式包价旅游

灵便式旅游线又可分为：拼合选择式旅游线路——整个旅程有几种分段组合线路，游客可以自己选择拼合，并可在旅游过程中改变原有选择；跳跃式旅游线路——旅游部门只提供旅程中几小段路线或大段服务，其余皆由旅游者自己设计。

（五）按旅游者旅游目的划分

这类旅游线路可以划分为观光旅游线路、度假旅游线路、专项旅游线路等。

1. 观光旅游线路

观光旅游线路是利用旅游目的地的自然旅游资源和人文旅游资源，组织旅游者参观游览及考察。观光旅游线路的内容包括文化观光、自然观光、民俗观光、生态观光、艺术观光、都市观光、农业观光、工业观光、科技观光、修学观光、军事观光等。观光旅游线路一般具有资源丰富、可进入性大、服务设施齐全、安全保障强等特点。观光旅游线路的优点是开发难度小，操作程序简易，能使旅游者在较短的时间内领略旅游目的地的特色，缺点是旅游者参与的项目少，旅游者对旅游目的地感受不深。

2. 度假旅游线路

度假旅游线路是指组织旅游者前往度假地区短期居住，进行娱乐、休憩、健身、疗养等消遣性活动。度假休闲旅游线路内容包括海滨度假、山地度假、湖滨度假、温泉度假、滑雪度假、海岛度假、森林度假、乡村度假等。

度假休闲旅游线路要求度假地（区）具备 4 个条件：环境质量好、区位条件优越、高标准的住宿设施和健身娱乐设施、服务功能强。度假旅游线路所含的项目都是参与性很强的户外休闲、健身、娱乐运动等。度假休闲旅游线路中的旅游者在旅游目的地的停留时间较长、消费水平较高且大多以散客的形式出行。度假旅游产品适应了散客旅游、自助旅游日益增多的潮流，是值得开发的旅游产品。

3. 专项旅游线路

专项旅游线路又称特种旅游线路，具有主题繁多、特色鲜明的特点。专项旅游线路包括：探险旅游、烹饪旅游、保健旅游、考古旅游、漂流旅游、登山旅游、自驾车旅游、品茶旅游、书画旅游、朝圣与祭祀旅游等。专项旅游线路适应了旅游者个性化、多样化的需求特点，广受旅游者的青睐，是今后旅行社产品的开发趋势。专项旅游线路的缺点是开发难度大，操作程序多，需要多个政府部门、社会组织的协作，成本一般较高。

此外，按旅游活动的时间可分为一日游线、多日游线；按照产品的档次划分为豪华旅游、标准旅游和经济旅游；按旅游线路跨越的空间尺度可分为洲际旅游线、周边国家旅游线、国内旅游线、邻近省际旅游线及区内旅游线等。无论设计何种旅游线路，都是为了增强旅游活动组合的科学性，提高旅游组织的效能，方便游客，使其达到满意的旅游效果。

三、旅游线路设计的内容

旅游线路有很多构成要素，从旅游供给角度考虑，各旅游线路都是由旅游资源、旅游设施、旅游可进入性、旅游成本（价格、时间）、旅游服务 5 个要素构成的，它们即是旅游线路设计所要研究的主要内容。

（一）旅游资源

旅游资源，又称为旅游吸引物，指旅游地吸引旅游者的所有因素的总和，不仅包括旅游资源，还包括接待设施和优良的服务，甚至快速舒适的旅游交通条件也涵盖在内。旅游资源是进行旅游线路设计的核心和物质基础，是旅游者选择和购买旅游线路的决定性因素。旅游资源的吸引力决定了旅游线路的主题与特色，旅游线路的设计必须最大限度地体现出旅游资源的价值。

旅游资源的分类标准很多，如按资源特性进行分类，可分为自然旅游资源和人文旅游资源。其存在形式，既可以表现为具体的实物形态，如自然景观、历史文物等；也可以表现为不具有物质形态的文化因素，如各地区节日活动、民俗文化、风情表演等。

（二）旅游设施

旅游设施是完成旅游活动所必备的各种设施、设备和相关的物质条件的总称，是旅行社向旅游者提供旅游线路所凭借的服务性载体。旅游设施不是旅游者选择和购买旅游线路的决定因素，但它能影响旅游活动开展得顺利与否以及旅游服务质量的高低。

旅游设施一般包括专门设施和基础设施两大类。专门设施是指旅游经营者专为旅游者提供服务的凭借物，通常包括餐饮、住宿、娱乐、购物、游览设施等。基础设施是指旅游目的地建设的基础设施，主要包括道路、桥梁、供电、供热、供水、排污、消防、照明、通信、路标、停车场等，还包括旅游地在环境绿化、美化、卫生等各方面的建设。

在旅游线路设计时必须充分考虑旅游者的客观条件与旅游过程中设施的数量、种类、质量、消费档次以及空间布局的方便性等因素，使旅游者获得最佳旅游效果。

（三）旅游可进入性

旅游可进入性是指旅游者进入旅游目的地的难易程度和时效性。旅游者是否能够按时顺利到达旅游目的地是构成旅游线路设计的重要因素。因此，旅游可进入性是连接旅游者需求与各种具体旅游产品的纽带，是旅游线路实现其价值的前提条件。旅游可进入性的具体内容包括交通状况、通信条件、手续的繁简程度、旅游地的社会环境。

（四）旅游成本

1. 旅游时间

旅游时间包括旅游线路总的旅游所需的时间以及整个旅游过程中的时间安排。因旅游客源地、旅游目的地、旅游者闲暇时问、旅游季节等不同，旅游线路中的时间安排也不一样。从旅游经营的角度考虑旅游时间与旅游消费的关系，旅游者逗留的时间越长，旅游经营者获利也就越多。

2. 旅游价格

旅游价格（费用）是旅游者为满足其旅游活动的需要所购买的旅游产品的价值的货币表现形式。它受到很多外在因素的影响，如旅游供求关系、市场竞争价格、汇率变动及通货膨胀等因素，都会对旅游价格产生一定的影响。我国的旅游市场价格体系主要由旅游景区景点门票价格、旅游饭店价格、旅游交通价格、旅游商品价格等相关价格要素构成。

（五）旅游服务

旅游服务是旅游经营者向旅游者提供劳务的过程，旅游服务质量直接影响旅游线路的质量，没有上乘的旅游服务水平，就没有优质的旅游线路。因而旅游服务是旅游线路设计的核心内容，旅游服务的存在与旅游线路设计的实现密切相关。

四、旅游线路设计的原则

（一）需求为中心的市场原则

旅游线路设计的关键是适应市场需求。具体而言，就是它必须最大限度地满足旅游者的需求。游客的需求主要包括：去未曾到过的地方增广见闻并拥有多彩的旅程；从日常紧张状态求得短暂的解脱和放松，舒畅身心、解除压力；尽量有效、合理地利用时间而又不太劳累；尽量有效地利用预算，物美价廉；购买廉价而又新奇的旅游商品。

旅游者对旅游线路选择的基本出发点是：时间最省、路径最短、价格最低、景点内容最丰富、最有价值。由于旅游者来自不同的地区，具有不同的身份以及不同的旅游目的，因而，不同的游客群有不同的需求，总的来说分为观光度假型、娱乐消遣型、文化知识型、商务会议型、探亲访友型、主题旅游型、修学旅游型、医疗保健型等。旅游线路设计者应根据不同的游客需求设计出各具特色的线路，而不能千篇一律、缺少生机。

（二）独一无二的特色性原则

特色是旅游产品生命力的所在。旅游线路的设计促使有关部门、单位以及个人依托当地当丰厚的旅游资源和自身条件，发挥聪明才智，精心打造和组合与众不同、具有持久吸引力的旅游产品和旅游线路，从而推动旅游产品结构和旅游方式的完善。有的景区资源丰富，但缺乏特色产品，影响力小，在很大程度上是由于线路整合缺乏合理性、有效性。

（三）旅游点结构合理原则

地接计调在设计旅游线路时，应慎重选择构成旅游线路的各个旅游点，并对其进行科学的优化组合。

（1）特色各异。应尽量避免重复经过同一旅游点，一般来说，除特殊的专业考察旅游外，不应将性质相同、景色相近的旅游点安排在同一线路中，否则旅游者会产生厌烦心理，降低旅游线路的吸引力。

（2）点间距离适中。一般来说，城市间交通耗费的时间不能超过全部旅程时间的三分之一。

（3）择点适量。受假期制度的影响，目前3~5天小长假旅游者居多，因此，在时间一定的情况下，过多地安排旅游景点，容易使旅游者紧张疲劳，达不到休息和娱乐的目的，也不利于旅游者深入细致地了解旅游目的地。同时，择点过多，对旅行社旅游线路的销售也会产生不利影响，致使旅游回头客减少。

（4）在交通安排合理的前提下，同一线路旅游点的游览顺序应由一般的旅游点逐步过渡到吸引力较大的旅游点。

（四）旅游交通安排合理原则

交通工具的选择应以迅速、舒适、安全、方便为基本标准，与旅程的主题相结合，同时保证交通安排的衔接，减少候车（机、船）时间。一次完整的旅游活动，其空间移动分三个阶段：从常住地到旅游地、在旅游地各景区旅行游览、从旅游地返回常住地。这三个阶段可以概括为：进得去、散得开、出得来。没有通达的交通，就不能保证游客在空间移动的顺利进行，会出现交通环节上的压客现象，即使是徒步旅游也离不开道路。因此在设计线路时，即便具有很大潜力，但目前不具备交通要求或交通条件不佳的景点、景区也应慎重考虑。否则，因交通因素导致游客途中颠簸，游速缓慢，不但影响旅游者的兴致与心境，而且不能充分实现时间价值。

（五）旅游产品推陈出新原则

旅游市场在日新月异地发展，游客的需求与品位也在不断地变化、提高。为了满足游客追新求异的心理，旅行社应及时把握旅游市场动态，注重新产品、新线路的开发与研究，并根据市场情况及时推出。一条好的新线路的推出，有时往往能为旅行社带来不菲的收入与效益。即使一些原有的旅游线路，也可能因为与当前的时尚结合而一炮走红。

（六）行程安排机动灵活原则

接待部门要注意进行合理的日程安排，导游人员在具体接团过程中，也可做适当变更，安排日程时要注意以下几点。

（1）日程安排留有余地，有张有弛。安排一种活动量大的项目后，要安排另一种轻松的游览或提供一段休息时间，这样可使旅游者体力、精力得到恢复，提高游兴，也可避免因太劳累而出现患病等问题。

（2）考虑到旅游团自身的特点，若是旅游团中以老年人居多，要注意不要安排过多项目，节奏要放慢；年轻人多的旅游团则可多安排一些项目，每个景点停留的时间可不必太长。如果旅游团有特殊要求，还要进行一些不同的项目安排，如接待宗教朝圣的游客，去寺庙或教堂的活动安排要偏重。

（3）适当为旅游者空出一些自由活动的时间，如下午或晚上时间，这样可以让旅游者能更深入地了解当地居民生活。注意不要安排旅游者到治安条件不好、复杂混乱的地方自由活动。

五、旅游线路设计的程序

旅游线路的设计，从确定方向到组织实施，供应市场，中间要经过分析构思、方案筛选、试产试销、投放市场和检查评价 5 个阶段。这些阶段相互促进、相互制约。

（一）分析构思阶段

一个地区在一定时期内，旅游资源、旅游服务设施和其他客观条件是相对稳定的，关键就在于旅行社如何根据市场需求，经过科学的分析和巧妙的构思，设计出各种吸引旅游者的旅游线路。在旅游线路设计的分析构思阶段，主要从调查分析和构思创意两方面来把握。

1. 调查分析

设计一条旅游线路首先要分析市场行情，了解各类旅游群体的不同需求，然后对旅游交通状况、旅游区（点）状况、旅游可进入性状况、旅游设施和服务状况等进行详尽的研究和精心的选择。信息资料的来源要尽可能全面、准确，可以从自己的考察实践中获得，也可以从中间商那里获得，还可以从网络、报纸、旅游局、旅游开发商、饭店宾馆及交通管理部门那里获得。要特别注意铁路、民航部门的时刻表，一定要掌握最新的动态信息。

2. 构思创意

根据调查分析掌握的情况，提出旅游线路的设计构思，即确定旅游线路的主题。构思越多，旅行社选择的余地就越大。旅行社只有具备创造性的构思，才能拟订出具有竞争力的线路设计方案。产生构思的诱发因素主要有三个：一是旅游者需求调研；二是竞争对手的启发；三是其他相关信息的启示。

（二）方案筛选阶段

筛选就是旅行社专业技术人员根据直观的经验判断，剔除那些与旅行社发展目标、专长和接待能力等明显不符或不具备可行性的构思，缩小有效构思的范围。筛选过程中要防止两种失误：一是误舍，即对某种构思创意方案的潜在经济价值估计不足，而予以舍去，错失良机；二是误用，即对某种方案的经济价值估计过高，而予以采用，招致损失。

因此，当一条旅游线路的主题确定后，具体的设计组合会有多种方案，对这些方案要进行认真的比较研究，综合考虑多种因素，然后确定较为合理、理想的一种方案。

旅游线路的设计过程中最好有长期在接待一线工作的导游参与，只有多听取导游的意见，所确定的方案才会更切合实际。

（三）试产试销阶段

旅游线路设计方案确定后，旅行社即可与有关部门或行业达成暂时协议，将旅游线路设计方案付诸实施，进行实验性销售。旅游线路试产试销的目的主要有三个：一是了解销路情况；二是检验市场经营组合策略的优势；三是发现问题，解决问题。在试产试销阶段，旅行社应特别注意以下几点：一是规模适中：二是保证质量；三是充分估计各种可能，有备无患；四是试销证明确无销路的旅游线路，切忌勉强投入市场。

（四）投放市场阶段

通过产品的试销，效果良好的产品应该成批量地投放市场，以便获得预期的经济效益。在将产品正式投放市场时，计调部应协同销售部等部门灵活运用各种销售渠道、促销策略和价格策略等市场营销手段，尽快扩大产品在市场中的占有份额，提高产品的销售率和利用率。

（五）检查评价阶段

旅游线路投入市场并非设计过程的终结，旅行社还应对旅游线路进行定期的检验与评价，对线路进行必要的修订和改进，并广泛搜集各种反馈信息，为旅游线路的进一步完善寻找依据。一条成功的旅游线路的设计，要经过旅行社工作人员的精心设计。至于一条线路是否成功，则要经过市场的检验。因此，旅行社要取得良好的经济效益，就必须在旅游线路设计上下苦功。

任务四　内部计价和对外报价

任务导入

2016年10月30日，国家旅游局在整治"不合理低价游"情况通报会上点名批评途牛、同程、携程、众信、蚂蜂窝、游尾会、驴妈妈、360旅游、芒果旅游网9家旅游企业，尤其对携程、驴妈妈、同程等向社会做出承诺后又整改不到位的企业提出了严厉批评。

不合理低价游主要发生在跟团游。在旅游团成行的过程中，组团社负责招揽客人，与游客签订旅游合同，地接社通过整合当地酒店、餐厅、司机、景区、购物点等资源，负责游客行程中的具体事务。由于有高额购物回扣补贴，一些组团社就可以低价揽客，甚至以"零负团费"诱导旅游者。

任务解析

价格往往是影响消费者决策的重要因素。因此，内部计价和对外报价是计调部门非常重要的一项工作，只有根据市场需求制定合理的价格，及时对外报价，才能最大限度地占领市场份额。

相关知识

一、计价前需了解的基本条件

（一）时间

行程几天，哪个季节，抵达时间和离开时间是否具体等内容都需要计调提前了解。此外，酒店（宾馆）的价格随着淡季和旺季的不同，价格有时差异很大，如果对方没有时间概念，地接计调报价时必须根据出发地到目的地的航班、火车车次等假设一个时间，因为会涉及抵达或离开的就餐费用。

（二）地点

所有报价的重要因素是都必须有旅游地点，到达的城市、每个城市的参观地点，只有确定了参观游览的景点，地接计调才能准确地报价。

（三）人数

1个人和10个人的报价产生的结果肯定不同，因为这既涉及用车、用房、用餐、进入景点人数的差异，也会涉及团队价格或散客价格，在这种情况下价格差异很大，所以一定要确定人数。如果没有准确的人数或者大概的人数，就无法报价或者只能报两种价格团队价和散客价。

（四）交通

所有的旅行都离不开交通，都要明确地知道从出发地到目的地的交通形式，如汽车、火车、飞机、轮船、自驾（徒步除外）等。交通方式不同产生的费用肯定不同，即使是一些省内交通也会存在交通费用的差异。

（五）特殊要求

地接计调必须意识到不同职业、不同的受教育程度和不同年龄的游客可能会有不同的要求，因此，从行程安排到餐饮服务、娱乐安排、购物等必须考虑周全。根据不同的情况，地接计调必须采取不同的接待方式，也就有了价格的不同或差异。在旅游的过程中经常会出现增加或减少游览项目的情况，这也会产生价格差异。

（六）旅行社的价格构成

旅行社产品的价格主要由成本、利润和税金三部分组成。成本价格的构成要素主要有交通费、房费、餐费、景点门票费、导游服务费、管理费、附加费、不可预见费、保险费等。

二、如何做好报价

（一）好的报价取决于作业质量

1. 书面质量

旅行社报价以行业专有的格式做出，有别于公文写作，允许省略标题、事由、抄报抄送等无关项目。其基本要求如下：

（1）抬头格式一定要醒目、规范、讲究，要与企业的CT系统一致。

（2）文本必须清晰，有利于阅读（如果是传真件，与打印机、传真机质量有关）。

（3）字体、字号选择恰当。

2. 文字质量

报价的文字质量体现地接计调的技术等级和含量。其文字表达必须符合行业（或约定俗成）的表达规范；报价行文中，在致敬启者之后，最先概括报价依据（如人数、国籍、用房、用车等）；然后按照行程、特殊安排、报价（或单列）、联络方式的顺序一一做出。文字要求精练、表达准确，特别是景点描述，要与产品宣传有所区别。

3. 作业速度

国际过去的规范是24小时回执，随着资讯的日益发达和竞争的加剧，今天的回馈速度从8小时缩短到2小时，甚至10分钟。对方将会从回执速度上判断报价方的业务熟练程度，从而决定是否要交付团队。

4. 电话联络（电话答疑）

当对方收到报价，如有扩展问询或差异核对，电话交流成为必然。原则上，谁报价谁接听。要求：礼貌热情、使用普通话、话音清晰，回答问询准确、果断。忌讳：一忌记错对方称谓，胡答乱对，既失礼又失信；二忌半自动普通话，音调失准，贻笑大方；三忌答对含混，如出现可能、应该等词汇，令对方不知所云；四忌业务不熟，如出现稍等、我查一下等词汇。

（二）好的报价取决于完整的信息

有了漂亮、整洁、工整的书面功夫，就需要可供表达报价的实际内容。实践中，完整的报价必须向询价方传达出以下信息。

1. 充分的业务信息

衡量一个合格的地接计调，其善于获得业务信息并有效地加以运用的能力是首要标准。对实施报价的计调而言，业务信息是指对所报价地区的所有与旅游相关资源的认识和把握。如对酒店，不仅要明确所有不同时期的价格，还需要掌握区域、社情、房况、保安、车位、早（正）餐等细节。对用车，不仅要明确价格，更要通晓车型、配置、车况、驾驶员情况，以及偏远线路的停过费用、准确的移动里程等细节。同理，还包括餐饮、景点（门票）、导游等重要因素。在以上要素中，信息动态的掌控最为关键。因为以上诸要素经常随淡旺季节、重大活动、政府行为等影响发生变化，所以要求从事报价的人员，对动态信息必须时刻关注。

2. 熟练的操控能力

地接计调熟练的操控能力是取得对方信任的关键。首先，熟练地应对。广东、北京、上海、西安等地区的询价方式各不相同，地接计调既要熟悉地区的询价特征，又要了解组团计调处事的个性，还要有针对性地实施不同的报价策略。其次，熟练地操控。主要表现在快速浏览询价、快速捕捉询价要点、快速表达报价特色、快速形成报价文本、快速传递报价信息等方面。其关键是快，反应快、应对快、行文快且流畅，绝不因微小的失误导致信任的丢失。最后，应变自如。面对询价中不同的要求，需要地接计调在报价中向对方提供多样化的选择。例如，多样的线路组合，不同星级住宿的组合；各种交通方式的遴选以及以降低直观价格为目的的报价组合等。

3. 合理的行程配置

报价中的行程叙述是仅次于价格表达的另一大重点。通常，详尽的行程是推导出最终价格的关键，组团社中成熟的计调仅凭地接社的行程叙述，就可以概要地获取很多信息，同时给予地接社的报价以客观的判断。尽管编排行程有很多规律可供遵循，但用心和不用心还是有很大差别的。因此，如果说学会打电话是做计调的基本功，那么，学会排行程则是做好报价的首要条件。

4. 切实的价格水平

报价的态度要谦恭，体现在价格上要谨慎、切实。价格是报价诸要素中最为核心的要素。旅行社的报价通常采用加成定价法，但在规则之外又有许多变数。关键要把尽可能多的信息、资源、同行价位、市面行情以及相关的函数关系加以整合，核算出合适的价位，从而反映出地接社总体报价业务的水平。

5. 优惠的结付办法

在报价后注明结算办法，是吸引对方的重要细节。通常，组团社在出团前的平均收款都在90%以上，原则上可以要求组团社全额现付，但需要区别以下几种情况。一是对方做销售，直接向（团体）直客收取费用；二是对方做一级销售，直接向（散客）直客收取费用；三是对方做批发销售，直接向零售商收取费用；四是对方做异地二级销售，直接向异地一级销售收取费用。

实践中，在向对方申明结算办法时，一定要注意针对不同的客户组，提出不同的、有利于双方的结算办法。例如，对于前两类，原则上要求全额现付，如果是协议单位，则要根据批量大小、淡旺季节以及自身的垫付能力等情况，在坚守协议的基础上做出适当让步。对于后两类，原则上要求全额现付，但要注意，一定要体谅对方也有一个结算周期。可以要求对方现付或预付大交通或定额百分比费用，余款待团后结清。操作中，除了要把握以上原则，还要注意区别对方是否系列团/专列（包机）团等情况，待确认后，再提出进一步的优惠办法。一般来讲，影响组团社现付团款有几种因素：一是担心接待质量；二是需要以该团款用于周转；三是财务关系复杂（如机构庞大、运转效率低）等。因此，地接社应多从组团社立场出发，尽量体谅对方的难处。但是，对于地接社来说，收款（到款率）既是衡量业务部门的硬指标，同时又是降低财务风险、确保企业利益的重中之重，因此，把握一个令双方都能接受的结算办法，看似简单，实则包含了业务人员的责任心，反映了一家旅行社应变市场的能力和自身的（垫付）实力。

6. 完备的应急联络

一份完备的报价中，在最后部分应特别注明应急联络，包括：办公通信方式；24小时不间断应急方式；必要时提供报价中所列下榻酒店、餐厅、景点联络方式等。在作业中交代完备的应急联络，不仅是程序要求，更是取得对方信任、令对方感到可靠的前提。

（三）好的报价取决于内涵表达

编制一份好的报价，除必须具备以上摹本要素外，还要在内涵上进行刻意的表达，这种表达可以是广义的报价。

1. 细节表达

细节体现关怀，不仅是文字的修饰，还包括：根据客源地的风俗安排游览项目；根据团型调整观光时间和移动距离等。总之，好的报价要体现用功、在意、贴心、细致，首先应在纸面上折射接待水平。

2. 谨慎承诺

谨慎承诺不是小心翼翼、慎之又慎，而是实事求是地放胆承诺。旅行社在产业链中的位置，决定了其必然受到上游或下游行业的制约。特别对于地接社，在提供服务的过程中，因为受到很多因素的影响，因而任意环节都可能是薄弱的、致命的。因此，在给予组团社承诺时，既要实事求是地讲明诸如旺季调价不可预见等情况，同时也要大胆地承诺。关键时刻拼的是处置能力、是出现问题敢于负责的担当、是赔得起的胆色和实力。承诺恐怕还不足以在报价中（纸面上）表达，还需要通过语音（甚至零距离）与对方做完整的交流。当然最重要的是，承诺的可信度要靠平时的诚信积分来奠定。

3. 合作诚意

报价的过程中，让对方看到合作诚意，是报价的终极目的。具体表达中，一忌乱开价，一定要留给组团社利润空间；二忌没商量，一定要设身处地为组团社着想；三忌不作为，一定要用心对待对方的询价。作为组团社，应该尊重地接社的合作诚意，不要错把对方的委婉、礼遇和退让当作砍价的薄弱环节。合作的目的是双赢，但不意味着双方只为眼前利益。

三、制作报价单的注意事项

（1）无论是往返大交通还是区间交通，甚至包括景点间的交通，在行程上最好标明班次、出发和抵达时间；交通的票价最好有所体现，如果能做到列出不同铺位的价格最好。

（2）景点上标明价格，包括对内对外价格，以及景区中需自费的小景点的票价，还要标明景点游览时间，至于具体的游览路线也最好有所体现。而像上海东方明珠、海南博鳌水城这样的观外景的景点也应注明景点价格。

（3）用餐上需要针对不同地方的游客设计不同口味的菜式，这一点报价单中也要有所体现。

（4）住宿中，除了说明房差费之外，每晚住宿的位置、星级或宾馆新旧也应该体现出来。

（5）进行线路的综合推介时，地接社设计的每条线路，都应有所指向或富含特色，应把这些在报价单上进行特别宣传，并说明设计主旨。

（6）标明该线路价格的有效时间。

（7）作为地接报价单，建议引入承诺制，尤其是对组团社关心的旅游质量的承诺，如可承诺日均进店不超 1 个、无强制消费等。

【知识链接】

按照不同服务形式旅行社价格的分类

一、全包价

又称统包价，是指旅游者通过旅行社组织，按旅行社推出的某条旅游线路的价格一次性支付货币，就可参加旅行团，进行整个旅游行程活动。旅行社全包价由以下10项构成。

1. 房费

即全程旅行住宿费，由基本房费和加房差费构成。基本房费由计划旅行地（或旅游线）各饭店既定的客房日租单价之和组成。房差费包括：自然单间房差费，即由于旅行团人数、性别构成的不同，而可能引起实用房间数超过预订客房间数所发生的房差费；客房时差费，即由于客人离店退房时间不同所发生的房差费；夜房差费，即由于旅行团在晚餐后到翌日凌晨4时前抵达饭店，并占客房时发生的房差费。

2. 餐费

即旅行餐饮费，由基本餐费加上地方风味餐差构成。基本餐费由计划旅行时间内游客每天用餐收费标准之和构成。地方风味餐差，是指地接旅行社宴请游客品尝地方风味的费用。地方风味餐的标费，通常由当地基本餐费加上标准风味餐差构成。

3. 交通费

即旅行交通费，由旅游出发地到旅游目的地之间往返的交通费和到达旅行目的地之后游览参观时的交通费构成。一般包括航空机票费、火车票费、长途汽车费和游览包车费等。

4. 门票费

即游览参观点门票费。它包括各收费景点门票、景点内环保车等垄断专营运载工具和观光索道、电梯费等。当前，我国旅行社推出的全包价，一般只包括各景点的首道门票，而不包括景点内小景点门票和索道等其他门票。

5. 翻译导游费

翻译导游费包括翻译导游劳务费和陪同旅差费。其每人每天收费标准，根据旅行团的人数确定。人数越少，收费标准越高，反之则越低。不同人数等级旅行团的翻译导游费，由全程陪同费加上地方陪同费构成。全程陪同费，也称全陪费，由全陪翻译导游旅差费加上劳务费构成。全陪翻译导游旅差费按照国内一般公务人员差旅费标准计算，包括全陪翻译导游赴首站至终站陪同期间及返程的全部交通费住宿费、陪餐费（不含宴会）和差旅补助费。地方陪同费，也称地陪费，主要是地方陪同导游劳务费。这部分费用也是按照旅行团人数等级确定标准，并按每人每天平均收费计入导游费成本。我国各旅游相关单位一般都对导游实行免费接待，其陪同交通费、住宿费和陪餐费成本相应会减少。

6. 管理费

它是根据有关管理规定所发生的管理费用。这些费用由地方管理费、总社管理费构成，并且按照每人每天平均收费计入成本。

7. 附加费

它是指上述计划费用以外的，旅行团在游览期间临时发生的费用，包括汽车超千米费、游船（游艇）临时加收的服务费，以及各游览参观点由于种种原因临时加收的费用。这部分费用也应按照一定的标准进行计算，并按每人每天平均收费计入成本。

8. 综合服务费

即旅行社的综合毛利，由组团旅行社和地接旅行社手续费构成，这部分费用要按照旅行团人数等级和质量标准进行计算。通常与旅行团人数成反比，与旅行团的服务规格标准成正比。

9. 不可预见费

它是由种种不可预见的原因而临时发生的费用。主要有因非旅行社直接责任引起的旅行社违约损失赔偿费，以及其他难以预料而又必须支付的费用。这部分费用也要按照一定的标准计算，并计入收费成本。由于不可预见费不一定每个旅行团都能用上，计算尺度比较难以掌握。目前，多数旅行社还没有把这项费用正式列为成本项目，只是在其他成本项目收费中考虑了这方面的因素。

10. 保险费

即游客旅行保险费。

上述全包综合服务价格项目的1~7项为成本价格，第8项为旅行综合服务手续费。旅行社包价等于上述10项费用与税金及附加费之和。

二、半包价

指在全包价旅游基础上，扣除中、晚餐费用的一种包价形式。其目的是降低旅游线路的直观价格水平，提高旅游产品的竞争能力；同时也可以更好地满足旅游者在用餐方面的不同要求。

三、小包价

又称为可选择性旅游价格，由非选择部分价格和可选择部分价格组成。非选择部分价格包括接送、住宿和早餐的旅游费用，由旅游者在旅游前预付。可选择部分包括导游、风味餐、节目欣赏和游览参观等，由旅游者自由选择。

四、零包价

这是一种独特的旅游形态价格，多见于发达国家。参加这种旅游的游客必须随团前往和离开旅游目的地，但在旅游目的地的活动完全由旅游者自己安排。旅游者参加零包价旅游的好处在于可以获得团体机票价格的优惠。零包价与我国目前有的旅行社推出的零团费是两个不同的概念。

五、单项委托服务价格

又称委托代办业务收费，它是旅行社根据旅游者的具体要求而提供的各种有偿服务收费，旅游者需求的多样性决定了旅行社单项服务内容及价格的广泛性。单项服务价格主要有：导游服务收费、接送游客服务收费、行李服务收费、订房服务收费、订餐服务收费、订票服务收费、代办签证以及代办其他各项服务的收费等。

任务五　了解接团的基本业务

任务导入

一天，某企业的李先生代表旅游团全体游客向旅行社进行投诉。事情的经过是这样的：李先生所属企业40位游客与旅行社签订了一份旅游合同。按合同规定，旅游目的地为山东济南市南郊，其景点有千佛山、兴国寺、齐烟九点坊等。但因旅行社接待人员对业务不熟，将其中一个千佛崖景点错写成千佛洞，因此，游客抵达旅游景点后，尽管欣赏到许多极为珍贵的雕刻佛像，但始终没看到想象中的彩塑佛像和大型壁画等，因而深表遗憾。后来大家翻找旅游合同仔细核对，这才觉得自己“上当受骗”。该旅游景区根本就没有千佛洞这个景点，于是当行程全部结束后，大家委托李先生起草一份投诉信，并且到旅行社来理论。

旅行社得知这一情况后，立即展开调查研究，经核实才知道这是接待人员对业务不熟而错写了一个字。旅行社再三向李先生等人赔礼道歉，解释千佛崖与千佛洞的区别，但就是得不到他们的谅解。他们要求旅行社承担违约责任，并赔偿其经济损失。你认为旅行社应该赔偿损失吗?

任务解析

该起旅游案例主要是由于旅行社接待人员对业务不熟，旅行社又缺乏严格的管理所造成的，因此，所造成的违约责任或差错，也只能由旅行社来承担。

相关知识

一、旅行社接团人员的管理

旅行社的工作是旅游服务工作的重要一环，旅游服务团队主要由直接从事旅游接待服务的导游人员以及为旅游活动提供间接服务的后勤人员构成。

（一）导游人员的管理

旅行社的导游人员主要分为专职导游人员和兼职导游人员。专职导游人员是指在一定时期内以导游工作为其主要职业的导游人员。目前，这类导游人员一般为旅行社的正式职员，他们是当前我国导游队伍的主体。兼职导游人员也称业余导游人员，是指不以导游工作为其主要职业，而利用业余时间从事导游工作的人员。目前这类人员分为两种：一种是通过了国家导游资格统一考试取得导游证而从事兼职导游工作的人员；另一种是具有特定语种语言能力受聘于旅行社，领取临时导游证而临时从事导游活动的人员。

1. 专职导游人员的管理

要使旅行社的专职导游人员具有较高的素质，适应复杂的工作，旅行社必须加强对导游人员的管理，具体措施如下。

（1）加强对导游人员的培训与考核。导游服务质量的高低，是由其自身的素质决定的，所以旅行社应加强对导游人员的培训与考核，把提高导游人员的素质放在重要地位。旅行社对导游人员的培训方式包括岗前培训、岗位培训、业务集训、脱产深造等。具体内容包括敬业精神的培训、服务意识的培训、导游知识的培训、导游业务的培训及作业规范的培训，加强导游人员的政治思想教育和业务能力。

旅行社对导游人员的考核分为考试和年审两种形式。考核内容主要有全年工作量、业务能力、旅游投诉与表扬、学习与进修等情况。通过考核可以全面了解每个导游人员的品德、能力与成绩。考核后，要建立导游人员档案，作为完善管理，进行奖惩、晋级的主要依据。

（2）实行合同化管理，强化导游人员的责任感。劳动合同是劳动者与用人单位确立劳动关系、明确双方权利与义务的协议。它作为劳动关系的法律形式，具有控制人们在劳动过程中的行为、规范劳动活动、调整劳动关系的作用。因此，劳动合同一经签订．就具有法律效力。旅行社对导游人员实行合同管理，根据与其签订合同的规定，对导游人员承担的义务进行监督、检查。这是促使导游人员依法为游客提供优质导游服务的保证，是提高导游服务质量的重要措施，可促使导游人员增强责任感，自觉地为游客服务。

（3）落实导游人员等级评定制度，1996年，国家旅游局面向全国推广导游人员等级评定制度，将导游人员分为初级、中级、高级和特级四个等级：初级导游人员，是指取得导游资格证书后满一年，经技能、业绩、资历考核合格者；中级导游人员，是指获得初级导游资格证两年以上，业绩明显，考试合格者；高级导游人员，是指获得中级导游人员资格四年以上，业绩突出，水平较高，在国内外同行和旅行商中有一定的影响，考试、考核合格者；特级导游人员，是指获得高级导游人员资格五年以上，业绩优异，有突出贡献，有高水平的科研成果，在国内外同行和旅行商中有较大影响，经考核合格者。导游人员技术评定制度，有利于我国导游服务质量的提高及导游队伍的建设，也有利于调动导游人员的积极性。旅行社应采取提高工资待遇、优先考虑升职等措施，鼓励导游人员积极参加高等级导游人员的考试、考核。

（4）强化对导游人员的检查与监督机制。由于导游人员常年在外独立工作，旅行社采取一些措施强化对导游人员的检查和监督是必要的，不仅有利于加强对导游人员的管理，而且有助于促进导游人员工作自觉性的提高。这些措施中，除了请旅游者填写国家旅游局行政工管部门制定的“旅游者反馈意见表”和由导游人员填写的“陪同日志”外，一些旅行社还采取制定“导游服务质量评价表”征求意见、定期到有关接待单位听取意见或不定期地派人到现场进行检查等措施。

2. 兼职导游人员的管理

旅行社产品的季节性及旅游者需求的不同，决定了旅行社需要使用一定数量的兼职导游人员。兼职导游人员虽然不属于旅行社的编制，但是旅行社临时聘用他们接待游客，其导游服务质量对旅行社的声誉也会产生影响。因此，对兼职导游人员的管理也是旅行社接团人员管理的一项重要内容。

（1）订立合同。旅行社在聘用兼职导游人员时，应对其所在单位的证明、导游资格证书、思想品德、身体状况、有无违规记录等情况进行审核、登记，以确定是否与其签订劳动合同。旅行社对兼职导游人员进行合同管理，规定彼此的权利和义务，目的是提高其服务质量，促使其依法为旅游者提供高质量的导游服务，有助于提高兼职导游人员的工作责任感，更好地为旅游者服务。

（2）建立考核制度。为了便于对兼职导游人员进行考核，旅行社应建立兼职导游人员业务档案，收录其导游天数统计，游客评价、表扬或投诉信函、事故记录等。根据这些资料，定期对兼职导游人员进行考核，以确定是否需要对他们进行培训或延期聘用。

（3）建立质量保证金制度。旅行社在与兼职导游人员签订合同时，应要求兼职导游人员缴纳一定数额的质量保证金，如果遇到质量事故，经调查属兼职导游人员责任的，应按合同规定由兼职导游人员做出相应的赔偿。

（4）导游例会。兼职导游人员平时无须在旅行社定时上班，但是旅行社可以定期召开兼职导游人员例会，对兼职导游人员的接待服务质量进行点评、安排接待任务、沟通有关信息，增强兼职导游人员的组织观念，提高团队凝聚力。

（5）严格奖惩制度。旅游接待质量关系到旅行社的生存，旅行社要采取一定的措施对兼职导游人员的服务质量进行控制。对于一贯保持优良接团质量的兼职导游人员，旅行社可以多为他们安排接团任务，甚至给予一定的奖励；对于接待服务质量低劣的兼职导游人员，一定要加以批评指正，情况恶劣的，除按规定处理外，还可终止劳动合同。

（二）后勤人员的管理

旅行社后勤工作是旅游活动顺利进行的重要保障，是接团工作的重要组成部分。虽然后勤人员未参与面对面的对客服务，但如果后勤工作跟不上，旅游活动的进行就会受到严重影响。旅行社后勤工作的主要任务是落实接团计划、处理变更事项等。同时，良好的后勤保障，可以使一线导游人员免去后顾之忧，全身心地投入到对旅游者的服务中去。特别是在目前我国旅游接待设施还不够完善的情况下，后勤工作尤为重要。

1. 旅行社后勤工作的特点

旅行社后勤工作主要包括：制订和落实接待计划，了解和掌握旅游团的动态，协调和配合导游人员的工作，密切与地陪以及有关部门的联系，妥善处理旅游团的合理要求和发生的问题。后勤工作的特点主要体现在以下两方面。

（1）联系的广泛性。旅游是集食、住、行、游、购、娱为一体的综合性活动，涉及饭店、餐饮、交通、景区景点等多个部门。每个部门都需要提前预订妥当，因此要求旅行社后勤人员对各个部门都能保持良好的沟通，为导游人员的带团工作打好基础。

（2）工作的烦琐性。旅游活动涉及面广的特点决定了后勤工作人员工作的烦琐性，为保障接团工作顺利进行，后勤人员应根据旅游团的具体情况，提前做好准备工作。但由于涉及部门较多，且各个部门较为分散，工作变数大，导致旅行社后勤工作不仅工作量大而且复杂多变，后勤工作人员面临巨大的身体和心理压力。

2. 后勤人员工作的范围

（1）落实接团事宜。后勤人员在收到关于旅游团活动的接待计划后，必须认真研究团队的服务项目与要求，比如组团社名称、联络方式、旅行团团号、旅游人数、旅游行程、收费标准、组成人员情况、接待标准以及有无特殊要求等。然后尽快和有关部门或单位联系，以确保旅游团的交通、住宿、参观游览项目等的落实。若遇活动日程、活动项目变更，后勤人员应及时通知有关部门，处理好各项预订变更事宜。

（2）与导游人员密切配合。后勤人员要掌握本部门旅游团的活动日程和导游人员的联系方式，以便处理好导游人员委托的各种接待事务及旅游过程中发生的各种问题，如团队抵离时间、人数的变更等，都需要及时通知导游人员，以防空接、漏接等事故的发生。

（3）及时收集相关信息。后勤人员因工作之便，经常与饭店、餐饮、交通、景区等单位联系，可从中收集有关价格变动、服务等级等相关信息，加以整理并汇报给部门经理。

（4）建立部门档案。后勤人员要建立三类档案，即旅游团队接待材料、游客意见及本部门人员的考核表。其中，旅游团队接待材料主要包括导游人员手中的接待计划、各种通知、活动日程表、接待情况表等内容，要及时归档，以便需要时查找。游客意见指的是游客对接待人员的书面反馈信息、表扬或投诉信件及有关问题或事故的处理。处理记录，应包括问题或事故的发生时间、地点、原因，有关人员名单及处理经过等。考核表主要包括考勤表、接待工作时间表等。

3. 对后勤人员的管理

后勤人员在旅行社中处于一种特殊的地位，旅游活动的顺利进行在一定程度上取决于后勤人员的工作态度和工作贯彻、执行情况，因此旅行社应加强对后勤人员的管理。主要途径如下：

加强职业道德培训，提高后勤工作的质量，协助旅游接待人员为游客提供及时、周到的服务，以解后顾之忧。培养后勤人员的耐心和高度责任心，使其具备良好的职业道德。不断提高后勤人员的协作意识和业务水平，协调好与旅行社内部员工及其他单位的关系。根据后勤工作的特点，制定严格的规章制度和纪律，奖罚分明，提高员工的积极性，做好内部各个环节的岗位责任制。

二、旅行社接团服务的要求

目前，旅游业已经获得了空前的发展，然而人们在旅游的过程中常常还是会遇到一些不愉快的事情，极大地影响了人们旅游的兴致。在旅游行业有这样一个公式：100-1≤0，也就是说一旦有不愉快的事情发生，旅游服务人员之前所付出的努力可能全部白费甚至还会产生一系列消极的影响。旅行社只有从旅游消费者的利益和需求出发，以一切可能的手段满足其需求，才能赢得旅游消费者的信赖和光顾，从而保证经济效益。反之，如果旅行社企图通过欺诈、不公平交易等手段来赚取不义之财，虽然在短期内可以获得一些经济效益，但是却可能永远地失去商业信誉、失去顾客，从而断送了企业生命。为了维护旅游者的合法权益，旅行社在服务质量方面要有一些自律的基本要求。

（一）旅行社接团服务的要求

1. 安全性

旅行社向旅游者提供的旅游产品应有安全保障。《中华人民共和国旅游法》第四十二条规定，景区开放须有必要的安全设施及制度，经过安全风险评估，满足安全条件；第一百零七条规定，旅游经营者违反有关安全生产管理和消防安全管理的法律、法规或者国家标准、行业标准的，由有关主管部门依照有关法律、法规的规定处罚。

2. 适应性

适应性是指旅行社提供的旅游产品是适应旅游者需求特性的总和。旅游产品符合旅游者的愿望，突出地方和民族特色，满足不同消费层次的需求，为旅游者喜闻乐见。

3. 合理性

旅行社提供的旅游产品应内容丰富、行程合理、组织连接性强，在旅游行程的安排上应留有余地。

4. 经济性

经济性是指旅行社提供的旅游产品属性与旅游费用之比。旅游服务是一种消费品，旅游者希望用较低的费用得到较大的愉悦满足，旅行社则希望以较小的成本获得高的收益，市场竞争结果将使旅游服务的性价相符。性价比越高越经济，旅游者得到的实惠就越多。

5. 履约性

旅行社应确保所提供的产品符合合同约定，发生意外情况时有应急处理对策。

6. 信誉度

旅行社的信誉度是公众对旅行社的评价。旅行社的信誉主要是通过履行旅游合同的结果逐渐形成的。如果旅行社能长期履行与旅游者签订的合同，就会树立良好的信誉，并且会成为吸引旅游者的重要因素。

（二）接团服务要遵循标准化和程序化服务的原则

为了保证旅行社的服务质量，旅游接待工作应有明确的质量标准和接待程序。

1. 标准化服务

标准化服务又称规范化服务，是由国家或行业主管部门制定并发布的某项服务应达到的统一标准。要求从事该项服务的人员，必须在规定时间内按标准进行服务。旅行社接待服务标准化的依据主要是国家旅游局颁布的《导游服务质量》《旅游服务质量提升纲要》等各项关于服务质量的标准。

2. 程序化服务

旅行社接团服务程序化是指旅行社根据接团服务的特点，对接团过程的每一环节和每道程序都做出详细规定，并以此向旅游者提供服务。接团服务的程序化是各项旅游接待工作得以落实的重要保证，可以减少很多不必要的麻烦，从而提高旅行社接团服务的水平。不同的旅行社可参照国家的规定并根据自身的特点，在保证游客合法权益、为游客提供标准化和程序化服务的同时，制定旅行社的接团服务标准与服务程序，以适应不同旅游者的需求。

任务六　接团业务操作

任务导入

在接团准备工作完成之后，国内地接计调还要做哪些工作呢？请根据所学知识尝试制订一份旅游接待计划。

任务解析

接待计划是旅行社接团的重要文件。学生通过完成本任务，可以了解接待计划的包含的主要内容，掌握接待计划制定的步骤。

相关知识

一、旅游接待计划的构成

接团工作的开始，往往是旅游者真正意义上旅游的开始，此后，旅行社将从多方面为旅游者提供服务，旅游者与旅行社的接触也随之增加。旅游者将根据旅行社为其提供的各类服务的质量，对旅行社做出评价，因此接团工作的好坏，直接关系旅行社的知名度和美誉度，进而影响旅行社的经济效益与社会效益。为此，旅行社必须严格按服务流程进行接团管理，同时协调好与相关单位的合作，以顺利完成接团任务。

接待计划是组团社委托各地方接待社组织落实旅游活动的契约性安排，是导游人员了解该团基本情况和安排活动日程的主要依据。做好接待管理首先要管理好接待计划。当地接社接到组团社发来的预报计划传真，或者是计调部从外联部得到预报后，应根据团队的基本情况和要求制订出一份周详的接待计划。

旅游接待计划主要由旅游团（者）基本情况和要求、旅行社团队运行计划表和旅游团（者）名单三部分组成。

（一）旅游团（者）基本情况和要求

（1）旅游团（者）的名称、团号、组团社的名称。

（2）旅游团（者）的人数和服务等级。

（3）旅游线路和经停地点。

（4）下榻饭店名称以及客房的单、双间客房数量。

（5）用餐要求和标准。

（6）所要求的导游员语种、等级。

（7）费用结算方法。

（8）联系人姓名、电话、时间。

（二）旅行社团队运行计划表

旅行社团队运行计划表应注明下列事项：

（1）旅游团（者）的抵离日期、时间、航班号（车次、船次）、抵达或离开的地点。

（2）旅游路线中所经停的城市名称、交通工具类型、航班号（车次、船次）、抵离地点。

（3）各地安排的参观游览单位、景点、文娱活动、专业活动要求等。

（三）旅游团（者）名单

接待计划中应附有旅游团（者）的名单，包括旅游者的姓名、性别、民族、年龄、职业、领队或全陪的姓名、性别等，计划制订后要进行分类，确定不同的工作重点。例如，针对以医疗保健、宗教朝圣、商务会议等为目的的专业旅游团，除了做好一般的旅游活动安排之外，要尽早和有关部门取得联系，安排好专业活动的时间、地点、用车，甚至要做好为会议团编印会议通知、在饭店或机场设服务台等事宜。

二、制订旅游接待计划的步骤

（一）核实接待项目

在编写旅游接待计划前应先核实以下项目：

（1）团号、团名、组团社名称。

（2）旅游团人数及所要求的服务等级和方式。

（3）到达日期，航班、车次或船次时间。

（4）旅游线路及游览城市。

（5）住房及早餐安排要求。

（6）城市间交通工具安排要求。

（7）旅游团名单，确认人数及成员的姓名、性别、年龄、证件号码等。

（8）特殊参观要求。

（二）编制接待计划

（1）按旅游线路所经景点的先后，排列出各地接待单位并注明印发份数（每个合作单位一式三份）。

（2）注明旅游线路。

（3）注明旅游团的类别（如游览团、参观团、学习团、考察团、专业团、重点团等）。

（4）注明服务等级（团体标准 A 等或 B 等；10 人以下 A 等或 B 等）。

（5）注明住房的预订方式（如游客自订、本社代订或其他）、用早餐情况（包括就餐饭店及早餐结算方式）。

（6）注明风味餐的标准和次数。

（7）注明全陪导游的人数、姓名、性别等。

（8）注明旅游团的航班、车次、船次的抵离时间。

（9）注明加收费用的服务项目如超千米数、特种门票、游江游湖项目、风味标准及次数、专业活动及次数等。

（10）注明旅游团（者）的详细名单，包括姓名、性别、职业、证件号码等。

（11）注明组团社的名称、地址、电话、传真及联系人姓名。

三、旅游接待计划变更的处理

旅游活动中计划要求被更改一般有以下两种情况。

（一）旅游团（者）要求变更计划行程

在旅游过程中，由于种种原因，游客向导游人员提出变更旅游线路或旅游日程时，原则上应按旅游合同执行；遇有较特殊的情况或由领队提出，导游人员也无权擅自做主，要上报组团社或地接社有关人员，须经有关部门同意，并按照其指示和具体要求做好变更工作。

（二）客观原因需要变更计划和日程

旅游过程中，因客观原因、不可预料的因素（如天气、自然灾害、交通问题等）需要变更旅游团的旅游计划、线路和活动日程时，一般会出现三种情况，针对不同情况要有灵活的应变措施。

1. 缩短或取消在某地的游览时间

一是旅游团（者）抵达时间延误，造成旅游时间缩短。

（1）仔细分析因延误带来的困难和问题，并及时向接待社外联或计调部门报告，以便将情况尽快反馈给组团社，找出补救措施。

（2）在外联或计调部门的协助下，安排落实该团交通、住宿、游览等事宜。提醒有关人员与饭店、车队、餐厅联系及时办理退房、退餐、退车等一切相关事宜。

（3）地陪应立即调整活动日程，压缩在每一景点的活动时间，尽量保证不减少计划内的游览项目。

二是旅游团（者）提前离开，造成游览时间缩短。

（1）立即与全陪、领队商量，采取尽可能的补救措施；立即调整活动时间，抓紧时间将计划内游览项目完成；若有困难，无法完成计划内所有游览项目，地陪应选择最有代表性、最具特色的重点旅游景点，以求游客对游览景点有个基本的了解。

（2）做好游客的工作。不要急于将旅游团提前离开的消息告诉旅游团（者），以免引起大哗。待与领队、全陪制订新的游览方案后，找准时机向旅游团中有影响的游客实事求是地说明困难，诚恳地道歉，以求得谅解，并将变更后的安排向他们解释清楚，争取他们的认可和支持。最后分头做游客的工作。

（3）地陪应通知接待社计调部门或有关人员办理相关事宜，如退饭店、退餐、退车等。

（4）给予游客适当的补偿：必要时经接待社领导同意可采取加菜、风味餐、赠送小纪念品等物质补偿的办法。如果旅游团的活动受到较大的影响，游客损失较大而引起强烈的不满时可请接待社领导出面表示歉意，并提出补偿办法。

（5）若旅游团（者）提前离开，全陪应立即报告组团社，并通知下一站接待社。

2. 延长旅游时间

游客提前抵达或推迟离开都会造成延长游览时间而变更游览日程。出现这种情况，地陪应该采取以下措施。

（1）落实有关事宜：与接待社有关部门或有关人员联系，重新落实旅游团（者）的用房、用餐、用车的情况，并及时落实离开的机、车票。

（2）迅速调整活动日程：适当地延长在主要景点的游览时间。经组团社同意后，酌情增加游览景点，努力使活动内容充实。

（3）提醒接待社有关人员通知下一站该团的日程变化。

（4）在设计变更旅游计划时，地陪要征求领队和全陪的建议和要求，共同商量，取得他们的支持和帮助。在改变的旅游计划决定之后，应与领队、全陪商量好如何向团内游客解释说明，取得他们的谅解与支持。

3. 缩短在一地的游览时间

旅游团提前离开或推迟抵达，都会缩短在一地的游览时间，地陪应积极做好如下工作。

（1）尽量抓紧时间，将计划内的参观游览安排完成。

（2）如提前离开，要及时通知下一站。

（3）向旅行社领导及有关部门报告，与饭店、车队联系，及时办理退餐、退房退车等事宜。

4. 逗留时间不变，但被迫改变部分旅游计划

出现这种情况，肯定是外界客观原因造成的，如大雪封山、维修改造进入危险阶段等。这时导游员应采取如下措施。

（1）实事求是地将情况向游客讲清楚，求得谅解。

（2）提出由另一景点代替的方案，与游客协商。

（3）以精彩的导游讲解、热情的服务激起游客的游兴。

（4）按照有关规定做些相应补偿，如用餐时适当地加菜，或将便餐改为风味餐，赠送小礼品等。必要时，由旅行社领导出面，诚恳地向游客表示歉意尽量让游客高高兴兴地离开。

四、需要落实的接待计划

（一）用房

根据团队人数、要求，以传真方式向协议酒店或指定酒店发送“住房预订单”并要求对方书面确认。如遇人数变更，及时做出“更改件”，以传真方式向协议酒店或指定酒店发送，并要求对方书面确认；如遇酒店无法接待，应及时通知组团社，经同意后调整至同级酒店。

（二）用车

根据人数、要求安排用车，以传真方式向协议车队发送“订车通知单”，并要求对方书面确认。如遇变更，及时做出“更改件”，以传真方式向协议车队发送，并要求对方书面确认。

（三）用餐

根据团队人数、要求，以传真或电话通知向协议餐厅发送“订餐通知单”。如遇变更，及时做出“更改件”，以传真方式向协议餐厅发送，并要求对方书面确认。

（四）返程交通

仔细落实并核对计划，向票务人员下达“订票通知单”，注明团号、人数、航班（车次）、用票时间、票别、票量，并由经手人签字。如遇变更，及时通知票务人员。

五、选派地陪

（一）地陪的概念及主要工作

地方陪同导游人员简称地陪，是指受接待旅行社委派，代表接待社实施接待计划，为旅游者提供当地旅游活动安排、讲解、翻译等服务的工作人员。

导游是旅游活动的直接执行者，地陪导游是旅游目的地的导游，所以也是团队计划的最主要执行者，主要负责以下工作。

（1）安排旅游活动。

（2）做好接待工作。

（3）负责导游讲解。

（4）维护游客安全。

（5）妥善处理旅游过程中发生的各种问题。

（二）地接计调选派地陪的注意事项

接待计划制订好以后，应根据旅游者的国籍、年龄、特殊要求等来精心配备合适的导游人员，若选择不当，则可能造成接待中的失误。

（1）必须选派已取得导游证的正式导游。这里的导游人员，是指依照《导游人员管理条例》规定取得导游证，接受旅行社委派，为旅游者提供向导、讲解及相关旅游服务的人员。

（2）必须掌握导游人员的基本情况。包括带团年限、证书编号、外语语种、导游等级、投诉及表扬记录、仪容仪表、身体健康状况、个性品质等，选拔语种对口、等级高、无不良投诉的优秀导游来带团。

（3）必须考查导游人员的业务技能，择优选用。要考查的技能包括导游的知识储备、敬业精神、服务意识、服务技能、语言能力、应变能力等，择优选用是导游服务质量的基本保证。如果接待学术团，应选择在相关领域有一定知识、经验丰富的导游人员，这样可使导游人员与旅游者有更多相同的话题，让旅游者在旅游过程中更轻松、愉快。对一些重点团队，旅行社更不能掉以轻心，一定要选派接待经验丰富的导游；对特别重要的团队，除了选派优秀导游外，旅行社各级主管还可直接参与接待。针对不同的对象，适当地挑选接待人员，有利于为旅游者提供更好的服务。

（三）地接计调向地陪提供的资料

团队计划落实妥当后，计调人员应做好如下工作并保存相应的移送交接记录。

1. 将如下信息如实告知地陪，并提供相应的书面资料

（1）团队计划落实情况，如团队行程。

（2）团队名单（包括联络方式）。

（3）旅游者的特殊要求。

2. 向地陪移交的资料

（1）导游旗、扩音器。

（2）门票。

（3）接团过程中需使用的有关表格，如导游接待通知书、导游委派单、餐饮结算单、游客意见反馈表及导游图等。

（4）团队的其他相关资料。

六、团队跟踪的管理

团队跟踪是旅行社接团工作管理中最重要的部分，由于导游人员独自在外带团，流动作业，接待部门往往很难对接团质量加以有效控制，而一些问题与事故的发生也往往产生于这一阶段。所以团队跟踪的管理是整个接团管理中最困难的一部分，旅行社接待部门应重视加强对这一阶段的管理，其主要内容如下。

（一）建立请示汇报制度，抽查或检查接团工作落实情况

接团工作独立性强，后勤人员特别是导游人员应具有较高的独立工作能力与应变能力。接团人员尤其是对业务不够熟悉的新导游在遇到计划变更和发生事故等情况时，要及时向旅行社请示汇报，以便使问题得到及时、正确的处理。旅行社要制定合适的请示汇报制度，既给接待人员一定的权力，保证工作及时完成，又要有一定的限制，以免由于个人能力所限造成的处理不当。

（二）抽查监督接团计划的落实情况

旅行社管理人员还可以随时与接团人员或者相关商场、饭店联系，了解、检查接团工作的进展，保证服务质量。还可以亲自到旅游景点或饭店等地检查导游人员接团情况，向旅游者了解接团质量与计划的安排，获取各种反馈信息。这种方法可直接、快速地了解接团计划的落实情况并有利于改进接团服务质量。对于准备工作中出现的问题或某些不合理的安排应及时予以纠正，若有困难应及时帮助解决。特别对重点团队及新手制订的计划要更为注意，以改进不足之处；及时落实房、餐等预订；同时还要对准备工作做得不充分及经验不足的导游人员进行督促与指导，以利于接团工作的顺利进行。

（三）及时处理出现的问题和事故

接团过程中，由于种种原因，常会出现一些责任性或非责任性事故，如漏接、错接、误机、旅游者丢失证件或财物、走失或患病死亡等。旅行社一方面要制定标准化服务规定，避免事故发生；另一方面，事故发生后要帮助导游人员处理这些问题，涉及计划变更，旅行社要做好退订、办理分离签证等手续，并及时通知下一站接待社，以维护旅游者利益，尽可能地减少损失。

【知识链接】

旅行社服务质量跟踪监督管理制度（江西省）

第一条 为了规范旅行社服务，保障旅游者、导游员及旅行社的合法权益，促进旅游业的健康发展，结合本省实际，制定本制度。

第二条 本制度适用于经营活动及导游服务质量的监督管理。

第三条 导游员委派管理制度。

一、导游员进行导游活动必须经旅行社委派

导游员执行本旅行社的旅游接待任务时，由该旅行社执行委派。导游员被借调担任其他旅行社导游时，必须经所属旅行社批准，由用人旅行社执行委派。社会导游执行旅游接待任务时，由用人旅行社执行委派。

二、导游员委派管理

行程单是认定导游员是否由旅行社委派的重要依据。

行程单一式三联，旅行社、导游员、游客各一联，其中，导游联应当在导游员执行旅游接待任务时携带备查。旅游接待任务完成后，导游员应向旅行社交还导游联，与旅行社联、该旅游接待任务的其他相关数据一并存盘备查。

第四条 旅游合同行程管理制度。

一、行程安排是旅游合同的法定必备事项

旅行社应当把行程单作为旅游合同附件与合同一并提交旅游者。

二、旅游合同行程管理

（一）生成行程单。

旅行社按照执行委派程序生成行程单。行程单编号应写入旅游合同。

（二）行程单的合同效力。

行程单是旅游合同的附件，与合同正文具有同等法律效力。

行程单中游客联应在旅行社与游客签订旅游合同时作为合同附件提供给游客，或于法律规定、旅游合同中约定的免责解除合同期限届满前提供给游客。

（三）导游员必须严格按照行程单安排旅游者的旅游活动，不得擅自变更行程安排。

（四）行程变更

旅行社及其委派的导游、领队人员不得擅自改变旅游合同行程。

如在旅行过程中发生不可抗力或者非旅行社责任造成的意外情形导致行程不得不进行变更时，旅行社应采用能够明确双方权利、义务及责任的书面文件与游客进行确认。

如遇游客自愿、主动提出变更行程(包括但不限于增减有偿服务项目、增减游览时间、增减购物次数等)，旅行社也应与游客签订能够明确双方权利、义务及责任的书面文件后方可进行变更。

第五条 游客意见反馈制度。

一、游客反馈意见是旅游服务质量监督的重要环节，也是认定旅游服务质量、划分游客与旅行社责任的重要依据。旅行社应主动收集游客反馈意见。

二、游客意见反馈流程

(一) 反馈载体

江西省旅游局统一印制《江西省旅游团队服务质量调查表》供旅行社向游客发放并收集反馈意见，各旅行社在其所在地的旅游质量监督管理所领取。

旅行社也可以自行印制包含《江西省旅游团队服务质量调查表》中全部内容的书面文件供游客填写。

(二) 发放要求

1. 旅行社组织团队或散客旅游业务或接受其他旅行社委托的旅游业务，均应向游客发放《江西省旅游团队服务质量调查表》或包含该表全部内容的意见反馈表。

2. 旅行社接待旅游团队时，10 人以下团队全团发放，10 人以上 (含 10 人) 按全团人数的 50%发放。由该团导游员具体执行。

3. 导游员在发放时应向游客准确说明该表各项内容，指导游客如实填写，并确保所有信息填写完整。

4. 导游应收回全部已发放监督表，不得涂改或销毁，并存入团队档案。

第六条 旅游质量监督检查制度。

一、旅行社及其分社应当接受旅游行政管理部门对其旅游合同、服务质量、旅游安全、财务账簿等情况的监督检查

二、检查主体

各级旅游质量监督管理所依照各级旅游局的授权具体实施监督检查。

三、检查类别

旅游行政管理部门对旅行社的检查包括日常检查、专项检查、个案检查和年度检查。

(一) 日常检查是指各级旅游质量监督管理所对旅游市场秩序、旅行社、导游服务等相关检查内容进行的经常性、随机性的不定期检查。

(二) 专项检查是指各级旅游质量监督管理所根据工作需要，集中一段时间和特定人员，对某一专题开展检查。

(三) 个案检查是指根据重大投诉案例，针对某一类旅游质量问题，对被投诉对象开展检查。

(四) 年度检查是指每年年末各级旅游质量监督管理所对辖区内旅行社实行的全面

业务检查，了解本年度内旅行社的规范经营情况、质量管理情况、人员管理情况等。

四、检查方式

（一）现场检查：各级旅游质量监督管理所派执法人员前往景点、旅行社经营场所等工作现场，对旅行社经营情况、旅游市场秩序、导游服务质量及持证情况、政策法规执行情况等相关内容开展实地检查。

（二）资料检查：旅行社应当按照《旅行社条例》等相关法律法规的规定，应旅游行政管理部门的要求提供有关报表、文件和数据，

（三）随团暗访：由江西省旅游局指定的相关处室负责选聘业内人士、行风监督人员、外省旅游质监同行等作为暗访人员，以旅游者的身份参加本省旅行社组织的旅游团队，对旅行社经营行为及导游服务质量进行随团暗访。

五、检查内容

（一）《江西省诚信旅游服务管理系统》使用情况：

（二）《江西省旅行社导游委派及行程安排单》执行情况；

（三）《江西省旅游团队服务质量调查表》发放、使用、回收情况以及旅行社自行印制的意见反馈文件是否已包含《江西省旅游团队服务质量调查表》中全部内容；

（四）旅行社服务质量自我监督管理（售后服务）情况；

（五）导游人员持证情况；

（六）导游人员服务、讲解情况；

（七）是否具备团队召集标识；

（八）旅游市场秩序和旅行社日常经营情况；

（九）旅游团队档案管理情况；

（十）其他需要依法检查的内容。

六、检查要求

（一）各级旅游质量监督管理所全年开展旅游市场现场监督检查不得少于50天，对所辖旅行社的经营管理情况应进行两次以上的现场检查。

（二）检查人员执行旅游质量监督检查任务时，应出示《行政执法许可证》；对旅行社、旅游团队进行检查时，应认真填写《江西省旅行社检查登记表》或《江西省旅游团队市场检查登记表》。

《江西省旅行社检查登记表》或《江西省旅游团队市场检查登记表》均应有两名以上持有《行政执法许可证》的检查人员签名或盖章。

（三）被检查的旅行社或旅游团队导游员，要主动配合接受检查并在《江西省旅行社检查登记表》或《江西省旅游团队市场检查登记表》上签名。

七、检查信息公示

各级旅游质量监督管理所应在每季度最后一个月的25日之前向江西省旅游质

量监督管理所提交本季度市场检查情况综述，于检查当天向省旅游质量监督管理所提交本次检查中导游违规扣分、导游证暂扣待查等情况，江西省旅游质量监督管理所负责将以上信息在江西省旅游信息网上公示。

第七条　法律责任

旅行社及导游员有下列情形之一的，适用《旅行社条例》《导游员管理条例》《中国公民出国旅游管理办法》《旅行社条例实施细则》及《江西省旅游条例》等相关法律法规进行处罚。

1. 旅行社未设专人妥善保管使用基本账户及密码，导致他人冒用该旅行社名义办理旅游业务的，视为准许或默许其他企业、团体或者个人以自己的名义从事旅行社业务经营活动。

2. 旅行社未按要求填报生成行程单且无法证明其旅游合同和附件中已具备全部法定必备内容的。

3. 导游员在执行导游任务时未携带《江西省旅行社导游委派及行程安排单》且事后无法证明其确系旅行社委派的。

4. 旅行社未按要求将《江西省旅行社导游委派及行程安排单》作为旅游合同附件提交给旅游者或未提供符合法律规定的行程安排的。

5. 旅行社或导游员伪造、变造《江西省旅行社导游委派及行程安排单》及其他擅自更改伪造旅游行程的行为。

6. 导游员未经所属旅行社批准，为其他旅行社带团。

7. 导游员完成导游任务后，旅行社未按要求将《江西省旅行社导游委派及行程安排单》存档备查的。

8. 旅行社接待团队时，未按规定如数发放《江西省旅游团队服务质量调查表》或其他符合要求的意见反馈表的。

9. 旅行社自行印制的意见反馈表不符合规定要求的。

10. 旅行社未收回或未按规定收回《江西省旅游团队服务质量调查表》或其他符合要求的意见反馈表的。

11. 导游员授意他人不按实际情况填写《江西省旅游团队服务质量调查表》或其他符合要求的意见反馈表的。

12. 旅行社未按规定将《江西省旅游团队服务质量调查表》或其他符合要求的意见反馈表存入团队档案的。

13. 《旅行社条例》《导游员管理条例》《中国公民出国旅游管理办法》《旅行社条例实施细则》及《江西省旅游条例》等相关法律法规规定的其他违法行为。

第八条　本制度的解释权归江西省海外旅游总公司。本制度发布之前，江西省海外旅游总公司发布的相关旅行社服务质量监督制度与本制度有冲突的，依本制度执行。

任务七　团队后续工作

任务导入

导游小王顺利送走来自山东的客人后，整理出团期间的各种票据，来到旅行社找计调李姐签字报账。想一想，旅游行程结束后，计调还需完成哪些工作？

任务解析

团队操作的后续工作是计调工作的收尾工作，如果本项工作出现纰漏，计调前面所有努力将前功尽弃。通过本项任务的学习，学生应掌握团队后续工作的处理方法和管理。

相关知识

一、团队后续工作事项

（一）处理遗留问题

旅游行程结束后，地接计调应协助地陪处理好旅游团的遗留问题，按有关规定办理好旅游者临行前托办的事情。

（二）结账、归还物品

地接计调应协助地陪按旅行社的要求在规定时间内到财务部结清账目，到内勤部归还有关资料、单据和物品。

（三）总结工作

认真做好陪团小结，实事求是地汇报接团情况。如果旅游中发生重大事故，要整理成书面材料，向旅行社领导汇报，对旅游团的有关资料进行整理归档。

二、团队后续工作的管理

后续工作的管理主要是对接团的经验和教训加以总结，以提高工作效率与服务水平。

（一）建立健全接团总结制度

为了提高今后的服务质量，旅行社应建立完善的接团总结制度。如要求导游人员写出接团工作汇报，内容包括团队基本情况、旅游者特点及表现、接团中发生问题的原因及处理、工作中的收获与经验教训、留有什么有待解决的问题等。发生重大事故，要将有关事故的全部调查材料及善后处理措施、意见等整理成文、归档，以备查询。接团管理人员还可以对陪同日志和接待记录表进行抽查，及时了解接待情况，以便发现问题，采取补救措施。

（二）及时收集反馈信息

旅行社可分发给导游人员“游客意见反馈表”，请游客填写，收集游客对接待服务中食、宿、行、游等活动的意见和建议，了解旅游者对服务质量的直接感受及旅游需求，对旅行社制订的计划及服务水平加以改进。

（三）处理旅游者的表扬与投诉

表扬是旅游者对接待人员工作的肯定，旅行社可以对优秀接待人员及其事迹进行宣扬，在工作人员中树立榜样，促进人员素质的提高。投诉则是游客表示对服务质量的不满，正确处理投诉不仅可以补救工作失误，取得游客谅解，而且可以教育工作人员。对犯有严重错误的导游人员，旅行社还要做出必要的处罚。

三、对游客投诉的处理

在日常的旅游服务过程中难免有不足之处，被游客投诉不可避免。面对投诉有些人从容不迫，应对自如；有些人却无所适从，不知所措。投诉处理是一项集心理学、社交技巧于一体并体现服务人员道德修养、业务水平、工作能力等综合素养，给投诉者所提问题予以妥善解决或圆满解答的工作。

（一）处理游客投诉的基本原则

1. 服务人员处理投诉的原则

（1）倾听。

（2）站在游客的立场上看问题。

（3）分析游客投诉原因。

（4）采取行动解决游客问题。

（5）关切游客需求，全力以赴为游客解决问题。

（6）认真对待向游客的承诺。

（7）请主管或客服人员出面解决问题。

2. 管理人员处理投诉的基本原则

（1）选好地点。

（2）不要打断游客的谈话。

（3）提出解决问题的方案。

（4）不要轻易承诺。

（5）恢复游客的信任。

（6）外部解决方式。

（二）投诉处理的技巧

投诉接待人员要相信大多数游客的投诉都是合情合理的，即使遇到爱挑剔的游客也应本着“游客至上”的宗旨尽可能满足其要求。

1. 耐心倾听

在游客投诉时，接待人员要认真诚恳地倾听对方的意见，切勿打断对方的谈话，更不能与对方发生争吵，在游客发怒宣泄的间隙，要不失时机地道歉。

2. 记录游客投诉的要点

把游客投诉的要点记录下来，这样不但可以使对方讲话的速度放慢，缓和其情绪，还可以使对方确信旅行社对他反映的问题是非常重视的。

3. 保持良好的心态

接待人员一定要保持冷静，游客在发泄时有可能会言语过激，如果和游客针锋相对，势必会恶化彼此关系，当投诉游客讲话声音较高时，接待人员讲话就要柔和；当投诉游客讲话速度较快时，接待人员讲话就要慢一些。在解释问题的过程中，措辞要十分注意，要合情合理，得体大方。即使游客不对，也不要直接指出，尽量用婉转的语言和其沟通，不能争辩，牢记“游客总是对的”，即使对方出言不逊，也应采取容忍的态度，不要露出丝毫的不满和不自然的苦笑。

4. 对投诉游客表示理解

要时时设身处地站在游客的立场考虑分析问题，对其感受要表示理解，用适当的语言去安慰他。对于解决投诉的方案要及时告诉游客，最好让他自己选择解决投诉的方法。要充分估计解决问题所需的时间，最好能告诉游客具体时间，不含糊其词。当游客完全同意你所要采取的改进措施时，就要立即行动，一定不要拖延时间，耽误时间只会进一步引起对方的不满，此时时间和效率就是对游客最大的尊重，也是游客最大的需求，否则就是对其的漠视。

5. 以诚恳的态度向游客道歉

游客投诉，无论其动机如何，客观效果都有利于旅行社的工作。要尊重他们的意见并表示歉意，这样游客会觉得他的投诉得到了重视，满足了其自尊心。要勇于承担责任，对游客提出的问题不推卸责任，以诚恳的态度向其道歉。

6. 要落实检查解决投诉的具体措施进展状况

要确保改进措施的落实．使服务水准及设施处在最佳状态。可电话询问游客投诉的问题是否已经解决及其是否满意等。

（三）投诉处理的误区

（1）立刻与游客摆道理。

（2）急于得出结论。

（3）一味地道歉。
（4）告诉游客："这是常有的事。"
（5）言行不一，缺乏诚意。
（6）吹毛求疵，责难游客。
（7）"这种问题连小孩子都会。"
（8）"你要知道，一分钱，一分货。"
（9）"绝对不可能发生这种事。"
（10）"你要去问别人，这不是我们的事。"
（11）"我不知道，不清楚。"
（12）"公司的规定就是这样的。"
（13）"这种问题我们见得多了。"

【知识链接】

接团业务管理技巧

（一）客户来电接待技巧

1. 接待要求

语言清晰、言简意赅、语气和蔼、态度热情。

2. 接待客户来电的四大要素

（1）答。解答客户来电询问的旅游线路价格及行程问题。

（2）问。问清其需求线路、团队人数、联系人、电话、具体出行时间，按照问询单问询客户。

（3）讲。讲述该线路的特征和突出卖点，强调自身的服务优势，如住宿等级、导游水平、企业实力等。

（4）记。记录上述所问及事项，认真填写接待登记表，特别注明进度情况，与组团社确定产品内容、来团日期、接团时间、地点、人数、男女比例、有无儿童、有无特殊要求、返程方式等。

（二）产品报价计巧

1. 首次报价

要做好不同地区组团社的报价，应一团一议，还应为客户进行第二次价格谈判。

2. 客户跟踪

向客户报价后，在较短的时间内进行二次跟踪，询问客户情况．争取客户确认，达成合作意向。如果客户要求价格减让，在保住利润的前提下，根据实际情况进行适当的再让利，或者采用赠送礼品等方式进行感情沟通，争取尽快成交。

（三）业务确认技巧

与客户经过几个回合的沟通，如能达成合作意向，可采取传真的方式确认，并填写旅行社团队确认书。包括：价格、行程、时间、人数、住宿标准、餐饮标准、用餐要求、车型、区间交通票、全陪姓名、联系电话等。

（四）接待操作技巧

打印团队计划单，报部门经理处，报财务处借款、取签单资料，报计调处落实各项接待事宜。如遇变更，及时确认。

（五）台账登记技巧

与组团社确认后，将该团队详细信息登记在团队操作台账上，以方便计调工作和日后查对，按最终确认的时间和具体要求打印行程表。

（六）导游出团技巧

长期合作客户，最好安排合作过的导游；第一次合作的客户，一定要安排经验丰富、讲解熟练、接待能力强的导游，为客户提供优质的服务。导游派团时，交代就餐、景点安排及付费方式等。

（七）计调跟团技巧

计调部或客服部应定期与全陪取得联系，询问导游服务的质量及团队的整体情况。特别是旺季，一定要与各接待方二次确认，以防止跑房、不能按时就餐、车辆故障等情况。

（八）质量检查及结账技巧

结束行程时．通过客人填写的导游带团反馈单，了解行程安排是否合理，导游是否优秀，客人有无意见等，以便及时改进和控制。组团社在团队离开时，务必将剩余团款汇出或由全陪支付剩余团款。

（九）领导送团技巧

团队结束后，如果是VIP团或出现失误的团队．可由部门经理以上的管理人员出面送团，显示重视，给对方留下一个很好的印象。

（十）团队报账技巧

团队行程结束后，导游应向计调报账，将其出行前所借的备用金与旅行社结清，在计调处审核无误后，报财务处。

（十一）团队收入核算技巧

根据地陪及财务提供有关费用情况，登记团队成本、利润情况等。一份留给账务记账，一份留给计调处与团队其他资料归档备案。团队行程结束后，企业客服部应该在两天之内通过电话对组团社进行回访，了解对方的满意程度，进一步加强联系，维系老客户。

项目五

出境计调业务

项目概述

本项目主要介绍出境组团计调应掌握的基本知识、主要业务及工作流程。在内容安排上，先介绍了出境组团计调应掌握的基本知识，接着阐述了线路的设计、开发采购、报价等知识，最后详细分析了出境组团计调的操作流程。

任务一　出境计调知识储备

任务导入

2016 年 12 月 2 日，北京某公司组织 21 位职工出境旅游。经过比较，该公司选择了北京甲旅行社组织的“美国十四日游”行程安排，双方签订正式合同，约定 2017 年 1 月 26 日出发。26 日上午 9 时，当 21 位员工到达机场，在该团领队带领下办理出境手续时，领队突然发现由于美国使馆工作人员的失误，把签证的有效期写错，与该旅行团的行程时间不相吻合，而旅行社出境计调人员未能及时发现，致使旅游团无法如期出境。经过紧急协商，客人同意由旅行社重新办理出境手续，整个行程往后顺延 1 天。27 日，员工们持新办的证件顺利出境。旅行社全额承担了重新签证、改变行程等所支出的费用，合计 5 万余元人民币。

在该案例中出境计调是否应该承担责任？应该从中吸取哪些教训？

任务解析

在该案例中出境计调应该承担责任。该团 21 位员工无法如期赴美出境旅游的责任应该由美使馆工作人员、北京 A 旅行社出境组团计调、领队共同承担责任。美使领馆工作人员工作不仔细，把签证的有效期写错了，与该旅行团的行程时间不吻合，应该承担主要责任。出境计调人员工作马虎，没有认真核对签证，及时发现团队签证的错误，最终影响团队出行，使旅行社蒙受不必要的损失，计调也应该承担一定的责任。领队出境前没有仔细发现签证的错误，也应该承担一定的责任。该案例说明证件在出境旅游中很重要，决不能出现任何差错。

相关知识

一、出境旅游的含义

出境旅游是指，组团社组织的以团队旅游的方式，前往中国公布的旅游目的地国家/地区的旅行游览活动。由于我国国情较为特殊，出境旅游由出国旅游、边境旅游和港澳台旅游三部分构成。

（一）出国旅游

就目前来看，出国旅游目的地已经遍布全球，中国公民出境旅游的国家和地区有 140 多个。只要具备出境旅游资质的旅行社，都可以组织中国公民前往。

（二）边境旅游

仅仅针对和我国接壤的国家和地区的旅游，而且旅游区域有特定的限制，旅游目的地并不包括该国家或地区的全境。因此，旅行社组团时必须严格遵守规定，不能把边境旅游演变为全境旅游。

（三）港澳台旅游

我国的出境旅游起源于港澳旅游。1983 年开始办理的香港旅游业务，更多的是广东、福建等地居民赴港的探亲游。目前，只要旅行社具备出境旅游资质，就可以组织游客前往旅游。针对台湾游，国家有专门的规定。

二、出境旅游业务

出境旅游业务是指在我国法律允许的条件下，达到要求的、特批的具有特许经营中国公民自费出国旅游业务的权利的旅行社所开展的跨国境的旅游接待业务。出境旅游业务主要包括以下三方面内容。

第一，出境旅游产品设计。出境旅游产品的设计要求如下：

（1）符合国家法律法规、部门规章、国家或行业标准的要求。

（2）突出线路的主题与特色，适时开发并推出新产品。

（3）优化旅游资源的配置与组合，控制旅游者消费成本。

(4) 充分考虑旅游资源的季节性限制。

(5) 确保旅游目的地及其游览/观光区域的可进入性。

(6) 具有安全保障，正常情况下能确保全面履约，发生意外情况时有应急对策。

(7) 产品多样化，能满足不同消费档次、不同品位的市场需求，符合旅游者愿望。

第二，出境营销服务。具体包括：出境团队计调运作；领队接待服务。

第三，服务质量的监督与改进。

三、出境组团计调需具备的基本知识和技能

出境组团计调除需具备旅行社计调的素质和能力外，由于工作业务的需要还应掌握以下几方面的知识和技能。

(一) 一门以上的外语知识

出境组团计调为了更好地达到语言上的沟通顺畅和操作上的便利，必须熟练掌握一门以上的外语，英语作为国际通用语言是出境组团计调必须要掌握的外语之一。此外，出境组团计调还要对主要旅游目的地国家语言的基本表达方式有所了解，至少能达到简单交流的程度。

(二) 境外法律、法规知识

由于目的地国家的法律、法规与我国有许多不同之处，掌握和了解该国与旅游相关的法律、法规是出境组团计调必备的知识。

(三) 目的地国家宗教与风俗习惯知识

“百里不同风，千里不同俗”，入乡随俗，尊重目的地国家的风俗习惯和宗教信仰，是出境组团计调的工作原则之一。同时，风俗习惯和宗教信仰是世界上不同国家独特的表达一个国家文化特质的重要元素，也是吸引游客的重要旅游资源。掌握目的地国家的风俗习惯、宗教信仰等方面的知识不仅有助于出境组团计调工作的顺利开展，也是设计线路的重要元素。

四、出境旅游所需证件

(一) 出国旅游所需证件——中华人民共和国护照和签证

1. 护照

护照是指主权国家发给本国公民出入境和在国外旅行、居留的证件，以证明其国籍、身份及出国目的。中华人民共和国护照是中华人民共和国公民出入国境和在国外证明国籍和身份的证件。

(1) 护照的类型

在我国护照分为普通护照、外交护照、公务护照。外交护照和公务护照都由外事部

门颁发，普通护照由公安部门颁发。中华人民共和国护照的有效期一般为 10 年，16 岁以下中国公民的护照有效期为 5 年。出境旅游要求护照有效期必须在半年以上，要有明确的目的地和动机，护照上的填写内容一定不能有涂改。

（2）电子护照

为顺应全球护照电子化发展趋势，方便公民出入境，自 2012 年 5 月 15 日起，中国公安部门统一开始向普通公民签发普通电子护照。电子护照在传统本式普通护照中嵌入电子芯片，并在芯片中存储持照人的个人基本资料以及面部肖像、指纹信息。

（3）护照的办理

护照的办理时限为 12 个工作日，收费标准为 200 元/本。在申请护照时，应提供以下材料。

第一，填写完整并贴有本人近期正面免冠彩色照片（规格：48 毫米×33 毫米，白色背景）的《中国公民因私出国申请表》。

第二，交验有效居民身份证、户口簿原件，并提交复印件。

第三，属于登记备案国家工作人员和现役军人的，应当提交本人所属工作单位或者上级主管单位按照人事管理权限审批后出具的同意出境的意见。

第四，申领护照的申请人，未满 16 周岁的申请人需监护人陪同提交申请，并提交其监护人出具的同意出境的意见、监护人的居民身份证或者户口簿、护照及 A4 规格的复印件。

2. 签证

签证是一国主管机关在外国公民所持的护照或其他旅游证件上签注、盖印，表示准其出入本国国境或过境的手续。签证一般做在护照上和护照同时使用。

9 人以上的旅游团可申请办理团体签证。旅游团队要办理落地签证，应该事先经有关国家接待旅行社报该国签证机关同意后才能发团。

（1）签证的种类

根据签证类别可分为外交签证、公务签证和普通签证；根据出入境事由可分为移民签证、非移民签证、留学签证、旅游签证、工作签证、商务签证和家属签证等；根据出入境情况可分为出境签证、入境签证和过境签证等；根据停留次数可分为一次签证、两次签证和多次签证；根据停留期长短可分为长期签证和短期签证。

（2）几种特殊的签证

第一，口岸签证（落地签证）。口岸签证是指在前往国的入境口岸办理签证。一般说来，办理口岸签证，需要邀请人预先在本国向出入境管理部门提出申请，批准后，将批准证明副本寄给出访人员。出访人员凭该证明出境，抵达前往国口岸时获得签证。目前，对外国公民发放口岸签证的国家，主要是西亚、东南亚、中东及大洋洲的部分国家。

持中华人民共和国普通护照出国落地签的国家/地区：巴林、孟加拉、柬埔寨、古巴、厄立特里亚、埃塞俄比亚、格鲁吉亚、印度尼西亚、约旦、哈萨克斯坦、肯尼亚、科威特、老挝、黎巴嫩、利比里亚、立陶宛、马达加斯加、马拉维、马来西亚、莫桑比克、巴基斯坦、帕劳群岛、卡塔尔、圣多美和普林西比、坦匝马、泰国、帝摩尔莱斯塔、乌干达等。

第二，互免签证。互免签证是随着国际关系和各国旅游事业的不断发展，为便利各国公民之间的友好往来而发展起来的，是根据两国间外交部签署的协议，双方公民持有效的本国护照可自由出入对方的国境，而不必办理签证。互免签证有全部互免和部分互免之分。

持中华人民共和国普通护照出国免签的国家/地区：安道尔、多米尼加、马尔代夫、毛里求斯、麦克罗尼西亚、尼泊尔、萨摩亚、塞舌尔、所罗门群岛、斯里兰卡、叙利亚、特科斯和开科斯、图瓦卢、瓦纽图、埃及、俄罗斯等。

第三，过境签证。当一国公民在国际旅行，除直接到达目的地外，往往要途经一两个国家才能最终进入目的地国境。这时不仅需要取得前往国家的入境许可，而且还必须取得途经国家的过境许可，这就称为过境签证。

关于过境签证的规定，各国不尽相同。不少国家规定，凡取道该国进入第三国的外国人，不论停留时间长短，一律需要办理签证。

按照国际惯例，如无特殊限制，一国公民只要持有有效护照、前往国入境签证或联程机票，途经国家均应发给过境签证。

第四，另纸签证。另纸签证是签证的一种形式。它和一般签注在护照上的签证具有同样的作用。所不同的是在护照以外单独签注在一张专用纸上，但必须和护照同时使用。

签证一般都签注在护照上，也有的签注在代替护照的其他旅行证件上，有的还颁发另纸签证。如美国和加拿大的移民签证是一张 A4 大的纸张，新加坡对外国人也发一种另纸签证，签证一般须与护照同时使用，方有效力。

第五，ADS 签证。ADS 签证的中文解释是“被批准的旅游目的地国家”。加注 ADS 签证后仅限于在被批准的旅游目的地国家旅游。此签证在目的地国家境内不可签转，不可延期。持有这种签证的人必须团进团出。

持中国因私护照的申请者通过由中华人民共和国国家旅游管理部门（中国国家旅游局）认可的旅行社申请签证，被认可的旅行社可为参团旅行者申请签证。

第六，676 签证。676 签证是个人旅游签证，即客人以个人名义送交使馆的签证，拒签率很高。有些是去往签署了《旅游目的地国地位谅解备忘录》的国家，有些是前往没有签署《旅游目的地国地位谅解备忘录》的国家。

第七，申根签证。1985 年 6 月 24 日，法国、德国、荷兰、比利时和卢森堡 5 国在卢森堡边境小镇申根签订申根协定。该协定规定，其成员国对短期逗留者颁发统一格式的签证，即申根签证。申请人一旦获得某个国家的签证，便可在签证有效期和停留期内在所有申根成员国内自由旅行，但从第二国开始，需在 3 天内到当地有关部门申报。

截至 2008 年年底，申根的成员国增加到 25 个：奥地利、比利时、丹麦、芬兰、法国、德国、冰岛、意大利、希腊、卢森堡、荷兰、挪威、葡萄牙、西班牙、瑞典、匈牙利、捷克、斯洛伐克、斯洛文尼亚、波兰、爱沙尼亚、拉脱维亚、立陶宛、瑞士和马耳他。

申根签证分为入境和过境两类。入境签证有一次入境和多次入境两种。签证持有者分别可一次连续停留 90 天或每半年多次累计不超过 3 个月。如需长期停留，可向某一成员国申请只在该国使用的国别签证；过境签证指过境前往协定国以外国家的签证，一般有一次、两次两种，特殊情况下可颁发多次过境签。每次过境时间一般为 3 天，最长为 5 天。

（3）签证的程序

同中国已建交的国家中，大部分都已在中国建立了大使馆或领事馆。大使馆设在首都北京，总领事馆设在经济发达和人口较多的城市，如上海、广州、沈阳、成都等，一些尚未建立使领馆的国家，或在香港设有领事馆，或会委托其他办事处代办签证事务。中国公民申办外国签证的程序如下。

第一步：递交有效期在半年以上的护照；第二步：交验与申请事由相适应的各种文件（每个国家要求不一样）；第三步：填写外国签证申请表格，同时交付本人照片；第四步：同前往国驻华大使馆或领事馆官员会见（有些国家不要求会见）；第五步：大使馆或领事馆将填妥的各种签证申请表格和必要的证明材料，呈报本国内务部门审查批准（有少数国家的使领馆有权直接发给签证，但仍需转报国内备案）；第六步：前往国家的主管部门进行必要的审查后，将审批意见通知驻华使领馆；第七步：申请者向有关国家的驻华使领馆缴纳签证费用，也有些国家根据互免签证费协议，不收费。

（二）边境游所需证件——边防通行证

在中国的出境旅游范围内，除了到国外的内地旅游之外，还有一个地方就是外国的边境地区，即在位于两国的边境或者两国的交界地区旅游。如中朝、中越、中缅、中俄等地区。为了方便边境旅游，中国政府实行了边防通行证制度，即边防通行证，简称“通行证”。

（三）港澳游所需证件

1. 港澳通行证

内地居民因私往来香港或澳门特别行政区旅游、探亲，从事商务、培训、就业等非公务活动，向户口所在地的市、县公安出入境管理部门提出申请。凭公安出入境管理部门签发的往来港澳通行证及有效签注前往。

2. 签注

内地居民前往港澳地区，需申请办理签注，自 2008 年 9 月 1 日起，赴澳门另需办签注。赴港澳签注种类如下：

往来港澳签注分为6个种类，即探亲（T）、商务（S）、团队旅游（L）、个人旅游（G）、其他（Q）、逗留（D），根据申请事由分类签发。

赴港澳个人游签发“G”字头个人旅游签注，赴港澳团体旅游签发“L”签注，必须由旅行社根据旅游线路来安排在香港或澳门停留的时间，要“随团进出”。

深圳居民从2009年4月1日起开始办理一年内多次往返港澳的通行证，从2009年5月1日起，外省的人员可以在深圳办理港澳通行证。

3. 港澳通行证和签注的办理

第一，填写完整并贴有本人近期正面免冠彩色照片的《内地居民往来港澳地区申请审批表》。

第二，交验有效居民身份证、户口簿原件，并提交复印件。

第三，申请个人旅游签注的，免交其他材料，可申请3个月一次、3个月两次、1年一次和1年两次签注，每次在香港或者澳门逗留不超过7天。

第四，办理时限。申请往来港澳通行证及签注的，12个工作日内办结，再次申请签注的，5个工作日内办结，自助受理签注的，2个工作日内办结。团队旅游办理L签注；个人旅游办理G签注。

第五，收费标准。往来港澳通行证100元/证；一次有效签注20元/件；二次有效签注40元/件。

（四）赴台游证件——大陆居民往来台湾通行证和入台证

通行证需要申请人本人前往户籍所在地的市、县公安机关出入境管理部门办理。

入台证台湾方面办理至少需要5天，具体办理过程是由大陆批准的具备组织赴台游组团资质的旅行社通过台湾地区的接待社来完成，过程较为复杂，一次赴台旅游的大陆居民，在成行前必须留有足够的时间。两证齐全才可以顺利进入台湾旅游观光。

1. 大陆居民往来台湾通行证的办理

第一，填写《大陆居民往来台湾地区申请审批表》。

第二，本市居民交验有效居民身份证、户口簿原件，并提交复印件。

第三，除登记备案国家工作人员须按干部管理权限出具单位意见外，其他人员免交工作单位或公安派出所意见。

第四，申请往来台湾通行证及签注，申请人须亲自到场提交申请。

第五，办理时限。首次申请往来台湾通行证及签注的，12个工作日内办结，再次申请签注的，5个工作日内办结。团队旅游办理L签注；个人旅游办理G签注。

第六，收费标准。往来台湾通行证30元/证；证件加注20元/件；一次有效签注20元/件；多次有效签注100元/件。

2. 办理入台证需提供的资料

第一，台湾通行证。有效期在6个月以上的大陆居民往来台湾通行证（简称通行证）照片页和有效 G 签注页的彩色扫描件。

第二，自由行申请表格。

第三，身份证明。

第四，紧急联络人的身份证明及资料表

第五，财力证明。可以在以下三项中任选一项：

其一，银行开具人民币 5 万元的存款证明扫描件（存款期需要存过一个月）。

其二，银行出具的信用卡正反面扫描件，反面必须要有签名。

其三，收入证明，年收入必须在 12.5 万元人民币以上，用带有公司抬头、单位名称、地址电话的公司便签开具，且有经办人手写签名加盖公司公章（一定要清楚）。

第六，照片。本人两寸白底彩色照片 2 张（一年近照，要求露双耳五官）。

五、各国出入海关基本常识

（一）熟悉入关携带个人自用物品的规定

对于个人自用的生活用品，欧美国家一般没有限制，都准予入境。其中对于入境旅客所携带的美元或其他外币（包括旅行支票），一般都准予入境，但旅客应如实申报。在进入某国口岸之前，国际航班的乘务人员一般会发给每位旅客一份入境时通关用的海关申报单。旅客应如实申报，包括随身携带的外汇及支票。西方各国对外汇入境一般不予限制，但要如实申报。对于入境携带的礼品，超过一定限额的，海关要收税。比如到美国，礼品价值超过 50 美元即要收税。

（二）明确各国禁止入境的物品

世界各国海关一般都严禁鸦片、海洛因、大麻等致瘾、致幻物品及其原料的入境；大部分国家，特别是世界保护野生动物组织的参加国对于动物制品，比如象牙制品、毛皮制品等，都有不同程度的限制。

美国等西方各国海关禁止从象牙产地国进口象牙或象牙制品，也禁止进口虎、豹等濒危动物的毛、皮、骨制品等。

美国、英国、日本等国禁止旅客入境时携带新鲜的水果、蔬菜或未经处理过的肉类。

西亚的阿拉伯、伊斯兰国家对于有违伊斯兰教的书刊及其他印刷品、音像制品有较严格的进口限制。

以色列对于反犹太教和损毁犹太民族感情的物品、印刷品等物品有严格的限制。

（三）各国出入境手续

1. 边防检查

边防检查是指对出入国境人员的护照、证件、签证、出入境登记卡、出入境人员携带的行李物品和财物、交通运输工具及其运载的货物等的检查和监护，以及对出入国境上下交通运输工具的人员的管理和违反规章行为的处理等。

2. 海关检查

海关检查一般询问是否有需申报的物品，或填写旅客携带物品入出境申报单，必要时海关有权开箱检查所携带物品。海关通道分为“红色通道”和“绿色通道”两种。

第一，红色通道。红色通道亦称“应税通道”。

第二，绿色通道。绿色通道亦称“免税通道”或“无申报通道”。携带无须向海关申报物品的游客和持有外交签证或礼遇签证的人员，可选择“绿色通道”通关，但需向海关出示本人证件和按规定填写申报单据。

3. 安全检查

第一，行李物品检查。

第二，旅客证件检查。

第三，手提行李物品检查。

第四，旅客身体检查。

4. 卫生检疫

要求入境者如实填写健康申明卡，具有传染病的人员还须出示有效的有关疾病预防接种证明（俗称“黄皮”书），无证者卫生检疫机关可对其施以 6 日的强制留验。如遇传然病患者隐瞒不报，按逃避检疫论处，可禁止入境或责令其提前离境。

我国依照《国境卫生检疫法》设立了国境卫生检疫机关，在入出境口岸依法对包括旅游者在内的有关人员及其携带的动植物和交通运输工具等进行传染病检疫，检测和卫生监督；只有经过检疫，由国境卫生检疫机关许可，才能入出境。

六、其他知识

（一）各国汇率和货币知识

1. 汇率

汇率就是人民币与美元或其他国家（或地区）主要流通货币之间不断变化而产生的比率。出境计调要学会利用汇率来扩大旅行社的利润。

目前，全世界有 150 多个国家，其中大约有 30 种货币属于交易活跃的货币。单以这 30 种货币来说，每一种货币对其他货币一共有 29 种汇率，就会有 435 种不同汇率。汇率的确定方法随国际货币制度的变化而不断变化。

2. 货币符号

货币符号是一种常被用来作为货币名称的图像速记符号，表 5-1 所示为部分国家的货币符号。发行货币是一个国家主权的一部分，一般每个主权国家都有自己的货币。例如，人民币的表示符号是“￥”，但为了区别货币符号同样是“￥”的日元，人民币的符号可写为“RMB￥”。

表 5-1 部分国家货币符号

国家	货币名称（中文）	货币名称（英文）	标准符号
中国香港	港元	HongKong Dollar	HKD
中国澳门	澳门元	Macao Pataca	MOP
中国台湾	新台币	New Taiwan Dollar	TWD
中国	人民币元	Renminbi Yuan	CNY
韩国	韩元	South Korean Won	KRW
日本	日元	Japanese Yen	JPY
马来西亚	马元	Malaysian Dollar	MYR
新加坡	新加坡元	Singapore Dollar	SGD
泰国	泰铢	Thai Baht（Thai Tical）	THB
欧洲货币联盟	欧元	Euro	EUR
俄罗斯	卢布	Russian Ruble（Bouble）	SUR
瑞士	瑞士法郎	Swiss Franc	CHF
英国	英镑	Pornd（Sterling）	GBP
加拿大	加元	Canadian Dolla	CAD
美国	美元	U. S. Dollar	USD
澳大利亚	澳大利亚元	Australian Dollar	AUD
新西兰	新西兰元	New Zealand Dollar	NZD

（二）地图知识

出境计调要掌握目的地国家地图知识，掌握本社经营线路所覆盖地区行政区划图、交通图、旅游景点导游图。

第一，在给客人制作旅游行程时要学会使用政区图和交通类地图，便于了解各个景点之间的空间位置和方位，使制定的行程更加合理。

第二，在给客人介绍游览线路时，要学会使用线路图，使客人对整个旅游活动的走向有一个清楚的认识。

第三，在给游客介绍旅游景点时，使用景区导游图，便于客人能知道该景区景点的分布情况。

（三）时区知识

为了克服时间上的混乱，1884 年在华盛顿召开的一次国际经度会议上，规定将全球划分为 24 个时区，它们是中时区（零时区）、东 1~12 区，西 1~12 区。每个时区横跨经度 15°，时间正好是 1 小时。最后的东、西第 12 区各跨经度 7. 5°，以东、西经 180°为界。

每个时区的中央经线上的时间就是这个时区内统一采用的时间，称为区时，并且规定相邻区域的时间相差 1 小时。出国旅行的人，必须随时调整自己的手表，才能和当地时间相一致。凡向西走，每过一个时区，就要把表拨慢 1 小时；凡向东走，每过一个时区，就要把表拨快1小时，并且规定英国格林尼治天文台为本初子午线，即零时（24时）经线。

（四）旅游资源和景区知识

出境计调应该十分熟悉目的地国家主要的旅游资源的基本情况。如该国有哪些自然旅游资源，有哪些人文旅游资源，它们的分布情况怎样，各个旅游景区之间的距离有多远，主要旅游景区的特色是什么，游客喜欢国外的哪些景区，每个景区游览时间大约需要几个小时，门票是多少，有哪些优惠政策，等等。出境计调只有熟悉了这些旅游资源的基本情况，才能设计出游客满意的旅游线路。

任务二　出境旅游线路的开发与报价

任务导入

2017年3月5日，成都某国际旅行社出境计调李明接到成都某公司刘强的电话，称他是该公司负责人，该公司有17人准备去美国旅游10天。请该旅行社给他们设计一条美国10日游的旅游线路，要求独立成团，并给一个报价。计调李明经过多次与刘强协商，为他们设计好了美国西海岸+夏威夷10日游行程，在双方确认行程之后，出境计调李明就开始向美国地接社询价、向国际航空公司询问机票折扣，在确认境外地接价和机票折扣后，李明马上向刘强报价2.38万元/人，费用包含签证费、机票费、境外接待费等，至于小费问题双方都没有提出。刘强认同此价格，约定3月15日到旅行社签订出境旅游合同并交付全部团款。

当3月15日刘强来签合同时，李明才告诉刘强报价中没有含小费，要求每位游客要多交10天的小费（即小费11美元/人/天 * 10天=110美元/人），这时刘强等人拒绝再缴纳小费，他们认为报价2.38万元就包含了小费，不管李明怎样解释，刘强始终认为成都某国际旅行社和计调人员李明没有信誉，报价有欺诈行为，于是放弃了在这家旅行社报团。

出境计调李明在给游客刘强等人报价中存在哪些问题？今后应该吸取哪些教训？

任务解析

出境游报价包含的项目比较多，出境计调在给游客报价时一定要向游客详细说明报价包含的项目有哪些，不含的项目是哪些，有哪些自费项目，自费项目的价格是多少，一定要让游客有一个详细的了解，否则就会因为费用问题产生不必要的纠纷，导致游客的流失。

李明在给刘强等人报价时没有详细说明报价包含的主要项目、不含的主要项目。特别是对是否包含小费双方都没有提及，李明认为不含小费是行规，刘强等人认为报价中包含了10天的小费。于是大家对小费就产生了分歧，导致游客放弃了这家旅行社。

相关知识

一、出境旅游产品设计

出境旅游产品设计，是旅行社在了解我国旅游新政策以及市场调研的基础上，根据旅游客源地游客对旅游目的地、出境旅游线路以及无形服务的需求，结合本旅行社的业务特点、经营实力及旅游目的地国家或地区地接社各种旅游服务的供应情况，综合制作出各种能对旅游者产生较强吸引力的产品。

二、影响旅游产品开发的因素

（一）旅游吸引物

旅游吸引物是旅游者选择目的地的决定性因素，是旅行社产品开发所依托的核心因素，并且直接决定着产品的类型。旅游吸引物主要包括自然吸引物、人文吸引物和社会吸引物。例如，位于法国南部的地中海城市戛纳，号称“蓝色海岸”之畔，每年吸引着无数度假旅游者前往旅游。除了优良的自然环境外，每年5月份在这里举行的“戛纳电影节”被誉为“电影界的奥运会”，它颁发的金棕榈大奖被公认为电影界最高荣誉之一，届时世界各国几万名电影界人士、记者都聚集于此。这些旅游吸引物使戛纳成了南欧三大游览中心地之一。

（二）旅游服务

旅游服务是经营者提供的，能给旅游者带来的一种或一系列有偿的劳务活动。旅游者在购买旅游产品之后，除导游讲解、陪同等服务，还要先享受交通、食宿等其他企业提供的相关服务。如果一个地区拥有高素质的服务人员，无疑可以直接提升旅行社产品的服务质量。

（三）旅游设施

旅游设施是旅游经营者向旅游者提供各种服务所凭借的物质条件，主要包括旅游住宿设施、旅游交通设施、旅游景区景点设施和各项文体活动设施，它们集中体现了旅游目的地的旅游接待能力。旅游设施的数量、质量和规模直接制约着旅行社产品的开发。

（四）可进入性

旅游可进入性是指旅游者进入旅游目的地的难易性、方便性和实效性。由于旅游产品必须到旅游目的地才能消费，因此旅游者能否方便、快捷、安全到达旅游目的地是构成旅行社产品的重要因素。旅游目的地可进入性主要包括条件、通信条件、手续的繁简程度、旅游地的社会条件等。

（五）旅游需求

旅游需求是指旅游消费者在一定时间内和一定价格水平下有意愿并且能够购买旅游产品的数量。旅游需求不仅与人们的消费水平有直接关系，而且也反映出旅游者的消费兴趣。因此，在市场导向的产品开发理念下，旅游需求决定着旅行社产品开发的方向。随着经济水平和生活水平的不断提高，人们的旅游消费欲望与消费能力也不断增强。与传统的单一观光旅游需求相比，目前旅游主体的旅游需求呈现出多样性与丰富性，涉及生态旅游需求、体验旅游需求、健身旅游需求、购物旅游需求、聚会旅游需求、美食旅游需求等多方面。旅游主体需求的多样性与丰富性，扩大了旅游的消费市场，有助于各种形式的旅游产品的开发。

三、出境旅游产品的类型

按照不同的划分标准，旅行社的产品可分为以下几种类型。

（一）按组织方式划分

按照游客的组织方式，旅行社的产品可分为团体旅游产品和散客旅游产品。

1. 团体旅游产品

由10人或10人以上的旅游者组成，旅游者一般按旅行社统一制定的日程路线、交通工具、收费标准等做出抉择后，事先登记，付款后到时成行。优点是日程、线路、所住旅馆、参观节目都按计划进行，收费比单独出游低，尤其是去某些语言有隔阂的地区，团队派有领队，是颇受游客欢迎的。

2. 散客旅游产品

散客旅游产品是由旅游者自行安排旅游行程，零星现付各项旅行费用的旅游产品。散客旅游在付款方式和行程选择等方面比较灵活，自主性较强。

（二）按出游动机划分

根据游客出游动机的不同，旅行社产品可以分为观光旅游产品、休闲度假旅游产品、商务旅游产品和专题旅游产品。

1. 观光旅游产品

观光旅游产品是旅行社最早出现的、最常见的旅游产品。它是指能满足旅游者参观游览旅游目的地自然风光、城市风光、名胜古迹、民俗风情等需求的旅游产品形式。

2. 休闲度假旅游产品

休闲度假旅游产品是为旅游者提供的，在长期工作或劳动之余以休假、疗养等方式来消除疲劳、缓解工作压力、暂时逃避枯燥的工作环境以及惯常生活环境的一类旅游产品。休闲度假旅游通常会表现出以下特点：更强调休闲和消遣；在异地滞留的时间相对较长；重游率高；对当地住宿、餐饮、服务设施和基本设施的要求一般都比观光游客高；消费水平更高等。度假旅游产品有海滨度假、海岛度假等形式。随着休闲时代的到来，休闲度假旅游产品会受到越来越多旅游者的追捧。

3. 商务旅游产品

商务旅游产品是商务旅游者结束了在旅游目的的商务活动和公务活动后，到附近旅游景点参观游览的一种旅游产品。这类旅游产品的游历时间比较短，旅游目的地多集中在一些作为经济或政治中心的大中型城市。商务游客的消费水平较高，对价格的敏感度不强。

4. 专题旅游产品

专题旅游产品是一种发展前景广阔的产品，具有主题众多、特色鲜明的特点。专题旅游产品主要包括农业旅游、工业旅游、探险旅游、美食旅游、康体旅游、考古旅游、科考旅游、自驾车旅游、茶文化旅游、宗教旅游、文化旅游、节庆旅游、购物旅游等，专题旅游产品能满足旅游者个性化、多样化的需求，因而广受青睐。

（三）按消费形式划分

按照旅游者消费形式的不同，可以将旅游产品划分为全包价旅游产品、半包价旅游产品、小包价旅游产品、零包价旅游产品和单项委托服务产品 5 种类型。

1. 全包价旅游产品

全包价旅游产品是我国旅行社产品中最常见的一种形式，是指旅游者在旅游活动开始前就吃、住、行、游、购、娱等旅游服务全部委托给一家旅行社，并一次性预付全部或部分旅游费用，由旅行社根据旅游合同的约定为旅游者安排旅游行程。对于旅游者来说，全包价旅游产品的价格较为优惠，而且由于旅行社提供了全部的旅游服务，途中不用担心各种烦琐的手续。但是全包价旅游意味着旅游者要服从已有的旅游行程，而不得不放弃自己的个性化需求。对旅行社而言，全包价旅游产品的预订周期长，容易操作，并且大批量购买可以降低经营成本。

2. 半包价旅游产品

半包价旅游产品是相对于全包价旅游产品而言的，与全包价旅游产品相比，半包价旅游产品扣除了中餐和晚餐部分。这类产品满足了旅游者在用餐方面的需求，并且降低了旅行社产品的直观价格。

3. 小包价旅游产品

小包价旅游产品又称可选择性旅游产品，旅游者可以根据本人需求有选择地购买全包价旅游产品的几项服务。小包价旅游产品包括可选择部分和非选择部分，非选择部分包括住宿、早餐、机场（车站、码头）至饭店的接送服务和城市间交通费等，这部分费用需要提前支付；可选择部分包括导游服务、正餐、风味餐、文艺节目欣赏、游览参观等，旅游者可根据时间、兴趣、经济情况自由选择，费用可以预付也可以现付。

4. 零包价旅游产品

零包价旅游产品是指旅行社组织旅游者前往和离开旅游目的地，在目的地的活动则由旅游者自行安排。在零包价旅游产品中，旅行社只提供客源地和目的地之间的交通服务和代办签证服务，旅游者可以享受团体折扣的机票价格，并可以随意安排自己在目的地的旅游活动。

5. 单项委托服务产品

单项委托服务是旅行社为游客提供的各种单项计价的服务，旅游者可以选择其中的一项或多项。旅行社提供的主要单项委托服务包括导游服务、城市间交通、代办签证、代订饭店和交通客票等。旅游者可以根据自己的实际需要灵活选择，随意安排自己在目的地的旅游活动。

四、出境旅游线路开发

（一）出境旅游线路开发的要求

第一，具有安全保障，能保证游客在境外人身财产安全。

第二，符合国家法律法规、部门规章、国家或行业标准的要求。

第三，正常情况下能确保全面履约，发生意外情况时有应急对策。

第四，满足不同消费档次、不同品位的市场需求，可供不同的旅游者选择。

第五，选择的地区对旅游者有吸引力。

（二）出境旅游线路的构成

1. 线路名称

出境线路的名称是线路的性质、大致内容和设计思路等方面的高度概括，一般由游览目的地国家或地区主要城市、大交通、线路性质及游览天数构成。如“深圳直飞巴厘岛梦之旅钻石五星蜜月5日半自助游”，这一线路名称表示了游览的主要目的地是巴厘岛，交通工具是深圳直飞巴厘岛，时间是5天，性质是半自助游。又如“韩国首尔济州全景冬季滑雪四飞六日品质游”表明主要游览景点是韩国首尔、济州，时间是6天，交通工具是四飞，性质是品质游。

2. 行程特色

行程特色是旅游线路的亮点和卖点，一定要突出所设计的旅游线路的特色，与其他旅游线路相比，其优势是什么，在哪些方面有特色。目前竞争十分激烈，很多旅行社在设计线路时都很注重突出行程特色。

如台湾宝岛八日游的行程特色是：

第一，全程四星级酒店住宿（赠送两晚五星级住宿），并安排各式台湾美食风味。

第二，全程豪华空调旅游巴士。

第三，适当安排具有台湾特色的购物点，但应保证是通过台湾质量保障协会认证的商店，绝不强迫旅客购物，尊重消费者消费意愿。

第四，参观日月潭、阿里山、太鲁阁、台北中山纪念馆、101 等具有台湾特色的景点。

又如成都直飞马尔代夫双鱼岛 4 晚 6 天的行程特色之一是精选岛屿。岛比较大，岛上的风景很好，岛上设施比较完善，房型、餐厅选择比较多。特色之二是精选自由行。该行程为自由行，休闲舒适，行程根据个人意愿随意安排。

3. 行程安排

应在充分考虑旅游者需求的基础上，合理安排行程做到松弛有度。

4. 报价

报价是很重要的一部分内容，一定要注明报价包含了哪些项目、不含哪些项目、自费项目有哪些，自费项目的价格是多少，成人多少，小孩多少，小孩的费用包含哪些项目，是否有其他优惠政策等，都需要做详细的说明。

5. 注意事项

出境旅游，出境计调一定要在旅游线路的最后附上在境外游览的注意事项，把主要目的国家或地区游览过程的安全、保险、出入境规定、法律法规、气候、购物、游览、住宿、用餐、风俗习惯、宗教信仰、禁忌等向游客交代清楚，这部分内容非常重要，一定要详细交代，并且以纸质形式发到每位游客手中。

（三）出境线路开发的几种情况

1. 直接采用境外接待社提供的旅游线路

散拼团旅游线路的开发，目前一般都是直接采用境外接待社提供的线路。由于境外旅游目的地接待社对本地的旅游资源、旅游设施更加熟悉，设计的旅游线路具有较强的操作性和实用性。因此，很多组团社就直接采用境外接待社设计好的旅游线路，只是根据游客的要求选择出发地城市到境外目的地之间的往返大交通工具，把来回的交通工具确定了，旅游线路就基本上确定了。

以四川省青年旅行社出境部提供的美国 14 天行程为例，就是在美国接待社提供的行程的基础上，加上成都—洛杉矶的往返大交通就可以了。

又如上海圣彼得堡莫斯科超值 7 日游，就是典型的散客旅游线路。该线路一般就是境外地接社提供的，组团社计调在该线路基础上加上出发地城市与境外目的地城市之间的往返大交通就可以了。

2. 适当修改接待社提供的旅游线路

组团社对接待社提供的线路基本认可，然后根据游客的要求做一些小的改动，比如增加一些旅游景点，或者减少一些购物项目，提高餐标或住宿标准等。

如北京某旅行社在欧洲接待社提供的德法瑞意 4 国 13 日游行程的基础上，把原来的住宿标准提高了，用餐标准提高了，增加了半天的购物时间。

又如接待社提供的马尔代夫行程一般是 6 天 4 晚的行程，但是由于马尔代夫岛屿众多，岛上房型类型也很多，因此，组团社会根据游客的要求修改一些行程内容，如住不同的岛屿，会重新选择房型（沙屋、水屋）。

3. 重新设计旅游线路

目前要求独立成团的游客比较多，独立成团一般都不会采用现成的旅游线路，旅行社将根据游客的要求重新设计具有个性化的旅游线路。出境计调就要认真研究游客的需求，与接待社一起共同开发能满足游客需求的旅游线路，即重新为游客设计旅游线路。重新设计旅游线路的流程与接待社开发旅游线路是一样的。

例如，美国西海岸+夏威夷独立成团10日游，其具体行程如下：

第1天　成都Q东京—Q夏威夷　含：中晚餐　住：夏威夷；

第2天　夏威夷　含：早中晚餐　住：夏威夷；

第3天　夏威夷Q拉斯维加斯　含：早晚餐　住：拉斯维加斯；

第4天　拉斯维加斯　含：早中晚餐　住：拉斯维加斯；

第5天　拉斯维加斯—洛杉矶　含：早中晚餐　住：洛杉矶；

第6天　洛杉矶　含：早中晚餐　住：洛杉矶；

第7天　洛杉矶　含：早中晚餐　住：洛杉矶；

第8天　洛杉矶—旧金山　含：早中晚餐　住：旧金山；

第9天　旧金山Q东京　含：早餐；

第10天　东京Q成都。

五、出境旅游线路的报价

（一）出境旅游线路价格的构成

第一，出发城市与境外目的地城市间往返交通费。

第二，境外地接费。

第三，签证费。

第四，领队分摊费用。

第五，市内接送费用。

第六，保险费。

第七，操作费用（利润）。

（二）出境组团社对游客报价流程

出境组团社对游客的报价流程如图5-1所示。

第一，出境组团计调向境外接待社和国际大交通部门询价：填写询价单进行询价。

第二，出境组团计调进行内部计价：境外接待社报价+国际交通费+领队费+接送+保险+签证。

第三，出境组团社向本社服务网点或向来专线咨询的游客报价：报价＝专线计价+利润。

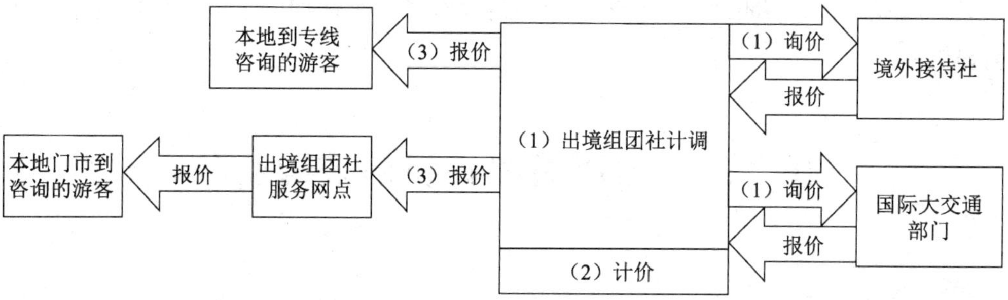

图 5-1　出境组团社对游客的报价流程

第四，出境组团社服务网点向来门市游客报价：报价=门市计价+利润。

（三）出境组团计调报价方法

以台湾宝岛双飞 8 日游为例，采取分项报价法进行说明，各项报价如表 5-2 所示。

表 5-2　分项报价法（以台湾宝岛双飞 8 日游为例）

分项报价法	各接待单位的报价：（出境组团社成本） （1）台湾某接待社：（分项报的） 车费=500 元/人；餐费=360 元/人；入台证=300 元/人； 门票=240 元/人；导游、司机小费=400 元/人；住宿=1050 元。 （2）往返机票（含机建燃油税费）2000+600 元/人税金。 （3）领队摊销费用 120 元/人。 （4）出境旅游意外保险 30 元/人。 出境组团社计调计价=境外地接费用+往返机票费用+领队分摊费+意外保险费 =（500+360+300+240+400+1050）+2600+120+30=5600（元/人）。 出境组团社对服务网点或游客报价=计价+利润=5600+400=6000（元/人）。 出境组团社服务网点对门市游客的报价=专线部报价+服务网点利润=6000+300=6300（元/人）。

通过以上的计算可以看出，成都—台湾宝岛 8 日游，地接价是 2850 元/人，往返机票（含机建燃油税费）2600 元/人，领队摊销费 120 元/人，出境旅游意外保险 30 元/人，专线内部计价为 5600 元/人，专线给服务网点报价为 6000 元/人，毛利为 400 元/人，服务网点给游客报价为 6300 元/人，服务网点毛利为 300 元/人。

（四）出境旅游组团社整团（散拼团）成本结算

第一，团队（散拼团）和线路的基本信息。

第二，总报价及实收费用。

第三，成本明细。

第四，费用开支情况。

第五，结算。

通过成本结算对该团的经营情况、获利情况有了一个详细的了解，可以为下一步的经营提供参考。

任务三　出境组团计调的采购业务

任务导入

2016 年 12 月，西安某国际旅行社出境计调小张组织西安某高校的 26 名教师参加新马泰 10 日游，安排了一名非常有经验的领队小刘带领该团。可是在接团的前几天，小张的表弟马林找到小张，说他自己一直想带团到新马泰去，希望表哥能给他这个机会。小张开始不同意，想到他表弟虽然有领队证，但是平时都是在国内当地陪和全陪，最后他犹豫再三，还是决定换下了有经验的领队小刘，让表弟马林带团到新马泰。由于马林是第一次当领队，对领队带团流程不熟悉，在境外用餐、住宿、用车等方面都没有与地陪协调好，而且对当地旅游景点、旅游线路不熟悉，基本上不能详细地讲解每个景区的知识。26 名教师对这次旅游非常不满意，马林遭到 26 名教师的集体投诉，该旅行社也遭受了经济损失。

出境计调小张在安排领队时存在哪些问题？给 26 名教师和旅行社造成了哪些损失？应该根据哪些标准来选择海外领队？

任务解析

西安出境计调小张在安排领队时，显然是用人不当。没有根据游客的实际情况来安排合适的领队，而是让表弟马林带队。由于其表弟是第一次带出境团，不熟悉领队带团流程，使游客在吃、住、游等方面都受到影响，旅行社在经济上也受到了损失。

安排领队上团是出境计调人员的一项重要职责。在接待量较大的国际旅行社，一名出境计调人员要掌握十几名甚至几十名领队的基本情况。出境计调应该根据接待团队的特点，合理安排合适的领队上团。在该案例中，由于出国旅游的是 26 名教师，出境计调就应该根据教师的特点安排讲解能力强、组织能力强、经验丰富的领队来带团，不能因为个人感情视旅行社的利益而不顾。选择领队时，应该根据领队的能力、经验、业绩、讲解水平等，而不是与自己的关系的远近，要想成为一名优秀的出境计调人员就必须做到这点。

相关知识

一、国际往返交通服务采购

（一）国际航班知识

1. 航空公司缩写代码及航班号

航空公司：日本航空公司——JL、法国航空公司——AF、英国航空公司——BA、泛美航空公司——PA。其他主要国际航空公司缩写代码如表 5-3 所示。

航班号：用航空公司的两个英文字母和三个阿拉伯数字来表示。例如，CA981，“CA”代表中国国际航空公司，“981”的 9 表示国际航班，8 表示中美航线，1 表示飞往美国的第一个航班。

表 5-3 国际航空公司

中文名称	英文名称	2 位代码	3 位代码
港龙航空公司	Dragon Air	KA	KDA
大韩航空公司	Korean Air	KE	AKA
韩亚航空公司	Asiana Airways	OZ	AAR
日本航空公司	Japan Airlines	JL	JAL
全日空航空公司	All Nippon Airways	NH	ANA
新加坡航空公司	Singapore Airlines	SQ	SIA
泰国国际航空公司	Thai Airways International	TG	THA
美国西北航空公司	Northwest Airlines	NW	NWA
加拿大国际航空公司	Canadian Airlines International	AC	
美国联合航空公司	United Airlines	UA	UAL
英国航空公司	British Airways	BA	BAW
荷兰皇家航空公司	KLM Royal Dutch Airlines	KL	
德国汉莎航空公司	Deutsche Lufthansa	LH	DLH
法国航空公司	Air France	AF	AFR

2. 航班起止点

依照国际惯例，在国际航空中，通常采用世界各大城市或机场英文缩写的前三个字母为该城市的代号，表示航班或航线的起止点。例如从北京—巴黎，即 PEK—PAR。

世界各大中城市和机场都有自己的三字代号，如果抵达的城市有两个以上的机场，在表示航班或航段起止点时就不用城市代号而用机场代号。比如从北京到阿联酋沙迦即用 PEK~SHJ 表示。

3. 航班基本信息

出境组团计调一定要掌握国际航班的起飞城市、经停城市、到达城市、航空公司、成人票价、儿童价格、婴儿价格、退票条件、税金及燃油附加费等基本信息。例如，表 5-4 所示为中国成都至美国纽约的航班信息。

表 5-4 成都—纽约（30 天往返）航班信息

票价	RMB5300	航空公司	中国国际航空公司（CA）		往返期限	30 天
起飞城市	（出发地）成都		经停	北京	到达城市	（目的地）纽约
有效日期	2016 年 01 月 01 日至 2016 年 06 月 30 日					
儿童价格	儿童票价为成人票价		婴儿价格		婴儿为成人票价	
退票条件	退票以航空公司政策为准		税金及燃油附加费		以实际出票时间为准	
注：	7~9 月，美国旺季，价格以舱位为准。					
其他说明：	1. 以上机票为电子客票方式出票，除不能开电子客票的城市除外。 2. 全程需确定旅行日期。 3. 机票未按顺序使用，不得退票。 4. 不提供免费住宿。 5. 以上票价为人民币报价，不包含任何税项。票价如有更改，恕不另行通知。					

注：该表根据梦之旅网站提供的信息整理而成。

4. 订票的有关规定

出境旅游的国际机票一般为回程票或是联程票，正常的机票有效期为一年，但是值得特别注意的是旅游团的机票是团体票，因此，它没有一年的有效期，而且团队机票一概不能退、不能改、不能换。

在行李托运方面，航空公司会免费托运两件行李（一件行李的三边之和在 158 厘米以内，两件行李的三边之和不超过 273 厘米，每件行李的重量不超过 23 公斤）。

手提行李，每人限一件，规格不得超过 22 英寸×14 英寸×9 英寸；需凭登记卡和护照登机，登机口一般于飞机起飞前 30 分钟开启，于起飞前 15 分钟关闭；在飞行全程中应关闭所携带的手机；在飞机起飞前半小时和着陆前半小时，应确保手提电脑、CD 机等电子产品处于关闭状态。

5. 国际机票的税金

购买国际机票要交税金，在各网站上所查询的只是机票钱，不包括税金及燃油附加费。税金及燃油附加费需在出票时一起支付。

购买国际机票时出现的税，是航空公司代当地国家政府收的税。国际机票的税大致分为三种，即离境税、过境税、入境税，个别国家还有其他名目的税。例如美国，除了有上述税以外，还有海关使用税、机场税、动植物免疫检查费等。

有些国家是不收税的，像中国、菲律宾等国家是不收税的。所以，如果你从中国去日本，单程没有税，但是往返则有税；或者你从日本出发回中国的单程机票是有税的，这是因为中国没有出境税，日本没有入境税，但日本有离境税。

税一般根据购买机票时的汇率发生变化，这就是为什么上次购买机票和这次购买机票航程一样，税却不同的原因。

（二）国际机票的采购

国标机票的采购流程如表 5-5 所示。

表 5-5 国际机票的采购流程

任务名称	任务程序、重点及标准	时限	相关资料
确定采购对象	程序：		（1）采购管理制度。 （2）航空交通部门的资料。 （3）机票销售单位的信息资料。
	计调人员通过各种渠道和方法收集航空公司、机票销售单位信息资料及负责人的联系方式。	随时	
	根据旅行社的线路需求，了解航空公司的规定及航空公司的经济实力，主要包括：航空公司的机票折扣、机位数量、服务态度、航班密度、改/退票的手续及费用，机票销售单位信誉度、网络是否方便、付款方式、工作配合度、竞争优势、机票返利额度等信息。	随时	
	确定多家本社采购的对象。		
	重点：确定采购对象。		
	标准：符合旅行社的发展需要。		
签订合作协议	程序：		经济合同书。
	取得联系、双方沟通与协商。	随时	
	旅行社计调与航空公司或机票销售单位签订正式的“经济合同书”，明确双方的合作关系及相互约定并备案。	一个工作日	
	重点：签订正式的“经济合同书”。		
	标准：沟通要充分、有效。		
整理相关资料	程序：	随时	（1）航空交通部门的票务信息与相关规定。 （2）相关表单。
	印制航空公司的航班、票价信息及相关规定、机票销售单位信息分发给社内相关部门，并备案。	一个工作日	
	根据航空交通部门的相关要求，设计并印制订购票所需的表单，如“订票身份证信息确认单”“机票变更/取消单”等。		
	重点：印制航空公司的信息及机票销售单位信息，印制票务信息。		
	标准：相关表单要规范。		

续表

任务名称	任务程序、重点及标准	时限	相关资料
实施订购票业务	程序：		（1）经济合同书。 （2）航空交通部门的票务。
	计调人员根据接待计划和“经济合同书”的相关要求选择机票销售单位，向机票销售单位提出订票、购票需求。		
	航空交通部门在约定的时间内出票，计调人员在约定的时间内接票。	根据实际	
	重点：订、购票工作的开展。		
	标准：符合航空交通部门的票务规定。		
报账结算	程序：		（1）经济合同书。 （2）财务管理规定。
	计调人员根据本社的规定及“经济合同书”的要求，将订、购票的明细账及返利情况上报财务部门。		
	财务部门审核无误后，根据约定付款时间及方式与航空交通部门办理结算事宜，并支付相应的票款。	根据实际	
	重点：与合作单位结算。		
	标准：根据本社的财务管理规定，符合核账程序。		

二、境外接待社采购

（一）境外接待社选择标准

1. 信誉良好

接待旅行社必须根据事先同组团旅行社达成的合作协议，严格地按照双方商定的接待标准和组团旅行社的旅游接待计划向旅游者提供接待服务。接待旅行社不得以任何借口拒绝履行合作协议，或者不按照双方商定的接待标准提供服务。接待旅行社如由于特殊原因，无法落实旅游接待计划所要求的活动内容时，必须及时通知组团旅行社，并在征得组团旅行社的同意后，才可改变原先的接待计划。

2. 较强的接待能力

接待旅行社必须具有较强的接待能力，能够采购到组团旅社委托其采购的各项旅游服务，并提供优质的旅游服务。

3. 真诚的合作愿望

接待旅行社必须具有同组团旅行社真诚合作的愿望，积极主动地配合组团旅行社履行与旅游者达成的旅游合同。

4. 收费合理

接待旅行社的收费不能过高，不能超过旅游者和组团旅行社的承受能力。接待旅行社不能以各种借口违反事先达成的协议，侵害旅游者和组团旅行社的合法利益。

（二）异地地接社的采购

异地地接社的采购程序如表 5-6 所示。

表 5-6　异地地接社的采购程序

任务名称	任务程序、重点及标准	时限	相关资料
确定采购对象	程序：		（1）采购管理制度。 （2）地接社或外地在当地办事处的相关资料。
	计调人员根据本社经营计划，调查、收集地接社或外地在当地办事处的相关信息资料。	根据实际	
	经过初步筛选后，对基本符合本社要求的地接社或外地在当地办事处进行考察，重点考察接待质量和信誉等。		
	通过考察后，进行综合比较和评价，与符合本社要求的地接社或外地在当地办事处联系，初步协商合作事宜。	根据实际	
	重点：采购对象的选择与确定。		
	标准：调查资料要求全面、准确、有效。		
签订合作协议	程序：		（1）采购管理制度。 （2）合作协议书。
	计调人员根据协商的结果，利用本社的标准采购合同文本，拟订“合作协议书”。	根据实际	
	通过与地接社或外地在当地办事处负责人谈判，协商具体的合作事宜，并签订双方认可的“合作协议书”。	根据实际	
	重点：《合作协议书》的拟订。		
	标准：保护本社的合法利益。		
整理相关埠科	程序：		（1）采购合同管理规定。 （2）地接社或外地在当地办事处的相关资料及规定列表。
	将签署的“合作协议书”进行编号、存档，并报送相关部门备案。	1 个工作	
	将相关资料及规定列表分发给本社相关部门。	1 个工作日	
	重点：整理签约地接社或外地在当地办事处的相关资料及规定。		
	标准：资料整理要全面、详细。		
落实游览工作	程序：		合作协议书。
	计调人员根据游客游览要求，制订异地接待服务采购计划，并落实具体的游览工作。	根据实际	
	将发团的人数、时间等具体要求，用传真发给地接社索要报价，根据地接社的回传传真确认情况，按照接待计划中的发团日期顺序排列存档，并将地接社联系人姓名、联系方式转告给接待部门。		
	重点：落实地接社。		
	标准：报价的确认，特别注明团中的特殊要求等。		

续表

任务名称	任务程序、重点及标准	时限	相关资料
报账结算	程序：		(1) 合作协议书。 (2) 旅行社的财务管理相关规定。
	根据本社的财务规定和“合作协议书”的相关规定，及时将该团费用明细报财务部门。		
	财务部门根据“合作协议书”审核无误后与地接社办理结算。	根据实际	
	重点：与地接社进行结算。		
	标准：符合旅行社的财务管理规定，款项付给地接社名下的账户。		

三、领队服务的采购

（一）领队服务采购知识

海外领队是指受国家旅游行政主管部门批准可以经营出境旅游业务的组团社的委派，全权代表该旅行社带领旅游团从事旅游活动的工作人员。

海外领队必须具备三个条件：一是依法取得领队资格，获取领队证；二是接受组团社委派；三是工作任务是带队出入境，监督旅游接待计划的落实，为客人提供相应的服务。

（二）领队服务的采购流程

领队服务的采购流程如表 5-7 所示。

表 5-7　领队服务的采购流程

任务名称	任务程序、重点及标准	时限	相关资料
确定采购对象	程序：		(1) 采购管理制度。 (2) 全陪导游人员的相关资料。
	计调人员根据本社经营计划，调查、收集领队导游人员的相关信息资料。	根据实际	
	经过初步筛选后，对基本符合本社要求的领队导游人员考察，重点对声誉好、经验丰富的全陪导游人员进行考察。		
	通过考察后，进行综合比较和评价，与符合本社要求的领队导游人员联系。	根据实际	
	重点：采购对象的调查与选择。		
	标准：调查资料要求全面、准确、有效。		

续表

任务名称	任务程序、重点及标准	时限	相关资料
签订合作协议	程序：		(1) 采购管理制度。 (2) 领队导游聘用协议书。
	通过与领队导游人员谈判，协商具体的合作事宜。	根据实际	
	计调人员根据协商的结果，利用本社的标准采购合同文本，拟订“领队导游聘用协议书”。	根据实际	
	签订双方认可的“领队导游聘用协议书”。	1个工作日	
	重点：“领队导游聘用协议书”的拟订。		
	标准：保护双方的合法利益。		
整理相关资料	程序：		(1) 采购合同管理规定。 (2) 领队导游人员相关资料及规定列表。
	将签署的“领队导游聘用协议书”进行整理、编号、并报送相关部门备案。	根据实际	
	将“领队导游聘用协议书”分发给本社相关部门。	1个工作日	
	重点：领队导游人员资料的备案。		
	标准：资料整理理要全面、详细。		
落实带团工作	程序：		领队导游聘用协议书。
	计调人员根据游客的要求，通过对已签协议领队导游人员筛选，选择合适的领队导游人员。	根据实际	
	将发团的旅游行程、人数、时间、注意事项等具体要求，以“出团计划单”的形式发给领队导游人员并提醒导游人员携带各项证件资料。		
	协助领队导游人员处理带团过程中的各项事宜。		
	重点：选择领队导游人员。		
	标准：根据行业规定及客户要求。		
报账结算	程序：		(1) 全陪导游聘用协议书。 (2) 旅行社财务管理相关规定。
	根据本社的财务规定和“领队导游聘用协议”的相关规定，及时将该团导游服务费费用明细报财务部。		
	财务部门根据财务规定和“领队导游聘用协议书”审核无误后与全陪导游人员办理结算。	根据实际	
	重点：与领队导游人员进行结算。		
	标准：符合旅行社的财务管理规定，款项付给领队导游人员。		

四、其他服务的采购

组团社计调采购业务除了上述各种必须采购的旅游服务外，还有其他服务的采购，如代办护照签证服务、代办旅游保险等服务的采购。

出境组团计调有时需要为客人办理护照或者签证服务，护照一般由客人自己办理，签证一般都需要由旅行社办理，办理签证时需要根据所到目的地国的签证要求，让客人提供相关资料，然后进行办理。

根据《旅行社条例》及相关法律，旅行社应该为旅游者提供规定的保险服务。旅游保险业务的采购一般流程是确定采购对象、签订合作协议、整理相关资料、落实投保工作和提供证明进行索赔（见表5-8）。

表5-8　旅游保险的采购业务流程

任务名称	任务程序、重点及标准	时限	相关资料
确定采购对象	程序：		（1）旅游保险法规。 （2）保险公司的相关资料。
	认真理解旅游保险规定，收集、调查保险公司的资料。	随时	
	根据实际情况，与实力强、信誉好的保险公司协商。	根据实际	
	重点：采购对象的调查与选择。		
	标准：调查资料真实有效。		
签订合作协议	程序：		（1）采购管理制度。 （2）合作协议书。
	计调人员与符合本社要求的保险公司进行合作洽谈，拟订“合作协议书”。	根据实际	
	通过谈判与协商，计调人员代表旅行社与对方代表签订“合作协议书”。	根据实际	
	对签署的“合作协议书”进行编号、存档，并报送相关部门备案。	1个工作日	
	重点：合作协议书的拟订。		
	标准：保护本社的合法利益。		
整理相关资料	程序：		（1）采购合同管理规定。 （2）保险公司的相关资料及规定。
	整理与保险公司签订的“合作协议书”，以及相关资料及规定。	根据实际	
	将列表分发给本社相关部门，通知收取保险费。	1个工作日	
	重点：保险公司的相关资料及规定的整理。		
	标准：资料整理齐全。		

续表

任务名称	任务程序、重点及标准	时限	相关资料
落实投保工作	程序：		（1）合作协议书。 （2）保险单。
	将每一名投保游客的资料送发给保险公司，请保险公司及时回复传真确认，注意接收“承保确认书”，以此作为投保依据。		
	根据投保的准确人数，季/年向保险公司交纳保险费。		
	重点：及时为游客投保。		
	标准：投保人数准确。		
提供证明进行索赔	程序：		（1）合作协议书。 （2）旅游保险的相关规定。
	在旅游途中发生意外事故时，及时通知保险公司并向导游了解真实情况，必要时可进行现场考察。	及时	
	在保险协议规定的期限内向保险公司呈报书面材料。		
	索赔时真实地向保险公司提供相关方面的证明。		
	重点：及时通知保险公司。		
	标准：向保险公司提供的证明要齐全。		

任务四　出境组团计调操作流程

任务导入

2016年10月，李某夫妇二人报名参加了某国际旅行社组织的新马泰三国16日游，与该国际旅行社签订了旅游合同，交纳了旅游费用，领取了旅游行程表。按照约定日期，李某夫妇二人到机场集合出境旅游。不料，到了机场后才发觉，这个出境旅游团共26人，分别是由三家旅行社组织招徕的，且这三家旅行社均未派领队，而是由这26名旅游者自行持票登机出境。到了境外后，地接待社随意更改旅游日程，缩短景点游览时间，减少旅游项目，降低住宿标准等，严重损害了这26名旅游者的合法权益。为此，李某夫妇回国后，向旅游行政管理部门投诉，要求赔偿经济损失。该国际旅行社对此辩称：由于组团人数不足，所以将李某夫妇二人转让给其他旅行社，本社并未从中营利；在境外旅游期间的遭遇，则是境外旅行社的问题，应由境外旅行社予以赔偿。

计调在组团过程中因出境旅游人数不够时是否可以拼团？应该如何处理拼团问题？旅行社的说法是否正确？

任务解析

旅行社因人数不足不能成团，可以将已与其签约的客人委托给其他旅行社。《旅行社条例》第三十六条规定：旅行社需要对旅游业务做出委托的，应当委托给具有相应资质的旅行社，征得旅游者的同意，并与接受委托的旅行社就接待旅游者的事宜签订委托合同，确定接待旅游者的各项服务安排及其标准，约定双方的权利、义务。

根据《旅行社条例》的规定，因境外旅行社违约，使旅游者权益受到损害的，由组织出境旅游的旅行社先承担赔偿责任，然后再向违约的境外旅行社追偿。该旅行社应退还旅游者合同金额与实际花费的差额，并赔偿同额违约金。

相关知识

一、接听服务网点或客人咨询电话

出境计调在接听服务网点或客人电话时，首先要问清楚客人要前往的目的地是哪里，也就是他们要去哪几个国家或地区。

在接咨询电话时，一定要做好电话记录，问清客人的基本情况和要求。如是散客还是团队，出团时间、往返大交通、住宿标准、人数、主要旅游景点、特殊要求等。认真记录与客户谈话的要点，留下来电客户的联系方式。为了减少和避免工作中的失误，出境计调应重复确认客户提出的要求。

二、介绍或设计境外旅游线路

（一）推荐旅行社已有的经典出境线路

每个旅行社都有很多已经向市场公开推出的已经成型的出境旅游线路，在接受服务网点、团体、散客的咨询时，出境计调就可以向客人详细地介绍产品的情况、产品的亮点、产品的报价及产品的价格构成等。让客人在众多旅游线路中选择自己满意的旅游线路。

（二）根据游客的需求重新设计旅游线路

如果是独立成团，出境计调就必须根据客人的要求来重新设计旅游线路。出境计调在设计旅游线路时，一定要根据客人的要求进行设计，经常与客人沟通，设计出客人满意的旅游线路。经过双方多次修改，最后设计出客人满意的旅游线路。经过双方多次洽谈，形成最终行程，以最终行程作为询价和报价的依据。

三、询价、计价、报价

第一，向境外各地接社和国际航空公司询价。

第二，出境组团社内部计价。出境组团社内部计价就是在向境外各地接社和航空公司询价之后，把地接社的报价、国际往返机票、机场建设税费、领队分摊费等加起来，费用之和就是出境组团社的总成本。

第三，向各服务网点和游客报价。出境组团社在总成本的基础上加上一定的利润向各服务网点报价，各服务网点加上服务网点的利润就向游客报价。

四、签订出境旅游前期服务合同

针对那些签证不一定有保证的目的地，如欧洲国家，签证有时可能不成功，出现游客出了签证费，而不能出去旅游的情形。为了规避签了正式合同而又不能出行的风险，应在办理签证前就与游客先签订一份出境旅游前期服务合同。

五、编制团号、预报计划

游客签订了前期出境旅游服务合同之后，就开始编制团号。编制团号之后开始同时向境外接待社预报计划。预报计划的目的是为了使接待社将此团列入该社的接待计划，确保接待社尽早预订酒店、车辆等。

预报计划的内容应该包括团号、旅游团的准确人数、团队抵离时间及交通工具、行程、食宿标准以及其他要求等。

六、预订机位

预报计划之后就向国际航空公司预订机位，务必清楚航班时间和行程，并且提前预订、提交名单。预订机票应提前确认团队出发日期，计算好所做签证的工作日期，准备送签。

七、审核资料送签

第一，审核资料。收到客户资料后，出境计调对出境客户资料进行详细审核。由于各个国家和地区所需资料有所不同，所以需要根据客人所选目的地的不同进行一一核对，主要是审核资料的完整性和有效性。包括：一是确认正确详细的团队行程和名单；二是审核证件；三是审核签证。

第二，送签。报名结束后，按照目的地国家签证要求，收集客人的签证资料并严格预审，帮助客人按要求做好资料，尽量降低和避免拒签。在签证签出以后，签证部要核对正确名单、签证有效期、签证生效期。

八、签订出境旅游合同收全款

签证成功之后，必须签订出境旅游合同。根据出境旅游合同的要求，填写相关项目，并且要将合同的内容告知旅游者，然后收齐全款，上交财务部门。

九、督促境外接待社书面确认

出境组团计调一定要督促境外接待社在最短的时间内（8~24 小时）书面确认。确认重点为：境外机（车、船）票、用房、用车、结算等事宜。

十、发出正式计划

出境计调应该在团队到达境外第一站前 10~15 天内，将正式计划邮寄或传真至境外接待社。正式计划用正式文件的格式打印，并加盖旅行社公章，每地寄出两份以上。它既是接团计划，也是对方的结算收款依据，应力求正确。

正式计划内容包括发团确认书，团队行程和各项服务的标准及特殊要求，团队游客资料（姓名、性别、年龄、身份证号或护照及签证号码等），各接团社名称、联系人及联系电话，旅行团委托协议书。

一般在正式计划发出以后，不应再有大的变更，发计划应附上回执，以便对方寄回，确认收到无误。

十一、出机票上保险

团队出发前应再次核对团队名单，出机票，仔细检查机票，看机票是否与行程吻合，游客姓名是否准确，如有错，应马上更改。团队出发前，需要将团队名单、行程盖章之后传真至保险公司，为游客上保险。

十二、派领队交资料

出境组团计调要根据游客的情况选派一名领队全程陪同。派遣海外领队，需要提前 10 天安排，并第一时间通知领队，以便领队做好相应的准备工作。将发团的旅游行程、人数、时间、注意事项等具体要求，以出团计划单的形式发给海外领队并提醒领队携带各项证件资料，协助海外领队处理带团过程中的各项事宜。

十三、召开行前说明会

第一，经理介绍整体安排。

第二，领队致欢迎词。

第三，行程说明。

第四，落实有关事项。

第五，说明有关注意事项。

十四、最终确认付款

出发前 24 小时与对方核对计划，要求对方最终确认，向对方催要“结算单”。确认团队质量无异议，经财务部审核，总经理批准，（允许预付）将团款汇入地接社账户。

十五、派发出团通知书

根据最终落实的团队情况向海外领队派发出团通知书。给游客的出团通知书上包含团队的行程、出发时间、地点、紧急联系人姓名、电话、注意事项等信息。

十六、发团及监督

第一，监督境外地接社的接待情况。

第二，监督领队的工作情况。

第三，监督游客的游览情况。

十七、送团管理

在团队顺利结束境外行程返回本地后，出境计调人员与领队一起搞好送团工作。应主动征求客人的意见，让游客高高兴兴地结束整个旅游行程。

十八、报账登账

在团队回国后根据地接社账单、导游报账单、机票订单存底，以及签证数量，开始核算实际成本。做完成本单后交由销售人员本人签字，再由计调签字后报备财务核算成本。在核算成本的同时将地接社和导游余款的账单做好支出单，让部门领导审核并签字，再由财务、总经理签字后，交财务准备付款。报账之后计调将涉及该团的协议单位的相关款项及时登录到“团队费用往来明细表”中，以便核对。

十九、归档总结

第一，团队结束后，要将所有操作传真及单据复印留档，作为操作完毕团队资料归档。

第二，对参团客人进行回访，建立客户档案。

第三，在团队回国后叮嘱接团人员收取护照和登机牌，将所有资料装入专门的信封或口袋并写上团队名称，存放入档案库，并在电脑里备份团队档案。

第四，团队操作流程结束，最后需要跟踪团队反馈，记录下团队历史记录中的重要信息，以便今后取长补短。

二十、调整产品

根据产品销售情况、出团量、团队质量对产品进行适当调整。销售好的产品继续销售也可适当增加出团计划，销售欠佳的产品要总结是线路本身不够吸引游客还是市场等情况造成的，如团队质量出现问题要追溯原因，对于接待单位也要磨合、斟酌和选择。

项目六

入境计调业务

项目概述

本项目主要介绍了入境计调应掌握的基本知识、业务及工作流程。首先介绍了入境接待计调应该掌握的各种知识，接着阐述了有关入境旅游线路的设计开发、定价、报价、采购等各项业务，最后详细分析了入境接待业务操作的流程。

任务一　入境接待计调知识储备

任务导入

某个旅行社有个日本团，计调部经理在派车时，只考虑了这辆较新的金龙车车况还可以，司机也常做外团，未意识该旅游车是一辆黄色的旅游车，而做旅游的人应该知道，日本人是忌讳黄颜色的。有关日本人忌讳黄颜色的著名事件，即可口可乐和百事可乐竞争日本市场时，就是因为百事可乐饮料的包装盒是黄颜色的，而可口可乐的易拉罐包装盒是日本人喜欢的红颜色，从而导致了百事可乐进军日本市场的失败，可口可乐取胜。可是，当地陪问计调部经理时，该经理却怪地陪不早说。由此可见，他不知道，日本是中国最大的客源国之一。

作为计调部经理，是否应该对我国客源国概况有一个大致了解？

任务解析

作为计调部经理，应该知道我国主要客源国的概况及其忌讳。计调工作人员在工作时应全面细致，比如，在向用车单位下订单时，不仅要落实用车时间、接车地点、座位数，还要对车容、车貌、车况进行了解。在航空票务方面，不仅要对票务中心报计划，还要对机型、航空公司、航班时间等进行跟踪。因此，作为入境接待计调，应该对我国出入境管理的相关法律法规、入境签证的签发、入境签证的签发、主要客源国特殊喜好和禁忌、国际时差等知识都要有一个全面的了解。

相关知识

旅行社入境旅游业务，是指旅行社招徕、组织、接待外国旅游者来我国旅游，香港特别行政区、澳门特别行政区旅游者来内地旅游，台湾地区居民来大陆旅游，以及招徕、组织、接待在我国内地的外国人，在内地的香港特别行政区、澳门特别行政区居民和在大陆的台湾地区居民在境内旅游的业务。

入境接待是一个国家对外接待水平和形象的窗口，所以作为入境计调更应该掌握相关知识。

一、入境接待计调的概念

入境接待业务通常是指受我国境外的国家和地区的组团社（含港澳台地区）委托，按照其要求在我国境内的旅游目的地（不含港澳台地区）完成其对游客承诺的接待内容和标准的过程。入境接待计调就是在旅行社中操作此项业务的工作人员。

二、我国出入境管理的相关法律法规

入境计调一定要认真学习《中华人民共和国出入境管理法》《中华人民共和国出境入境边防检查条例》《海关法》等相关法律法规，认真贯彻执行，依法办事。要熟悉入境游客出境时的手续及所需注意问题，并提前做好相关的准备工作。

【知识链接】

《中华人民共和国公民出境入境管理法实施细则》

（1986 年 12 月 3 日国务院批准，1986 年 12 月 26 日公安部、外交部、交通部发布，1994 年 7 月 13 日国务院批准修订，1994 年 7 月 15 日公安部、外交部、交通部发布）

颁布日期：19940715　实施日期：19940715　颁布单位：公安部、外交部、交通部

第一章　总　则

第一条　根据《中华人民共和国公民出境入境管理法》第十九条的规定，制定本实施细则。

第二条　本实施细则适用于中国公民因私事出境、入境。所称“私事”，是指：定居、探亲、访友、继承财产、留学、就业，旅游和其他非公务活动。

第二章　出　境

第三条　居住国内的公民因私事出境，须向户口所在地的市、县公安局出入境管理部门提出申请，回答有关的询问并履行下列手续：

（一）交验户口簿或者其他户籍证明；

（二）填写出境申请表；

（三）提交所在工作单位对申请人出境的意见；

（四）提交与出境事由相应的证明。

第四条　本实施细则第三条第四项所称的证明是指：

（一）出境定居，须提交拟定居地亲友同意去定居的证明或者前往国家的定居许可证明；

（二）出境探亲访友，须提交亲友邀请证明；

（三）出境继承财产，须提交有合法继承权的证明；

（四）出境留学，须提交接受学校入学许可证件和必需的经济保证证明；

（五）出境就业，须提交聘请、雇用单位或者雇主的聘用、雇用证明；

（六）出境旅游，须提交旅行所需外汇费用证明。

第五条　市、县公安局对出境申请应当在30天内，地处偏僻、交通不便的应当在60天内，做出批准或者不批准的决定，通知申请人。

申请人在规定时间内没有接到审批结果通知的，有权查询，受理部门应当做出答复；申请人认为不批准出境不符合《中华人民共和国公民出境入境管理法》的，有权向上一级公安机关提出申诉，受理机关应当做出处理和答复。

第六条　居住国内的公民经批准出境的，由公安机关出入境管理部门发给中华人民共和国护照，并附发出境登记卡。

第七条　居住国内的公民办妥前往国家的签证或者入境许可证件后，应当在出境前办理户口手续。出境定居的，须到当地公安派出所或者户籍办公室注销户口。短期出境的，办理临时外出的户口登记，返回后凭护照在原居住地恢复常住户口。

第八条　中国公民回国后再出境，凭有效的中华人民共和国护照或者有效的中华人民共和国旅行证或者其他有效出境入境证件。

第三章　入　境

第九条　在境外的中国公民短期回国，凭有效的中华人民共和国护照或者有效的中华人民共和国旅行证或者其他有效入境出境证件入境。

第十条 定居国外的中国公民要求回国定居的，应当在入境前向中国驻外国的外交代表机关、领事机关或者外交部授权的其他驻外机关提出申请，也可由本人或者经由国内亲属向拟定居地的市、县公安局提出申请，由省、自治区、直辖市公安厅（局）核发回国定居证明。

第十一条 定居国外的中国公民要求回国工作的，应当向中国劳动、人事部门或者聘请、雇用单位提出申请。

第十二条 定居国外的中国公民回国定居或者回国工作抵达目的地后，应当在30天内凭回国定居证明或者经中国劳动、人事部门核准的聘请、雇用证明到当地公安局办理常住户口登记。

第十三条 定居国外的中国公民短期回国，要按照户口管理规定，办理暂住登记。在宾馆、饭店、旅店、招待所、学校等企业、事业单位或者机关、团体及其他机构内住宿的，应当填写临时住房登记表，住在亲友家的，由本人或者亲友在24小时内（农村可在72小时内）到住地公安派出所或者户籍办公室办理暂住登记。

第四章 出境入境检查

第十四条 中国公民应当从对外开放的或者指定的口岸出境、入境，向边防检查站出示中华人民共和国护照或者其他出境入境证件，填交出境、入境登记卡，接受查验。

第十五条 有下列情形之一的，边防检查站有权阻止出境、入境：

（一）未持有中华人民共和国护照或者其他出境入境证件的；

（二）持用无效护照或者其他无效出境入境证件的；

（三）持用伪造、涂改的护照、证件或者冒用他人护照、证件的；

（四）拒绝交验证件的。

具有前款第二、三项规定的情形的，并可依照本实施细则第二十三条的规定处理。

第五章 证件管理

第十六条 中国公民出境入境的主要证件——中华人民共和国护照和中华人民共和国旅行证由持证人保存、使用。除公安机关和原发证机关有权依法吊销、收缴证件以及人民检察院、人民法院有权依法扣留证件外，其他任何机关、团体和企业、事业单位或者个人不得扣留证件。

第十七条 中华人民共和国护照有效期5年，可以延期二次，每次不超过5年。申请延期应在护照有效期满前提出。

在国外，护照延期，由中国驻外国的外交代表机关、领事机关或者外交部授权的其他驻外机关办理。在国内，定居国外的中国公民的护照延期，由省、自治区、直辖市公安厅（局）及其授权的公安机关出入境管理部门办理；居住国内的公民在出境前的护照延期，由原发证的或者户口所在地的公安机关出入境管理部门办理。

第十八条　中华人民共和国旅行证分1年一次有效和2年多次有效两种，由中国驻外国的外交代表机关、领事机关或者外交部授权的其他驻外机关颁发。

第十九条　中华人民共和国入出境通行证，是入出中国国（边）境的通行证件，由省、自治区、直辖市公安厅（局）及其授权的公安机关签发。这种证件在有效期内一次或者多次入出境有效。一次有效的，在出境时由边防检查站收缴。

第二十条　中华人民共和国护照和其他出境入境证件的持有人，如因情况变化，护照、证件上的记载事项需要变更或者加注时，应当分别向市、县公安局出入境管理部门或者中国驻外国的外交代表机关、领事机关或者外交部授权的其他驻外机关提出申请，提交变更、加注事项的证明或者说明材料。

第二十一条　中国公民持有的中华人民共和国护照和其他出境入境证件因即将期满或者签证页用完不能再延长有效期限，或者被损坏不能继续使用的，可以申请换发，同时交回原持有的护照、证件；要求保留原护照的，可以与新护照合订使用。护照、出境入境证件遗失的，应当报告中国主管机关，在登报声明或者挂失声明后申请补发。换发和被发护照、出境入境证件，在国外，由中国驻外国的外交代表机关、领事机关或者外交部授权的其他驻外机关办理；在国内，由省、自治区、直辖市公安厅（局）及其授权的公安机关出入境管理部门办理。

第二十二条　中华人民共和国护照和其他出境入境证件的持有人有下列情形之一的，其护照、出境入境证件应予以吊销或者宣布作废：

（一）持证人因非法进入前往国或者非法居留被送回国内的；

（二）公民持护照、证件招摇撞骗的；

（三）从事危害国家安全、荣誉和利益的活动的。

护照和其他出境入境证件的吊销和宣布作废，由原发证机关或者其上级机关做出。

第六章　处　罚

第二十三条　持用伪造、涂改等无效证件或者冒用他人证件出境、入境的，除收缴证件外，处以警告或者5日以下拘留；情节严重，构成犯罪的，依法追究刑事责任。

第二十四条　伪造、涂改、转让、买卖出境入境证件的，处10日以下拘留；情节严重，构成犯罪的，依法追究刑事责任。

第二十五条　编造情况，提供假证明，或者以行贿等手段，获取出境入境证件，情节较轻的，处以警告或者5日以下拘留；情节严重，构成犯罪的，依法追究刑事责任。

第二十六条 公安机关的工作人员在执行《中华人民共和国公民出境入境管理法》和本实施细则时，如有利用职权索取、收受贿赂或者有其他违法失职行为，情节轻微的，由主管部门酌情予以行政处分；情节严重，构成犯罪的，依法追究刑事责任。

第七章 附 则

第二十七条 中国公民因公务出境和中国海员因执行任务出境管理办法，另行制定。

第二十八条 本实施细则自发布之日起施行。

三、汇率和时差的知识

（一）汇率

汇率也称外币行市或汇价，是一国货币兑换另一国货币的比率，是以一种货币表示另一种货币的价格。由于世界各国的货币的名称不同，币值不一，所以一国货币对其他国家的货币要规定一个兑换率，即汇率。汇率变化导致的差额有时会很大。所以入境计调在报价时宜以人民币报价，若以美元或欧元等外币报价，应注明计价汇率和汇率变化的约定条款。

比如，一位计调在与客户洽谈德国团来中国入境接待业务时，精明的德国商人常会让早报价，并签订合同，而又以美元或欧元方式结算。假如不了解国际汇率，常会有“买进卖出”差额利润。如果计调人员很会计算，在人民币汇率最高点结算，那利润就会大一些。因此，掌握即时的汇率对计调人员尤为重要。另外，出境游的客人在出国前通常会向旅行社询问怎么换外汇，允许换多少外汇，以及汇率是多少等。

汇率时刻在变。操作出入境旅游团队的计调师应对自己操作的主要国家的货币、流通情况及汇率有所了解。

（二）时差

在出境旅游中，到了当地一般要求游客把表调成当地时间，避免时间出现混乱。时差往往打乱人们正常的生物钟，所以一般从时差较大的国家归来，游客往往说“还没歇过来，在倒时差呢”。

四、入境旅游所需证件

（一）护照

护照是一国主管机关发给本国公民出国或在国外居留的证件，证明其国籍和身份。

入境团体游客也最好办理个人单独护照，这样方便外出活动、住宿登记、发生意外更改旅游线路等。

（二）中国签证

我国政府规定，外国人入境应当向中国的外交代表机关、领事机关或外交部授权的其他驻外机关申请办理签证。华侨回国探亲、旅游无须办理签证。

旅游签证属于普通签证，在中国为 L 字签证，是专门发给来中国旅游、探亲或因其他私人事务入境的人员，签证上规定持证者在中国停留的起止日期。

中国公安部授权的口岸签证机关设立在下列口岸：北京、上海、天津、大连、福州、厦门、西安、桂林、杭州、昆明、广州（白云机场）、深圳（罗湖、蛇口）、珠海（拱北）。

持联程客票搭乘国际航班直接过境，在中国停留不超过 24 小时不出机场的外国人，免办签证。要求临时离开机场的，需经边防检查机关批准。

（三）港澳居民来往内地旅游

港澳居民来往内地通行证，俗称回乡卡或回乡证，通行证的前身是俗称“回乡证”的港澳同胞回乡证。港澳同胞回乡证是港、澳同胞来往于香港、澳门与内地之间的证件，由广东省公安厅签发，有效期 10 年。

（四）台湾同胞来大陆探亲、旅行

台湾同胞旅行证明是台湾居民来祖国大陆探亲、旅游的证件，经口岸边防检查站查验并加盖验讫章后，即是台胞入出内地旅行的身份证明，可从对外开放的口岸入境、出境。该证由我国公安部委托香港中国旅行社签发，证明为一次性有效，出境时由口岸边防检查站收回。

（五）旅行证

旅行证，是指外国人前往不对外国人开放的地区旅行，必须向当地公安机关申请的旅游证件。由旅游者向临时居留地或工作地的市、县公安局出境管理处申请。旅行证有效期最长为一年，如需延长有效期、增加开放地点、增加人数，必须向公安局申请延期或变更。

根据管理需要，我国将对外国人开放的地方分为四类：

甲类地区，是指对外国人完全开放的地区；

乙类地区，是指新增加的对外开放或控制开放的地区；

丙类地区，是指只准许去考察、进行技术交流，现场施工等公务活动的一般性的对外开放的地区；

丁类地区，是指不对外国人开放的地区，外国人前往乙、丙、丁类地区必须办理旅行证。

（六）赴西藏旅游证件

第一，外国人或台湾人到西藏旅游如只到拉萨、纳木错、日喀则、珠峰，需办理入藏函。入藏函，又名进藏签证，英文名：Tibet Travel Permit，简称 TTP，是外国人或台湾同胞进入西藏必须办理的一种进藏旅游签证。只有持外国护照及来自台湾的游客需要办理进藏签证，大陆公民及香港、澳门居民不需要办理。

第二，外国人到西藏旅游，需要到山南、林芝（鲁朗除外），需增加办理外国人旅行证。

第三，外国人到西藏旅游，需要到昌都、阿里等非开放地方，需增加办理军区通行证。

五、入境手续

（一）边防检查

边防检查是指对出入国境人员的护照、证件、签证、出入境登记卡、出入境人员携带的行李物品和财物、交通运输工具及其运载的货物等的检查和监护，以及对出入国境上下交通运输工具的人员的管理和违反规章行为的处理等。

（二）海关检查

海关检查一般询问是否有需申报的物品，或填写旅客携带物品入出境申报单，必要时海关有权开箱检查所携带物品。海关通道分为“红色通道”和“绿色通道”两种。

1. 红色通道

红色通道亦称“应税通道”。旅游团到达出境地点，首先办理海关手续，如有物品申报，要认真填写《中华人民共和国海关出入境旅客行李物品申报单》（见海关申报单），走红色通道，办理海关手续，经海关查验后放行。申报单不得涂改，不得遗失。

2. 绿色通道

绿色通道亦称“免税通道”或“无申报通道”。携带无须向海关申报物品的游客和持有外交签证或礼遇签证的人员，可选择“绿色通道”通关，但需向海关出示本人证件和按规定填写申报单据。

（三）卫生检疫

要求入境者如实填写健康申明卡，来自传染病的人员还须出示有效的有关疾病预防接种证明（俗称“黄皮”书），无证者卫生检疫机关可对其施以 6 日的强制留验。如遇传染病患者隐瞒不报，按逃避检疫论处，可禁止入境或责令其提前离境。

我国依照《国境卫生检疫法》设立了国境卫生检疫机关，在入出境口岸依法对包括旅游者在内的有关人员及其携带的动植物和交通运输工具等进行传染病检疫，检测和卫生监督；只有经过检疫，由国境卫生检疫机关许可，才能入出境。

六、主要客源国特殊喜好和禁忌

“百里不同风，千里不同俗”，入乡随俗，尊重客源国的风俗习惯和宗教信仰，是入境计调的工作的原则之一。掌握客源国的风俗习惯、宗教信仰等方面的知识不仅有助于入境计调工作的顺利开展，而且也是设计线路的重要元素。

（一）日本

数字方面。忌讳“4”（与“死”同音），“9”（与“苦”同音），“6”（与“苦”同音），“13”（是4和9之和）。

颜色方面。喜欢红色、红白相间、金银相间的颜色。忌讳绿色，不喜欢紫色、灰色与黑色（表示不幸的事）。喜欢樱花、乌龟、仙鹤、松竹梅图案。忌讳荷花、狐、獾、金眼猫或银眼猫的图案，不喜欢淡黄色或白色花卉图案。菊花图案为皇室专用。

饮食方面。口味偏爱酸甜和微辣。对中国绍兴酒、茅台酒极感兴趣；喜欢中国鲁、粤、闽、淮扬菜；一般不吃肥肉和猪内脏；忌讳客人只吃一碗饭就停下；忌在用餐时整理头发。

礼仪方面。日本人注重礼节，见面礼是脱帽鞠躬，与日本人合影时不可三人一起合影。

（二）韩国

数字方面。喜欢单数，不喜欢双数，忌讳数字“4”。

饮食方面。韩国菜的特点是“五味五色”，即由甜、酸、苦、辣、咸五味和红、白、黑、绿、黄五色调和而成。韩国人的日常饮食是米饭、泡菜、大酱、辣椒酱、咸菜、八珍菜和大酱汤。八珍菜是用绿豆芽、黄豆芽、水豆腐、干豆腐、粉条、桔梗、蕨菜、蘑菇8种菜制作而成。

韩国人特别喜欢吃辣椒，辣椒面、辣椒酱是平时不可缺少的调味品。香、蒜味，不爱吃羊肉、肥猪肉和鸭子，厌恶香菜，厌油腻。韩国人平时喜食香干绿豆芽、肉丝炒蛋、肉末线粉、干烧桂鱼、辣子鸡丁、四生火锅等菜肴。汤是韩国人每餐必不可少的。汤一般由猪肉、牛肉、狗肉、鸡肉烧煮而成，但有时只是简单地倒些酱油、加点豆芽即成。韩国人最爱吃的是“炖汤”，这是用辣椒酱配以豆腐、鱼片、泡菜或其他肉类和蔬菜炖制而成的。此外，他们也爱吃加醋调成的生拌凉菜。但韩国人不喜爱带甜酸味的热炒菜肴。

礼仪方面。应邀时应带小礼品，最好挑选包装好的食品。接受礼物要用双手，不要当面打开。不用外国烟作为礼品，酒是送韩国男人最好的礼品，但不能送酒给妇女。若要拜访一定要事先预约。

韩国人很重视交往中的接待，宴请一般在饭店或者酒吧中举行，在集体宴会中，男女分开进行社交活动。用餐时要请长辈先吃，主人敬菜要推让两次，第三次才能接受。吃饭时不能把菜全吃光。拒喝别人的酒是不礼貌的，饭后喜欢唱歌，被邀唱歌时不应拒绝。

（三）泰国

颜色方面。忌用红色签名或刻字。黑色、紫色服装为葬礼服装。

饮食方面。泰国人偏爱辛辣味。喜欢中国的粤菜、沪菜、京菜、川菜。不喝热茶，忌食牛肉、海参，不喜欢酱油，不爱吃红烧菜肴、甜味菜、香蕉等。

泰国人重头轻脚，除僧人外任何人都不能触摸别人的头部，忌拿东西从别人头上掠过。切勿把鞋底翘起对准别人。切忌用左手服务或吃东西。

泰国以佛教为国教，人们应主动为僧侣让路、让座，不能与僧侣握手、临座。女子不能以身体的任何部位接触僧侣。交谈时不要赞美婴儿，不公开批评人，不与已婚妇人长时间谈话。

（四）新加坡

新加坡和马来西亚大部分人信奉伊斯兰教忌讳数字“7”，视 4、6、7、13、37、69 为消极数字。忌讳有猪的图案和猪制品，不喜欢乌龟。

饮食方面。马来族不吃猪肉和贝类食品，不饮酒。

礼仪方面。忌用左手吃东西、传递物品，不可触摸别人头部。

（五）菲律宾

宗教信仰方面。信奉天主教为主，是亚洲地区唯一以天主教为国教的国家。

民俗方面。以握手为礼，崇尚茉莉花，习惯咀嚼槟榔。

禁忌方面。喜爱打听私人情况，交谈时要避免讨论政治纷争、宗教等问题，多谈家庭问题；有不同意见，不宜正面反驳，坦率和直言被视为鲁莽；遵守时间会被视为过分热衷，一般要迟到 15~30 分钟；忌讳“13”和星期五，饮酒过量被认为是贪婪，受礼不能当面打开，宴会后常请客人唱歌，拒绝是不礼貌的。

（六）马来西亚

宗教信仰方面。马来人信仰伊斯兰教，华人多信仰佛教和道教，印度人多信仰印度教。

民俗方面。见面时互相摩擦一下对方手心，然后双手合十，摸一下手窝互相问候；相互拜访时，衣冠必须整齐。如果是穿着拖鞋，必须脱掉，放在门口以示对神恭敬。

禁忌方面。见面时互相摩擦一下对方手心，头戴头饰；忌讳别人摸自己的头和背部；忌讳左手递物和进餐；忌讳用食指指人或东西。

（七）印度尼西亚

宗教信仰方面。大多信奉伊斯兰教，是世界上穆斯林人口最多的国家。

民俗方面。印尼人见面的礼节是握手或点头；敬蛇如敬神，蛇是善良、智慧、德行的象征。多喜爱茉莉花，爱咀嚼槟榔、喝咖啡。

禁忌方面。忌食猪肉，忌饮烈性酒；交谈要避开政治、宗教；接送礼物要用右手，对长辈则用双手，忌用左手指点人或传递物品；不能用手触摸别人的头，接受礼品者忌当面打开。

（八）印度

宗教信仰方面。主教印度教，及印度的婆罗门教。

民俗方面。印度人喜爱数字“3”“7”“9”。他们认为红色表示生命、活力、朝气和热烈；蓝色表示真诚；阳光似的黄色表示光辉壮丽；绿色表示和平、希望；紫色表示心境宁静。印度人在生活和服装色彩方面喜欢红、黄、蓝、绿、橙及其他鲜艳的颜色。

禁忌方面。忌“3”和“13”，忌在晚上说蛇和吹口哨；禁止人们用鼻子嗅或用手摸在市场上陈列的花环；不要拍印度孩子的头部，不要赞扬孩子；禁止穿戴皮革制品（腰带、表带、鞋、衣服）；入印度的庙宇或清真寺要脱去鞋子。

（九）意大利

宗教信仰方面。大多信奉天主教（国教）。

民俗方面。意大利人喜欢喝酒，年人均喝葡萄酒达 120 升之多，居世界第一位。席间不劝酒。面食品种多，“披萨”名扬世界。

禁忌方面。忌时间观念差，如赴约迟到，开会及上课不准时等；拒绝别人的用餐邀请则被认为是不礼貌的行为；忌讳用菊花和百合花送人。

（十）新西兰

宗教信仰方面。毛利人大多信奉原始的多神教、新西兰人主要是英国国教、天主教。

民俗方面。新西兰人见面和告别均行握手礼，习惯的握手方式是紧紧握手，目光直接接触，男士应等候妇女先伸出手来。鞠躬和昂首也是他们的通用礼节，但是毛利族人之间传统的问候致意的方式是相互摩擦鼻子。

禁忌方面。干涉别人事务，说他人的坏话；谈话避免触及私人事务和种族问题，相互间话题多为运动；忌数字“13”；忌男女同场活动；视当众剔牙和咀嚼口香糖为不文明的举止；视当众闲聊、吃东西、喝水、抓头皮、紧裤带等为失礼的举止。

（十一）西欧国家

西欧国家因为都信仰基督教，因此很多禁忌都很相似。西欧国家的游客一般不喜欢数字“13”，认为“13 日的星期五”是最不吉利的日子，因此在接待西欧客人时尽量不要安排“13 楼”或者带有数字“13”的客房。

1. 德国

德国人不喜欢红、红黑相间及褐色，最不喜欢墨绿色。讨厌菊花、蔷薇图案和蝙蝠图案，忌讳核桃。在送花时忌送菊花、玫瑰、蔷薇，支数和花朵数不能是“13”或双数。

饮食方面，德国人比较喜欢喜爱中国的京菜、鲁菜、淮扬菜。不喜欢吃鱼虾及海味，不爱吃油腻和过辣的菜肴。

2. 法国

法国人忌讳黄色、黑色、墨绿色。忌讳用孔雀、仙鹤、杜鹃花等图案。

饮食方面。法国人喜喝葡萄酒。喜爱中国的鲁菜、粤菜、淮扬菜，不喜欢吃无鳞的鱼类，不爱过辣菜肴。

礼仪方面。法国人重视“女士优先”。

3. 英国

英国人不喜欢红色和墨绿色，忌用山羊、大象、黑猫、百合花图案。

饮食方面。爱喝红茶，不爱吃带黏汁或过辣菜肴，不喜欢用味精，不吃狗肉。喜爱中国的川菜、京菜、粤菜。宴会上女宾为首席。

礼仪方面。用餐时忌碰撒盐瓶，忌刀叉碰响水杯。见面礼为握手，不喜欢被称为“English”（英格兰人），可将他们称为“British”（不列颠人）。

（十二）美国

美国和加拿大居民大部分为欧洲国家移民，信奉基督教，忌讳数字“13”，不喜欢“星期五”，尤其是“13 日的星期五”被视为不祥的日子。颜色比较偏爱白色、黄色、蓝色。忌黑色，不喜红色。美国人非常喜爱秃鹰和白猫的图案，忌蝙蝠、黑猫图案。

饮食方面。口味清淡，不爱吃蒜、过辣食品、肥肉、清蒸菜肴和红烧菜肴。忌食动物内脏和动物的头部，不喜欢吃蛇一类的异型动物。

礼仪方面。忌问对方年龄，忌问买东西的价钱，忌谈话时距离太近。

（十三）加拿大

加拿大人忌百合花图案。

饮食方面。口味清淡，喜爱烤制肉食，不喜过咸过辣食品，不喜蒜味、酸辣味调料。忌动物内脏和脚爪，忌虾酱、鱼露、腐乳等腥味食品。一般在私人空间不谈论悲伤、死亡等话题。

（十四）澳大利亚

忌讳数字“13”，视“13 日的星期五”为不祥的日子。忌兔子及兔子图案。忌送菊花、杜鹃花、石竹花和黄颜色的花。

饮食方面。不爱辣味，不吃海参，喜酸甜味。比较喜欢中国的淮扬菜、浙菜、沪菜、京菜。

礼仪方面。乘出租车必须有一人与司机并排坐，以示尊重。不可竖大拇指表示赞扬，切忌对人眨眼。

任务二　入境旅游线路的开发与报价

任务导入

国庆期间，某国际旅行社组织了一个入境团游览神农架及三峡，途经江城武汉，顺便游览市内景点。从寺里出来后，被一群算命先生围住。这群人能言善辩，且强拉游客算命。他们事先说算命不要钱，可是算完了非要收钱不可，甚至伸手去游客兜里掏钱，弄得游客纷纷指责导游，说旅行社不应该安排类似景点，表示要投诉。

旅行社今后在设计旅游线路时应该注意哪些问题?

任务解析

第一，在现代社会中旅行社经营的旅游线路也受社会环境的影响，本案中算命先生骚扰游客就属于此类。对此，旅行社在安排旅游时，一定要先调查研究，掌握现状，以妥善安排行程。同时，旅行社也应将旅游中碰到的问题，及时反映给旅游行政管理部门，以便及时有效地对旅游市场环境进行整顿，让游客玩得高兴。

第二，旅游线路途经旅游点的各种旅游服务设施必须得到保障。这一般是指向旅游者提供服务的物质保证，但是，游客的身心方面更不容忽视，要避免游客接触不健康的活动，加强精神文明建设。在强化物质保证的同时，创造一个使旅游者身心健康的环境。

第三，旅游产品投放市场并非产品设计过程的终结，旅行社应该对产品进行定期的检查与评价，对产品进行必要改进，并广泛收集各种反馈信息，为进一步开发产品提供依据。

相关知识

一、入境旅游线路开发

（一）旅游线路的定义

旅游线路是指在一定地域空间，旅行社、旅游景区等针对旅游目标市场，凭借旅游资源及旅游服务，遵循一定原则，专为旅游者旅游活动设计的包价旅游产品。旅游线路产品包括游览景点、参观项目、饭店、交通、餐饮、购物、娱乐活动等多种要素。

（二）影响入境旅游线路开发的因素

影响旅行社产品价格制定的因素，包括产品的内部因素和外部因素两种。产品的内部因素，包括构成旅行社产品的各项成本和利润；产品的外部因素，则包括旅游市场的供求状况、竞争状况、汇率、季节、替代产品价格等。

1. 内部因素

（1）固定成本。固定成本是指在一定范围内和一定时间内总额不随经营业务量的增减而变动的产品成本。包括旅行社的房屋租金或房屋折旧、其他固定资产折旧、宣传促销费用、销售费用（电话、传真、往来信函的邮寄费用）、员工工资等。固定成本应分摊到旅行社所销售的全部产品中。固定成本分摊到单个产品里的份额，同旅行社的总销售量成反比关系，产品的销售量越大，分摊到每个产品中的固定成本份额就越小。

（2）变动成本。变动成本是指随着旅行社产品销售量的变化而变化的各种成本，与产品的销售总量成正比例关系。旅行社产品销售的越多，变动成本就越大。变动成本通常包括旅游者的交通、餐饮、住宿、导游讲解、景点门票、旅游保险、旅游团队陪同人员的交通和住宿等费用及旅行社缴纳的营业税金等。变动成本是影响旅行社产品价格的主要因素。

（3）利润。利润是指旅行社通过销售其产品所获得的收入与旅行社为生产和销售产品所付出的各项成本费用相抵后的余额，是旅行社经营的财务成果。旅行社产品的价格中必须包含一定比例的利润。

2. 外部因素

（1）供求状况。旅行社在制定产品价格时，必须充分考虑旅游市场上的供求状况。当旅游市场上对于旅行社的某种产品的需求增加时，旅行社常常提高该产品的销售价格；对某种产品的需求量减少时，旅行社往往降低产品的销售价格。

（2）竞争状况。旅行社应当把旅游市场上的竞争状况作为制定产品价格的重要参考依据。如果市场上经营同类产品的旅行社数量众多，且呈现供大于求的局面时，旅行社常将价格定得较低；如果市场上经营同类产品的旅行社数量较少，甚至是某旅行社独家经营，形成供不应求的局面时，旅行社一般将价格定得较高。

（3）汇率。经营入境旅游和出境旅游的旅行社在制定价格时，除了需要考虑上述因素外，还应考虑货币的汇率因素。汇率是一个国家的货币用另一个国家的货币所表示的价格。两种货币之间的比价发生变化时，会对旅行社产品价格产生一的影响。例如，当本国货币贬值时，入境旅游产品的实际价格下降而出境旅游产品的实际格上涨了；当本国货币升值时，入境旅游产品的实际价格上涨而出境旅游产品的实际价格下降。因此旅行社在制定入境旅游产品和出境旅游产品的价格时，必须关注货币汇率的变化，根据具体情况对产品的价格做出相应的调整。

（4）季节。旅游是一种季节性很强的活动，旅游旺季和淡季之间存在着明显的差别。旅行社在制定产品价格时，必须将产品销售的季节因素考虑进去。一般情况下，旅行社在旅游旺季时会保持其产品售价不变或将产品售价上调，在旅游淡季时则往往将产品售价适当地降低，以吸引更多的旅游者。

（5）服务特色。服务特色是无形的，但只要它是独特的、有吸引力的，能激发客人精神上和心理上的满足的，就都是价格附加的基础。特色越明显越具有垄断性，其价格就可定得越高。旅行社产品市场要改变恶性削价竞争，就必须以产品差异代替价格竞争，而产品差异竞争在很多情况下是以服务特色竞争的形式出现的。例如，上海一家旅行社为每一个老年旅游团都配备了一个保健医生，深受老年旅游者的欢迎。

二、入境旅游线路的开发流程

第一，本地游旅游线路开发。常规入境旅游线路开发与国内接待旅游线路是一样的，特殊入境旅游线路开发要针对客人的特殊要求进行开发。

第二，本地游加异地游旅游线路开发。即要进行地接线路+异地旅游线路的开发，如美国客人从四川入境，在四川旅游之后还要到西藏、青海旅游，那么这条旅游线路的设计就比较复杂，既要设计本地的旅游线路，还要设计到西藏、青海的旅游线路。

三、旅游线路的开发

（一）旅游线路的类型

1. 以旅游线路的起止特征为标准划分

以旅游线路的起止特征为标准划分，旅游线路有流线型、环型、辐射型三种形式。

流线型旅游线路只有一个起点，一个终点，旅游活动自起点开始，至终点结束。

环型旅游线路从起点到终点都是一个环节，起点即终点。

辐射型旅游线路以一地为起点，而终点有多个选择，因而其旅游线路也有多条可供选择。

2. 以旅游线路的距离划分

按照旅游线路的距离，可划分为三种，即短程旅游线、中程旅游线、远程旅游线。

短程旅游线的游览距离较短，活动范围较小。线路一般包括在一个旅游城市推出的市内一日游、二日游等；旅游城市到周边城镇、远郊县区的旅游线路等。

中程旅游线的游览距离较远，活动范围一般在省级旅游区以内或跨省级旅游区的周边地区。

远程旅游线的游览距离长，旅游者活动范围大，一般在跨省级旅游区范围以上，包括海外旅游线路、边境旅游线路和国内远距离旅游线路。

3. 以旅游活动的天数为标准划分

从时间上来说，旅游线路有一日游、二日游、三日游、多日游等，国内游多采用这种划分方式。

其优点是旅游者一眼便可看出所需旅游时间的长短；对于旅行社来说，可根据时间长短来安排旅游内容，并且比较容易确定价格。

其缺点是对旅游主题的表述往往不明确，体现不出旅游线路的特色。

4. 以组织形式划分

包价旅游线路产品：从旅游者出发开始直至旅游者重新回到出发地点的整个过程都

由旅行社来设计完成，即旅游企业根据市场需求及旅游地的类型，组合成的旅游路线。目前《旅游法》对此类产品有强制性规定。

拼合选择式旅游线路产品：整个旅程设计有几种分段组合线路，游客可以自己选择和拼合。如成都到北京有以下几种选择：成都—西安—北京；成都—武汉—郑州—北京，成都—上海—北京。

跳跃式旅游线路产品：旅行社根据游客的具体要求提供整个旅程中几小段或几大段服务，其他由游客自行设计，散客对此种线路的需求量较大。

自助式旅游线路产品：无须旅行社安排，所有事情全部由游客自行安排。DIY 旅游、携程网等旅游电商为此类旅游提供了可能。目前这类自主式旅游在市场上的规模越来越大，甚至倒逼旅行社改变经营策略和经营方式。

5. *以旅游活动内容和形式划分*

游览观光型旅游线路产品：针对一般无特殊要求的观光旅游者设计，常以内容丰富多彩的自然风光和民族风情为主，来满足多数旅游者的观光游览需要，重游率较低。

休闲度假型旅游线路产品：多用于满足游客休息、度假的需要，旅游线路串联的旅游点较少（1~2 个），而单个旅游点的停留时间长，重游率较高。

专题型旅游线路产品：是一种以某主题内容为基本思路串联各点而形成的旅游线路，全线各点的旅游项目具有专一的内容或者属性，因而具有较强的文化性、知识性和趣味性。是一种深度游，也是旅游企业创新旅游产品的主要方向。

6. *以旅游线路的档次划分*

可划分为豪华旅游线路、标准旅游线路、经济旅游线路三种。

（二）旅游线路开发的原则

1. *市场原则*

市场原则就是要求旅行社在开发旅游线路前，对市场进行充分的调查研究，预测市场需求的发展趋势和需求数量，分析旅游者的旅游动机。

该原则要求旅游线路开发必须首先了解和掌握旅游市场的需求状况，包括需求的内容、满足程度、发展趋势及潜在需求状况和整个市场的规模、结构以及支付能力，然后根据这些因素进行旅游线路的开发。

由于市场需求处于动态变化之中，这就使旅行社在进行旅游线路开发时不应局限于客源市场的现实需求的满足，还应把握市场的各形成要素，了解长期的发展方向，预测潜在需求的变化趋势。因此旅游线路开发设计人员要及时掌握市场动态信息，提高旅游线路的使用价值。

2. *突出特色原则*

设计的旅游线路一定要有特色，才能吸引游客的到来。是否具有独特性：某旅游资源在一定的地理区域范围内是否具有最高、最大、最古、最奇等特点。只有具有独特性，才能提高旅游线路的吸引力和竞争力。

是否突出民族文化特色：旅游者前来游览的重要目的之一便是观新赏异、体验异乡风情。不难想象，如果旅游目的地同客源地的情况无差别，游客是不太愿意前来游览的，即使来过一次，以后也难再返故地重游，除非有新的变化。

如“中国死海”的开发，就突出了独特性。“中国死海”是一个形成于 1.5 亿年前的地下古盐湖，它和世界著名的旅游胜地“中东死海”一样位于神秘的北纬 30°。其盐卤资源的储量十分丰富，由于其盐含量类似中东的“死海”，人在水中可以漂浮不沉，故誉为“中国死海”。海水出口水温 87℃，含盐量高达 22%，其中富含的钠、钾、钙、溴、碘等 40 多种矿物质和微量元素，经国家权威机构验证，对风湿关节炎、皮肤病、肥胖症等具有显著的疗效。据联合国教科文组织有关研究数据显示，人在死海中漂浮 1 小时，可以达到 8 小时睡眠的功效。

3. 供给全面原则

旅游是一项综合性极强的活动，旅游者在旅游活动过程中需要得到吃、住、行、游、购、娱等各种服务，还需要其他行业对这些服务提供支持。

旅游供给是旅游线路设计的前提。旅游资源的类型、规模、级别、容量、季节变化等，旅游交通的方式、便利程度、舒适程度、服务水平等，饭店的规模、级别、服务水平等，娱乐设施的种类、购物设施的种类，导游翻译服务的水平，旅游目的地的公用设施的水平、相应机构的服务水平等，都会对旅游者在旅游目的地的旅游体验产生重大影响。

在旅游供给中，对旅游者来说最敏感的是价格问题。景点门票、交通、食宿、导游、保险等一系列费用成为旅游产品价格的主要构成部分，而这些费用都与旅游供给有直接的关系。

4. 时效优先原则

体现时效优先原则要展现最美的旅游景观，针对不同的季节推出不同的旅游线路，紧扣社会热点推出适应性旅游线路。

（三）入境旅游线路开发的类型

关于入境旅游线路的开发类型，可以根据不同的标准来划分，如可根据旅游者旅游的距离、旅游的时间、旅游的目的等来划分，各个旅行社根据市场需求开发了多种入境旅游线路。

以马来西亚—成都—拉萨—林芝—日喀则—青海湖—塔尔寺七飞单卧十六日之旅为例进行说明，其具体安排如表 6-1 所示。

1. 行程特色

（1）最慷慨的阳光，最纯洁的天空，最虔诚的人们：西藏的印象定会让您难以释怀。

（2）华丽夺目的世界文化遗产——布达拉宫；藏民族虔诚叩拜的终点——大昭寺；湛蓝绝伦的天唱——纳木错；自然与人文景观的精妙结合。

（3）藏东林芝的风光，“醉美”一词是对她的真实写照，森林、小溪、雪山、湖光与田园，诗画一般的景致，将会展现与您印象中绝对不一样的西藏的另一面。

（4）抵达拉萨当日，根据客人要求安排经验丰富的专业高原保健医生免费提供医疗保健咨询服务。

（5）青藏铁路简介：青藏高原素有“世界屋脊”“地球第三极”之称，是我国的“江河源”。在青藏高原这种原始、独特、脆弱、敏感的地理生态环境中修建的青藏铁路是世界上海拔最高、线路最长的高原铁路，翻越唐古拉山的铁路最高点海拔5072米，经过海拔4000米以上地段960千米，连续多年冻土区550千米以上。自青海省格尔木市起，铁路沿青藏公路南行，经纳赤台、沱沱河，翻越唐古拉山，再经西藏自治区安多、那曲、当雄、羊八井，至拉萨市，全长1142千米。青藏铁路格尔木至拉萨段全线设34个车站，其中有7个观景站。

表6-1 十六日旅行程安排

日期（Date）	航班/参观地（Flight）	参观内容（Itinerary）	用餐（Meal）
D1（24/5）	亚庇—香港—成都	亚庇—香港 CX6800（11：55~14：50） 香港—成都 KA824（19：10~21：40）	不含餐
D2（24/5）	成都—拉萨	沿途风光	早、中、晚
D3（26/5）	拉萨市内	布达拉宫、大昭寺、八角街	早、中、晚
D4（27/5）	拉萨市内	色拉寺、哲蚌寺、罗布林卡	早、中、晚
D5（28/5）	拉萨	甘丹寺	早、中、晚
D6（29/5）	拉萨—日喀则	扎什伦布寺	早、中、晚
D7（30/5）	日喀则—江孜	江孜、白居寺	早、中、晚
D8（31/5）	江孜—泽当	羊卓雍湖	早、中、晚
D9（1/6）	泽当	桑耶寺、敏珠林寺	早、中、晚
D10（2/6）	泽当—林芝	沿途风光	早、中、晚
D11（3/6）	林芝—拉萨	比日神山、巴松措、沿途风光	早、中、晚
D12（4/6）	拉萨—西宁	火车上	早
D13（5/6）	西宁	中午抵达塔尔寺	早、晚
D14（6/6）	西宁—青海湖	日月山、青海湖	早、中、晚
D15（7/6）	西宁—成都	飞机上	早
D16（8/6）	成都—香港—亚庇	成都—香港 KA825（08：20~11：00） 香港—亚庇 CX6897（15：45~18：50）	早

2. 行程报价

（1）成都段：4480元÷16人=280元。

（2）西藏段：173840元÷16人=10865元。

（3）西宁段：35500元÷16人=2219元。

（4）总计：280元+10865元+2219元=13364元。

3. 服务标准

（1）住宿标准。全程入住挂牌三星酒店。全程用房数：8间；酒店设施与内地有较大差距，请勿以其他城市衡量。

（2）餐饮标准。15早23正（接送当天不含正餐），早餐在酒店用，正餐在旅游定点餐厅用，餐标50元/人次。若有忌口者，请提前告知旅行社。如因个人原因放弃用餐，餐费不予退还。

（3）交通标准。成都—拉萨飞机经济舱；拉萨—西宁为火车硬卧（拉萨—西宁火车隔日发班，定团时不限车厢，不限铺位，尽最大努力安排软卧火车票）；西宁—成都为飞机经济舱；拉萨—西宁为当地旅游车。鉴于西藏特殊的气候条件，西藏地区旅游车辆有时有可能不开空调，敬请谅解！

（4）景点标准。含行程中景点首道大门票；自费景点不强制，如游客不游览，请在旅游车上或者景点附近等候团队！客人自动离团或放弃游览景点，费用不予退还。在不减少景点的条件下，游览顺序可能随航班或车次的调整而调整，但不影响行程。

（5）导游标准。由当地优秀的中文导游提供服务。

（6）购物标准。按照签订的补充协议执行。

（7）保险说明。旅行社责任险、旅游意外险、航空保险（上保险的客人，如在当地发生费用，请把县级以上医院盖章的诊断证明书、用药请单、病例、医药费收据一并带回，以便理赔；单证不全者，保险公司不予理赔）。

（8）赠送接机献哈达。抵达拉萨当日，医生会在酒店免费巡诊（不包括治疗费用）。

四、入境旅游线路报价

组织入境游的旅行社相对于国外组团社来说，它是国内接待社；相对于国内各地方接待社来说，它又扮演着组团社的角色，对于经营入境接待业务的国际旅行社来说，线路的定价、报价具有很多技巧。

（一）入境接待社旅游线路的价格构成

第一，外国游客本地入境、本地游时价格构成。如果外国游客从本地入境、只在本地游时，入境接待费用与国内接待是一样的，主要由餐费、住宿费、门票、车费、导游费、保险费即综合服务费构成。即：入境接待社价格=餐费+房费+交通费+门票+导游费+保险费+综合服务费。

第二，外国游客本地入境、异地游时价格构成。如果外国游客从本地进入，在异地游时，入境接待社就充当了国内组团社的角色，入境接待价格就是大交通费用、全陪费、办证费用、各地国内接待社报价。即：入境接待社价格=城市间大交通费+各地国内接待社报价+全陪费+办证费。

第三，外国游客本地入境，既有本地游，又有异地游时价格构成。如果外国游客从本地入境，既有本地游，又有异地游览时，入境接待社既充当了入境接待社的角色，又充当了国内组团社的角色，因此其价格构成就包含了上述两个部分。即：入境接待社价格=本地接待费+城市间大交通费+各国内接待社报价+全陪费+办证费。

（二）入境接待报价方法

根据全国国际旅行社入境游接待的实际情况，总结入境旅游接待报价的形式主要有以下两种。

1. 含“综费”式报价

“综费”指的是综合服务费，包括市内交通费、导游服务费、领队减免费、通信联络费、旅行社宣传费等，将此费用平均到每个游客身上，按照一定的标准收取费用。但目前已很少使用这个方法了。

2. 成本加利润报价法

成本加利润报价法就是把入境接待社的各项成本起来，然后加上一定比例的利润，作为向境外组团社报价的价格。成本包括入境接待社本地接待的住宿、餐饮、用车、门票、导游等费用和到异地旅游的大交通费、异地接待社费用、全陪费用等。利润根据各个旅行社的实际情况而定，一般在15%~20%。目前各旅行社主要采用这种方法报价。

（三）入境报价举例

1. 本地入境本地游报价举例

如：泰国客人2012年9月到四川参加成都稻城亚丁10日游，四川康辉国际旅行社泰国入境部的接待总成本为4600元/人，单房差1500元，利润假定为15%，对境外组团社的报价应为：入境接待社对组团社的报价=成本+利润=4600×（1+15%）≈5300元/人。

2. 本地入境本地游+异地游报价举例

以项目中马来西亚—成都—拉萨—林芝—日喀则—青海湖—塔尔寺七飞单卧十六日之旅独立成团行程为例，其中：西藏段报价=173840÷16人=10865元/人；西宁段报价=35500÷16人=2219元/人。

任务三　入境接待计调的采购业务

任务导入

上海某一国际旅行社有一个去西藏的团队，计调小吴是一位训练有素的老计调。以前，去西藏的入境团一直有个稳定的合作伙伴——西藏某旅行社，接待服务质量较高。这次，他在安排当地接待社时，考虑到在西藏有位大学同学新开了一家有入境接待资格的旅行社，前不久还特意来了上海，通过当面聊天交流，了解到同学开的这家旅行社是专门做西藏地接的，而且同学保证一定能接待得很满意，价格也很合理。所以小吴就把这个团队发给了自己的同学。客人入藏后，这位同学亲自接团，还另外安排了送鲜花的环节，6天的行程安排得妥妥帖帖，服务得非常周到，客人非常满意。后来，几次接待后，小吴与同学成为真正意义上的合作伙伴。

入境接待计调应该如何为入境团队选择异地接待社？

任务解析

入境旅游团在异地游览时，入境计调应寻找合法的、服务规范的地接社。在该案例中上海某国际旅行社的入境接待计调小吴，是一位经验丰富的计调，通过和同学面谈以及对专业接待的考虑，他果断地采取发团考察，最终客人满意、同学满意、他也很满意，而且寻到了在西藏的另一个稳定的合作伙伴，为以后西藏游的接待提供了更多的选择空间。

相关知识

一、入境接待计调导游服务知识准备

（1）组团计调必须了解各条线路的价格、成本、特点及可以影响这些因素的原因，各条线路的变化趋势等。初入门的计调建议最好从全陪做起，而且要时常翻阅本社的卷宗，了解各条线路和各地接社的信息反馈，编写各条线路地接社的反馈总结。同时了解客户情况，对于自己所在的区域市场建立熟悉的人际关系，多渠道地了解客户信息。

（2）组团计调必须要以客户为中心，满足客户需要的理念，成为客户的朋友。

（3）定期或每天查阅传真等信息，在报价前再次实核准价格、行程等，在签订合同前通知地接社做好准备。

（4）规范确认件，在确认件中必须包含到达时间、行程安排、入住酒店的标准、景点情况、餐标、车辆标准、导游要求、可能产生的自费情况。必须细致，做到熟悉车型、酒店名称，以及各种可变因素和变化后的处置程序和责任。

（5）熟悉导游情况，了解每个导游的年龄、性别、学历、性格特点、责任心，并了解社内导游的安排情况，以便针对客户做出最合适的导游安排。

逐一落实完毕后（或同时），编制接待“确认书”，加盖确认章，以传真方式发送至组团社并确认组团社收到。

入境接待社派遣的是外宾全陪导游，要求其要掌握中国传统文化习俗和客源地国家或地区的基本知识。外宾全陪服务的采购流程包括：确定采购对象；签订协议书；整理相关资料；落实带团工作；报账结算。

二、入境接待计调采购需要注意的问题

（1）了解供应商的口碑，询问其付款程序。

（2）通过沟通判断供应商工作理念是否与自己产品的表述匹配，以及是否能接受产品的理念。

（3）整理原材料价格时，须明确无误到每一项。

（4）以书面或电邮的方式确认各地地接社所报价格，并尽量保留原始沟通文本。

三、国内大交通的采购

入境团队赴异地旅游时，入境计调需要及时采购城市之间的大交通服务，主要包括航空、铁路、公路和水运交通服务采购，以及住宿服务采购、餐饮服务采购等。

（一）航空交通服务采购

航空交通服务采购是指旅行社根据旅游团队的旅游计划或散客旅游消费者的委托，为旅游消费者和旅游团队的领队及全程陪同代购旅游途中所需的飞机票。

航空交通服务采购分为两种形式，即定期航班飞机票的采购和旅游包机的预定。

（1）定期航班飞机票的采购。定期航班飞机票的采购业务包括飞机票的预订、购买、确认、退订与退购、补购与机票变更5项内容。

①飞机票的预订。无论是团体还是散客旅游者，国际入境计调在预订飞机票之前，必须了解两方面的信息：旅游消费者方面的信息有乘坐飞机者的信息，包括旅游者姓名的全称、同行人的有关信息、旅游者的联系电话、旅游目的地、日期、支付方式、特殊要求等；航空公司方面的信息有飞机设施设备方面的信息、机票价格方面的信息等。

②飞机票的购买。根据旅行社的经营业务，旅行社采购的飞机票主要分为团体机票和散客机票、国内段机票和国际段机票。

- 团体机票：团体游客购票的机费一般只开一张团体客票。团体游客误机，客票作废，票额不退。
- 散客机票：旅行社为散客旅游者购买的机票。
- 国内客票：旅游者乘坐国内航班飞机旅行的客票，有效期为一年。
- 国际客票：包括国际旅行的单程客票、来回程客票和环程客票，有效期均为一年。

③飞机票的确认。有些旅游者事先已自行购买了飞机票，对于这类旅游者，旅行社提供的服务是为旅游者确认机位。

④飞机票的退订与退购。国际入境计调在为旅游团队或旅游者预订或购买飞机票后，有时会遇到因旅游计划变更造成旅游团队的人数减少或旅游者（团队）取消旅行计划等情况。旅行社退购飞机票，应按照民航部门的规定办理。

⑤补购与机票变更。在旅游过程中，因为各种原因，会发生机票丢失的情况，这就

需要补购机票。按照规定，每张机票只能变更一次。

（2）旅游包机的预订。旅游包机是旅行社因无法满足旅游者乘坐正常航班抵达目的地的要求而采取的一种采购方法。

①包机的手续。凡需要包机的旅行社应事先与民航联系，填写包机申请书，说明任务的性质、游客的人数和身份、包用机型和架次、使用日期及航程事项。旅行社的包机申请经民航同意后，应签订包机合同。

②包机变更。包机合同签订后，如果包机的旅行社要求取消包机，需按规定交付退包费。

③包机费用。按民航部门的规定，包机费用根据包用机型的每千米费率和计费里程或包用机型的每小时费率和飞行时间计收。

（二）铁路交通服务采购

国际入境计调采购铁路交通服务的主要内容是各种火车票。

（1）火车票的种类。火车票分为基本票和附加票两种类型。基本票指的是客票；附加票指的是加快票、空调票、卧铺票等。

（2）火车票的采购业务。旅行社火车票的采购业务主要是火车票的预订与购买、退票。

①火车票的预订与购买。电话订票预售期：4~20天（含订票当天，开车前3天的车票不可以电话订票）。网上订票预售期：1~20天（含订票当天，开车前2小时不可以网上订票）。网上订票和电话订票系统开放时间：6：00~23：00（注意6点开始只能预订第19天以前的车票）。电话订票取票期限：12点前预订的，最晚次日12点前取票；12点后预订的，最晚次日24点前取票。车站窗口/代售点/自动售票机预售期：1~18天（部分车站窗口预售期可能会根据实际情况调整）。学生票预售期：1~80天。入境游客可持港澳通行证、台湾通行证或护照进行购票。

②退票。2013年9月1日起，实行火车票全国通退通签，同时实行火车票梯次退票方案，开车前48小时退票，收取退票费5%；开车前24~48小时退票，收取退票费10%；开车前24小时内退票，收取退票费20%。

（三）公路交通服务采购

在我国沿海经济发达地区，国际入境计调采购公路交通服务主要是用于市内游览和近距离旅游目的地之间的旅行。而在内陆航空交通服务和铁路交通服务欠发达的地区，公路交通服务则是主要的旅游交通方式。

国际入境计调在每次接到旅游者或旅游团队用车计划之后，应根据入境游客的人数及收费标准向提供公路交通服务的汽车公司提出用车要求，并通报旅游者或旅游团队的旅游活动日程，以便汽车公司在车型、驾驶员配备等方面做好准备。

（四）水运交通服务采购

国际入境计调在采购水运交通服务时，应根据旅游者或旅游团队的旅行计划和要求，向轮船公司等水运交通部门预订船票，并将填写好的船票订票单在规定日期内送交船票预订处。

四、旅游住宿服务采购

旅游住宿服务的费用在旅行社产品总费用中位居第二位，住宿服务是旅行社采购中又一重要内容。住宿服务的采购业务主要包括选择住宿服务设施、选择饭店预订渠道、确定客房租住价格和办理住宿预订手续 4 项内容。

（一）选择住宿服务设施

选择住宿服务设施是保证住宿服务质量的重要手段之一。国际入境计调应从以下几个方面考察住宿服务设施。

（1）饭店位置。饭店所处的位置有两方面的意义：所处地段不同，饭店的价格往往大不一样；不同类型旅游者对于饭店的位置有着不同的要求和偏好。

（2）市场定位。在卖方市场下，许多饭店都有自己的经营定位。必须考虑将要采购的饭店所接待的对象主要是哪类旅游消费者。

（3）饭店设备。如饭店是否配备会议室、商务中心、多功能厅、宴会厅、健身设施等。

（4）服务水平。采购饭店的服务水平和整个产品的关系也非常密切。

（二）选择饭店预订渠道

旅行社主要通过组团旅行社、饭店预订中心、饭店销售代表和地方地接社 4 个渠道预订饭店。

（1）直接预订。指组团旅行社直接向旅游目的地饭店提出预订要求，因此也称组团旅行社预订。

直接预订的优点：能够直接从饭店获得客房信息，及时掌握饭店客房的出租情况；能直接同饭店达成预订协议，既能保证旅游者的住宿需要，又能免去中间环节所需的费用，降低采购成本；能够不断地加强和饭店的联系，可以与之建立起密切的合作关系，为采购业务的进一步开展打下坚实的基础。

直接预订的缺点：采购人员必须同所要预订的各家饭店逐一打交道，不仅在预订时要同它们联系，还要在随后寄送预订申请、确认住房人数及名单、付房费等，占用大量时间和人力；有时，外地的饭店未必了解组团旅行社，因而不愿意向组团旅行社提供最优惠的价格，并可能在交纳租房金、付款期限、客房保留截止日期等方面不给予优惠。

（2）代订。即组团旅行社委托旅游目的地的地接社预订饭店，所以也称委托预订。

代订的优点：往往能够根据旅游者的要求，比较称心地安排饭店；能拿到组团社心理范围能接受的价格；有些时候，地处异地的组团旅行社只能通过当地的旅行社才能预订到该地区的饭店客房。

代订的缺点：地接社往往截留饭店给予的一部分折扣，作为其代订的佣金；如果组团旅行社不是选择具有一定经济实力和信誉的地接社或者选错了地接社，容易造成代订失约，从而导致组团社工作的失误。

（3）委托饭店集团预订中心预订。一些知名的国际连锁饭店，拥有一个共享的客房预订中心。委托饭店集团预订中心预订的优点是方便、可靠；缺点是选择手段单一、多次操作。

总之，在选择预订时，组团旅行社必须分析自己的长处、短处，做到扬长避短，选择最恰当的渠道进行预订。

（三）确定客房租住价格

饭店客房的价格主要包括以下几种：门市价格、团体价格、协商价格、净价格4种。

（1）门市价格：就是明码标价在饭店大堂的价格。

（2）团体价格：一般三星级以上的酒店规定3间或5间房以上可享受部分优惠。各个酒店不一致，有的酒店3间房为界限，大部分酒店是以5间房为界限。

（3）协议价格：旅行社与饭店签协议时，商定该旅行社组织客人入住该酒店，所享受的一个优惠价。它一般比饭店挂牌价低，但通常要达到一定的入住率。

（4）净价格：酒店行业一般都会有15%的服务费和附加税，净价格就是价格内已包含服务费和附加税的价格。

（四）办理住宿服务预订手续

（1）提出住房申请。申请时，国际入境计调应提供下列信息：①旅行社名称、客房数量和类型、入住时间、离店退房时间、结算方式。②旅游者国籍、旅游者姓名或旅游团队代号、旅游者性别、夫妇人数、随行儿童人数及年龄。③旅游消费者的特殊要求，如楼层、客房朝向等。

（2）缴纳预订金。每个饭店都有关于预订金缴纳的时间、缴纳预订金的比例、取消预订的退款比例等事项的规定。

（3）办理入住手续。旅游团（者）在预定时间抵达饭店后，凭团号、确认函等办理入住手续。

五、餐饮、参观游览、购物和娱乐服务

（一）餐饮服务

国内旅行社在采购餐饮服务时，一般采用定点的办法。所谓定点，是指旅行社经过

对采购的餐馆、酒店进行综合考察筛选后，和被选择的餐馆、酒店进行谈判，就旅行社的送客人数、各类旅游者、旅游团队的就餐标准、付款方式等达成协议。

（二）参观游览服务

旅游和参观是旅游者在目的地进行的最基本和最重要的旅游活动。

（三）购物和娱乐服务

在购物和娱乐的采购中，国际入境计调一定要树立正确的观念，全面认识购物、娱乐和旅游产品之间的关系。

六、旅游保险

根据《旅行社条例》及相关的法律规定，旅行社应该为旅游者提供规定的保险服务。

（一）旅行社投保责任保险的意义

（1）提高旅行社抗御风险的能力。由于自然力和非自然力的作用，旅行社存在着大量经营的风险。各种经营风险的存在，不但会给旅行社带来利益上的损失，甚至还会造成旅行社的破产。

（2）减少意外事故造成的损失。旅行社投保责任保险，有利于转移和分散旅游活动中产生的各种意外事故造成的经营风险。

（3）维护旅游者的合法权益。旅行社投保责任保险及旅游者投保其他旅游保险，使得旅游者在旅游过程中如果遇到旅游事故，其合法权益能够得到更大限度的保障。

（二）游保险的主要险种

（1）旅行社责任保险。指旅行社根据保险合同的约定向保险公司支付保险费，保险公司对旅行社在从事旅游业务经营活动中，致使旅游者人身、财产遭受损害应由旅行社承担的责任，承担赔偿保险金责任的行为。

（2）旅游意外保险。指旅游者个人向保险公司支付保险费，一旦旅游者在旅游期间发生意外事故，由承保的保险公司按合同约定，向旅游者支付保险金的保险行为。

（3）航空旅客意外伤害保险。简称“航意险”，属自愿保险的个人意外伤害保险。

（4）中国境外旅行救援意外伤害保险。属附加性保险，即附加在主保险合同上的保险险种。

（三）旅游保险的主要内容

1. 保险责任

（1）旅行社责任保险的保险责任。发生下列情形之一，保险公司应承担保险责任：①因人身伤亡发生的经济损失及其他相关费用。②行李物品的丢失、损坏或被盗导致的损失。③事先经保险公司书面同意的诉讼费用。④发生保险责任事故后，旅行社为减少赔偿责任，抢救受伤的旅游者及施救旅游者的财产所支付必要的、合理的费用。

（2）旅游意外保险的保险责任。在下列情形之一发生后，保险公司应承担保险责任：①旅游者急性病发作之日起 7 日内因同一原因死亡的。②旅游者自意外伤害发生之日起 180 日内因同一原因死亡的。③旅游者因意外事故下落不明，经人民法院宣告死亡的。④旅游者自意外伤害发生之日起 180 日内因同一原因身体残疾的。⑤旅游者在县级以上（含县级）医院或者保险公司认可的医疗机构诊疗所支出的符合当地社会医疗保险主管部门规定的可报销的医疗费用。⑥旅游者因急性病或意外伤害死亡后的死亡处理及遗体遣返所需的费用。

（3）航空旅客意外伤害保险的保险责任，包括：意外身故保险金、意外残疾保险金、意外医疗保险金。

（4）中国境外旅行救援意外伤害保险的保险责任。包括：紧急救援保险责任、紧急门诊和牙科门诊保险责任。

2. 保险期限

（1）旅行社责任保险，其保险期限为一年。

（2）旅游意外保险，其保险期限包括以下几种情况：①入境旅游的旅游意外保险期限从旅游者入境后参加旅行社安排的旅游行程时开始，直至该旅游行程结束时为止。②国内旅游、出境旅游的旅游意外保险期限从旅游者在约定的时间登上由旅行社安排的交通工具开始，直至该次旅行结束离开旅行社安排的交通工具为止。③旅游者自行终止旅行社安排的旅游行程，其保险期限至其终止旅游行程的时间为止。④旅游者在中止双方约定的旅游行程后自行旅行的，不在旅游意外保险之列。

（3）航空旅客意外伤害保险，其保险期限自旅游者（被保险人）持保险合同约定航班班机的有效机票到达机场通过安全检查始，至旅游者抵达目的地走出所乘航班班机的舱门时止。

（4）中国境外旅行救援意外伤害保险，其保险期限以合同保险单中列明的时日为准。保险期限超过 90 日的，保险公司通过授权的境外救援机构承担每次旅行连续不超过 90 日的保险责任。

3. 保险金额

（1）旅行社责任保险的保险金额，旅行社办理旅行社责任保险的保险金额不得低于下列标准：①国内旅游每人责任赔偿限额人民币 8 万元，入境旅游、出境旅游每人责任赔偿限额人民币 16 万元。②国内旅行社每次事故和每年累计责任赔偿限额人民币 200 万元，国际旅行社每次事故和每年累计责任赔偿限额人民币 400 万元。③旅行社组织高风险旅游项目可另行与保险公司协商投保附加保险事宜。

（2）旅游意外保险的保险金额，包括以下几种情况：①入境旅游：30 万元人民币。②出境旅游：30 万元人民币。③国内旅游：10 万元人民币。④一日游：3 万元人民币。

（3）航空旅客意外伤害保险的保险金额，包括以下几种情况：①每份保险金额为人民币40万元。②同一旅游（被保险人）最高保险金额为人民币200万元。

（4）中国境外旅行救援意外伤害保险的保险金额，包括以下几种情况：①保险金额由合同双方约定并于保险单中载明，保险金额一经确定，在保险期间中途不得变更；②夫妻两人同行且均投本保险，其随行的未满18周岁的子女（限2名）可免交本保险费参加本保险，但其保险金额以父母两人中保险金额较低一方为准。

4. 责任免除

旅游者参加旅行社组织的旅游活动，应保证自身身体条件能够完成旅游活动。因下列情形之一，造成旅游者身故、伤残或财产损害的，旅行社不承担赔偿责任：①旅游者在旅游行程中，由自身疾病引起的各种损失或损害。②由于旅游者个人过错导致的人身伤亡和财产损失，以及由此导致需支出的各种费用。③旅游者在自行终止旅行社安排的旅游行程后，或在不参加双方约定的活动而自行活动的时间内，发生的人身、财产损害。

（四）旅游保险的办理程序

第一，选择保险公司投保。

第二，办理保险手续。

第三，按照赔付程序进行理赔，包括：（1）提供有关资料。①旅行社责任保险：旅行社或受益人应于知道或应当知道保险事故发生之日起5日内通知保险公司，并收集相关索赔证据或证明。②旅游意外保险：旅游者（被保险人）或受益人应于知道或应当知道保险事故发生之日起5日内通知保险公司，并收集旅游者（被保险人）死亡证明、旅游者致残证明、旅游者支出医疗费用票据等。③航空旅客意外伤害保险：旅游者（被保险人）或受益人应于知道或应当知道保险事故发生之日起5日内通知保险公司，并收集旅游者身故证明、旅游者致残证明、旅游者支出的医疗费用票据等。④中国境外旅行救援意外伤害保险：旅游者（被保险人）或受益人应当知道或应当知道保险事故发生之日起5日内通知保险公司，并收集相关索赔证据或证明。（2）办理索赔手续。根据《中华人民共和国保险法》和保险公司相关规定办理相关理赔事宜。

七、入境接待计调工作的操作原则及注意事项

游客出游的动机及目的各有不同，势必要求组团计调要拓宽视野。国内组团计调不仅要了解本地区的旅游线路，还要熟悉全国的旅游线路，否则无法运用特性对比策划出好的线路产品，应从以下几个方面着手工作：

（1）划分旅游区域，设定区域团号。

（2）策划常规线路，突出主打产品。

（3）建立景区档案，编制游览行程。

（4）选定出团交通，确定线路成本。

(5) 甄选合作关系，核准最终报价。
(6) 设定操作流程，应用规范模板。
(7) 关注同业信息，对比信息变化。
(8) 翔实操作过程，预警团队失误。
(9) 细看接待内容，传真确认备存。
(10) 跟踪团队质量，调整忧患组合。
(11) 学会图表说话，遇事冷静对待。
(12) 树立收客信心，争当公司核心。

任务四　入境接待计调操作流程

任务导入

入境部小梅是专门负责西班牙市场的。该市场在C旅行社一直不太景气，但小梅的热情、执着和良好的专业素养使得西班牙一家大旅行社答应给她一个团让她接待，如果接待得好，今后可以发系列团给她。天公作美，这个团一路上很顺利，领队和客人都非常满意。可是到了最后一站，由于地陪的疏忽，出现了漏接事件，使得先前各个环节的一切努力都付之东流。

该团是一个二次返京团，离境倒数第二天要从西安返京。该团的北京地陪因临时套团，在此团到京的当天刚好去机场送另外一个团，时间又比较接近，所以就直接到机场等候了。按照常规，二次返京的团，陪同都是到汽车公司集合的，除非有特殊情况，计调员会根据外联下发的更改通知单，另行安排。

小梅和计调部的小柯是很要好的朋友。小柯也是个负责、细心的老计调员。小梅有一些急事需要马上处理，所以就口头对小柯说，陪同临时套团，汽车直发机场。小柯不经意地回答说，没问题。然而，时值旺季，团队非常密集，所有员工都在忙碌着。接完一个紧急电话之后，小柯就把这个临时更改忘得一干二净了。结果在团队到达的当天，地陪是左等不见车，右等还是不见车。司机也觉得奇怪，眼看团队所乘班机都快落地了，可是地陪怎么还不出现，赶紧与计调部联系，可碰巧那天小柯又在外办事，好不容易联系上了，谁料她也是“丈二和尚——摸不着头脑”。接着又与小梅联系……就这样，折腾了半天，结果还是让团队在机场干等了半个小时。这下，一切努力全白费了，领队的脸色可想而知。事后，小梅埋怨小柯，而小柯却直喊冤枉，友谊从此有了裂痕，系列团自然是另归他社。

小梅从此案例中应该吸收哪些教训？

任务解析

旺季时，团量集中，工作量大，几乎所有员工都会加班加点地超负荷工作，此种情况下最容易出差错。因此，团量越大、工作越是繁杂，就越要按流程操作。关系再好、事情再多，小梅也不应靠口头更改，而必须严格按流程规范，发书面更改单给小柯，而且必须要有小柯接到更改后的签字确认。这样操作，就不会出现漏接事故了。即便出现，责任也是有据可查的。

入境接待计调的操作与国内接待计调的操作流程基本相同，只是国外入境团队在入境前需要准备好相关手续，如邀请函、中转机票、入境客人的资料登记等。另外，入境团队往往行程长，不单纯是在某一个城市或者区域游览，这样就需要多家旅行社共同操作完成。入境游客从报名、游览到最后结束游览需要很长的时间，在这个过程中入境计调员不仅需要扮演入境接待计调的角色，还需要扮演国内组团计调的角色，因此一定要严格按照工作流程来操作。

相关知识

一、接听境外组团社或境外游客的咨询电话

入境接待计调的工作流程是从接境外组团社或境外游客的咨询电话开始的。境外组团社或境外游客打电话主要是咨询旅游线路和报价。

入境计调在接听电话时应该问清对方单位、姓名、电话、传真（最好能问到手机号）、团号、抵离时间、往返大交通、所需产品（行程线路）、等级标准、团队人数、出行日期、客人有无特殊要求（如风味餐、回民餐、增减住房、禁忌等）、是公司哪位业务员的客户及相关信息，并做好相应的记录。

二、策划旅游线路

（一）入境游旅游目的分析

在 2015 年接受调查的入境游客中，观光游览占 32.4%，休闲度假的占 18.7%，探亲访友占 6.7%，商务活动占 22.4%，参加会议占 6.7%，文体科技交流占 3.5%，购物占 4.1%，医疗保健占 0.7%，其他目的占 4.0%。据调查，40~60 岁年龄段的韩国游客最希望到中国旅游，而万里长城、上海、桂林、长白山等是韩国游客最希望访问的旅游胜地；美国作为世界上最主要的客源输出国，是中国第三大旅游客源国，2015 年来华游客 208.53 万人次。作为世界最大的发达国家与世界最大的发展中国家，美国和中国政治、经济关系交往密切，会有越来越多的美国居民来华旅游。

（二）入境游客的行程特点

从国家旅游局2011年抽样调查结果看，入境游客在我国境内的行程有以下特点。

（1）入境游客仍以短程为主。游览1~3座城市的游客占被调查者的89.1%，比上年提高0.2个百分点；游览4~6座城市和一次游览7座以上城市的游客分别占8.3%和2.3%。

（2）团体游客的平均行程普遍长于散客，团体游客游览4座以上城市的占18.4%，散客占7.8%。

（3）在入境游客中，外国人和台湾同胞的行程相对较长，一次游览4座以上城市的均超过10%；香港同胞和澳门同胞的行程相对较短，分别有96.6%和98.1%的游客一次只游览1~3座城市。

（4）在不同性别的游客中，男性游客的平均行程比女性游客稍长，一次游览1~3座城市的比例分别为88.4%和90.6%。

（5）在不同年龄段的入境游客中，25~44岁和14岁及以下的游客平均行程较短、游览城市最少，一次游览1~3座城市的比例超过90%，分别为92.0%和91.1%；其次是45~64岁和15~24岁的游客，一次游览1~3座城市的比例分别为88.1%和86.9%；65岁及以上年龄段的游客平均行程最长，一次游览4座以上城市的达到20%。

（6）在不同职业的入境游客中，政府工作人员、退休人员、家庭妇女和学生的平均行程普遍较长，一次游览4座以上城市的比例超过10%；技工/工人的平均行程较短，一次游览1~3座城市的为93.5%。

（7）在不同旅游目的的入境游客中，以观光游览为目的的游客的平均行程要长于其他旅游目的的游客，一次游览4座以上城市的占16.6%；而以购物为目的的游客平均行程较短，一次游览1~3座城市的达到99.1%。

（三）入境旅游线路设计注意事项

从对入境游客旅游目的的分析中可以看出，游客来华目的主要有观光游览、休闲度假和参加商务活动等，且不同国家的居民需求各不相同。因此，在设计入境旅游线路时需要注意以下事项。

（1）结合当地特色丰富入境旅游线路种类。面对入境旅游客源市场的多样化需求，除传观光旅游线路外，旅行社要适度开发休闲产品、商务游产品和特种游产品，同时为游客量身定制个性化的旅游线路。

（2）联合政府相关部门和协会共同进行旅游线路的创新和推广。旅游线路的易复制性，使其创新需要政府相关部门的保障和推动，同时入境旅游产品作为国家形象的代表，其推广也需要政府相关部门和行业协会的共同努力。

（3）旅游线路的创新要与历史文化相结合。中国文化元素作为重要旅游吸引物的地位在短期内不会改变，历史文化与旅游线路的深度融合将成为持续吸引入境游客的关键点。

（4）如果境外组团社提供了旅游线路，入境计调就要仔细阅读并审核境外组团社的行程，如认为安排不合理，或地接方面的特殊情况不可能实施的，要向境外组团社说明情况要求更改，并提出相应合理的、可行的建议。

（5）如果境外组团社没有提供旅游线路，入境计调就可以根据境外组团社客户的要求推荐旅行社现有的旅游线路。

（6）如果境外组团社对现有的旅游线路不满意，可以根据游客的要求重新设计旅游线路。经双方协商同意后作为最终的旅游线路。

三、询价、计价、报价

（一）向协作单位询价

如果入境团队是本地入境，只在本地旅游，只需要向本地的餐饮、酒店、汽车租赁公司、景区等部门询价就可以了，与国内接待计调询价相同。

如果入境团队本地入境还要到异地旅游，就还需要向大交通部门、外地接待社询价。以传真的方式向这些相关部门询价，要求对方传真确认接待价格。

（二）计价前需了解的基本条件

1. 时间

酒店（宾馆）的价格随着淡季和旺季的不同，价格有时差异很大，如果对方行程时间不确定，地接计调报价时必须根据出发地到目的地的航班、火车车次等假设一个时间，因为会牵扯抵达或离开的就餐费用。

2. 地点

所有报价的重要因素都必须有旅游地点，到达的城市、每个城市的参观地点，只有确定了参观游览的景点，地接计调才能准确地报价。

3. 人数

1 个人和 10 个人的报价产生的结果肯定不同。这是因为用车、用房、用餐、进入景区会涉及团队价格或散客价格，并且在这种情况下价格差异很大，所以一定要确定人数。如果没有准确的人数或者大概的人数，则无法报价或者只能报两种价格，即团队价和散客价。

4. 交通

所有的旅行都离不开交通，因此要明确地知道从出发地到目的地的交通形式，交通方式不同产生的费用肯定不同，即使是一些省内交通也会存在价格的差异。

5. 特殊要求

入境计调必须意识到不同职业、不同的受教育程度和不同年龄的游客可能会有不同的要求，因此，从行程安排到餐饮服务、娱乐安排、购物等必须考虑周全。根据不同的情况地接计调必须采取不同的接待方式，这就有了价格的不同或变异。在旅游的过程中增加或减少游览项目经常会出现，也会产生价格差异。

6. 旅行社的价格构成

旅行社产品的价格主要由成本、利润和税金三部分组成。成本价格的构成要素主要有交通费、房费、餐费、景点门票费、导游服务费、管理费、附加费、保险费等。

（三）计价

入境计调计价就是在向本地各协作单位、大交通部门、外地接待社询价之后，进行内部计价，把各协作单位的价格加起来，就构成了入境接待社的成本。

（四）如何做好报价

1. 好的报价取决于作业质量

（1）书面质量。旅行社报价以行业专有的格式做出，有别于公文写作，允许省略标题、事由、报抄送等无关项目。其基本要求包括：①抬头格式一定要醒目、规范、讲究，要与企业的CI系统一致。②文本必须清晰，有利于阅读。③字体、字号选择恰当。

（2）文字质量。报价的文字质量体现地接计调的技术等级，其文字表达必须符合行业（或约定俗成）的表达规范：报价行文中，在致敬启者之后，最先概括报价依据（如人数、用房、用车等）；然后按照行程、特殊安排、报价（或单列）联络方式的顺序一一作出，文字要求精练，表达准确，特别是景点描述，要与产品宣传有所区别。

（3）作业速度。过去的规范是24小时回执，随着资讯的发达和竞争的日益加剧，如今的回馈速度从8小时缩短到2小时，甚至10分钟。对方将会不自觉地从回执速度上判断报价方的业务熟练程度，从而决定是否要交付团队。

（4）电话联络（电话答疑）。当对方收到报价，如有扩展问询，或差异核对，电话交流成为必然。原则上，谁报价谁接听。要求：礼貌热情、使用普通话、话音清晰，回答问询准确、果断。忌讳：一忌记错对方称谓，胡答乱对，既失礼又失信；二忌“半自动”普通话，音调失准，贻笑大方；三忌答对含混，如“可能”“应该”，拖泥带水，令对方不知所云；四忌业务不熟，如“稍等，我查一下”等。

2. 好的报价取决于完整的信息

有了整洁、工整的书面表述，就需要可供表达报价的实际内容。实践中，完整的报价必须向询价方传达出以下信息。

（1）充分的业务信息。衡量一个合格的地接计调，其善于获得业务信息并有效地加以运用是首要标准。对实施报价的计调而言，业务信息指对所报价地区的所有与旅游相关资源的认识和把握。如对酒店，不仅要明确所有不同时期的价格，还需要掌握区域、社情、房况、保安、车位、早（正）餐等细节。对用车，不仅要明确价格，还需要通晓车型、配置、车况、驾驶员情况以及偏远线路的停过费用、准确的移动里程等细节。同理，还包括餐饮、景点（门票）、导游等要素。在以上要素中，信息动态的掌控最为关键。因为以上的诸要素经常随淡旺季节、重大活动、政府行为等影响发生变化，所以要求从事报价的人员，对动态信息必须时刻关注。

（2）熟练的操控能力。地接计调熟练的操控能力是取得对方信任的关键。首先，熟练地应对。广东、北京、上海、西安等地区的询价方式各不相同，地接计调既要熟悉地区的询价特征，又要了解组团计调处事的个性，还要有针对性地实施不同的报价策略。其次，熟练的操控。主要表现在快速浏览询价，快速捕捉询价要点，快速表达报价特色，快速形成报价文本，快速传递报价信息。关键要快，反应快、成对快、行文快且流畅，绝不因为小的失误导致“信任”的丢失。最后，是应变自如。面对询价中的不同要求，需要地接社计调在报价中向对方提供多样化的选择。比如，同样线路多样的变化，不同星级住宿的组合，各种交通方式的遴选以及以降低直观价格为目的的报价组合等。

（3）合理的行程配置。报价中的行程叙述是仅次于价格表达的另一大重点。通常，尽量详尽的行程是推导出最终价格的关键。组团社中成熟的计调仅凭地接社的行程叙述，就可以概要地获取很多信息，同时给予地接杜的报价以客观的认同，尽管编排行程有很多规律可供遵循。

（五）对外报价应注意的事项

（1）宜以人民币报价，若以美元或欧元等外币报价，应注明计价汇率和汇率变化的约定条款。

（2）组团社宜先收款、后接待，避免境外旅行社拖欠款。

（3）报价时，应使用双方认可的语言文字，避免因文字不清或疏漏而引起双方的误会和纠纷。

（4）根据境外旅行社的特点和要求，国际入境计调应在本年度适当时间集中向境外旅行社提供下一年度的产品和报价，以便境外旅行社印制产品手册和进行宣传促销；接待旅行社应研究分析市场变化趋势和客户需求，考虑住宿、交通、餐饮、门票、汇率等变化因素。

（5）报价应按照境外旅行社对旅游团行程的要求、合同约定的价格标准、季节、人数、等级和币种，填写旅游日程计价单，报价应包括成本和毛利。

（6）报价应经审核、审批，确保准确无误。

（7）国际入境计调应据实回复具体的行程和内容的安排，特殊项目应列明单项价格。报价后如果发生变更，应在变更的基础上重新报价。直至获得境外旅行社最终确认。

（8）在入境接待社总成本的基础上加上一定的利润（一般是 15%~20%）之后就可以向境外组团社报价了。

（9）报价的项目包括大交通费、住宿费、餐费、景点门票费、导游服务费、大交通费、异地接待费、利润等。

四、与境外组团社签合同

行程和报价确定之后，入境计调就可以与境外组团社签正式的旅游合同了。其中对双方约定的事项进行程序上的确认，是入境计调人员在操作上必不可少的程序。

入境合同没有固定的格式，有些旅行社仍然使用国内合同。但是，一般入境接待旅行社都事先与境外组团社签订了长期的合作协议，基本上都是使用的外文入境合同，每次接待入境游客是直接签订已经拟定好的合同就可以了。

合同内容包括：旅游时间、付款方式及付款时间，交付金额，双方的权利、义务、违约责任等。

在双方协商时应注意文字，避免发生争议。应该向对方提醒合同中的敏感条款，并加以适当的解释和说明。在双方没有任何异议的情况下，签字生效，计调人员一定要注意，如果任何一方没有签字，则该协议或旅游合同将视为无效。

五、计划登录

（一）旅游接待计划的确认内容

（1）确认团队的基本情况，包括境外组团社名称、旅游团名称、团号、国籍、语种、收费标准和方式、领队的姓名；团队组成情况，即人数、姓名、性别、职业、年龄、文化层次、宗教信仰、风俗习惯等。

（2）确认团队安排，包括全程旅游线路、出入境地点，旅游团的上一站所乘交通工具及班次、抵达时刻。

（3）确认下一站的交通票据是否订妥，与原计划有无变更及变更后的落实情况，有无返程票，若有则要确认；有无国内段国际联程机票，若有则要在飞机离站前两天的上午 12 点以前确认；出境机票的票种若是国际联程机要在离境前 72 小时加以确认。

（4）确认入境团队的特殊要求和有关注意事项，如会谈、拜会、宴请、风味餐、住房、用餐、交通及需特殊照顾的老弱病残者。

（5）有无须办通行证地区的游览项目，若有则需及时办好相关手续。

（6）有无增收费用的项目，如机场税、超千米费、额外游览项目等。

（7）旅游团的接待规格及服务范围，例如，团内有无 2 周岁以下婴儿、12 周岁以下儿童，以及餐饮标准等，尤其要了解清楚饭店和餐饮是外方旅行社自订、旅游者自理，还是由地接社代订。

（8）接到境外组团社书面预报计划，将团号、人数、国籍、抵/离机（车）、时间等相关信息登录在当月团队动态表中。

（9）如遇对方口头预报，必须请求对方以书面方式补发计划，或在我方确认书上加盖对方业务专用章并由经手人签名，回传作为确认件。

六、编制团队动态表

入境接待计调要编制接待计划，将人数、陪同数、抵/离航班（车）、时间、住宿酒店、餐厅、参观景点、地接旅行社、接团时间及地点、其他特殊要求等逐一登记在“团队动态表”中。

七、向各接待单位发送计划

（一）本地入境本地游览计划的发送

入境游客系本地入境本地游览，计划的发送与国内接待计调是一样的，只需要给本地的酒店、餐饮、汽车租赁公司等单位发送计划就可以了，并要求各单位书面确认。

（二）本地入境本地异地游览计划的发送

入境游客从本地入境，先在本地游览后到异地游览时，入境计调除了向本地各接待部门发送计划外，还需要向异地接待社、大交通等部门以传真方式发送《团队接待通知书》并要求对方书面确认。如遇变更，及时做出《更改件》，以传真方式向协议地接社发送，并要求对方书面确认。

八、向境外组团社确认计划

入境旅游团是指旅行社通过海外旅游中间商招徕和组织的到中国内地旅行游览的海外旅游团队。入境旅游团停留时间长、外籍人员多、预定期长，落实环节多和活动日程变化多的特点促使国际入境计调必须认真落实用房、用车、用餐、往返交通等事宜。

境外组团社把团队接待计划传真给入境地接社时，在计划中会附有一份回执，要求入境地接社在收到接待计划后，将团队计划落实情况确认后盖章回传给境外组团社。这样，境外组团社收到回执后就可以放心发团了。入境地接社对确认的接待计划负有法律责任，入境接待社以计划确认书的方式进行确认。

九、编制概算

首先，编制团队“预算单”，注明现付费用、用途，交由主管审核后报财务部门审核。其次，填写“借款单”，与“预算单”一并交部门经理审核签字后，再报总经理签字。最后，凭“预算单”“接待计划”“借款单”“车队的回传确认单”“房间回传确认单”等向财务部领取借款。

十、下达计划

入境计调开始编制“接待计划”及附件，由入境计调人员签字并加盖团队计划专用章。接待计划包括团队基本情况（含个性要求）、日程安排、游客名单三个部分。

十一、选派导游

国际入境计调在选派地陪时除了要选派正式导游，要掌握导游人员的基本情况和考查导游人员的业务技能外，还需要注意以下事项。

（一）必须选派至少掌握一门以上外语知识的导游人员

国际入境计调选派的地陪至少掌握一门以上外语知识，且熟悉旅游客源国的风俗习惯、禁忌等，在接待时方便沟通、避免不必要的误会，提高游客满意度。

（二）必须选派具备较强处理突发事件能力的导游人员

入境旅游团停留时间长、外籍人员多、预订期长、落实环节多和活动日程变化多的特点决定了地陪工作的复杂性和易变性，任何一个环节出现问题，都会影响旅行社的声誉甚至是国家的声誉。因此，地陪需要具备较强的处理突发事件的能力。

（三）必须选派政治思想觉悟高的导游人员

在选派地陪接待入境旅游团时，地陪除了要知识渊博、业务技能熟练外，还要具备较高的政治思想觉悟。因为，在接待入境旅游团时，地陪不仅代表个人和旅行社，还代表着整个国家。因此，要求地陪要思想健康，讲解内容要积极向上，时刻维护国家利益和民族尊严。

十二、编制结算，催收接待款

入境计调要需填制公司“团队结算单”，经审核后加盖公司财务专用章。于境外团队抵达前将结算单传真至境外组团社，催收对方把接待款划入旅行社账户。

十三、接团及监督

境外团队到达的前一天入境计调要再次提醒导游注意接团，安排导游准时到机场（火车站、码头、车站）等接团。接团工作开始后，旅行社接待计调将从多方面为旅游者提供服务，旅游者与旅行社的接触也随之增加。

入境计调在实际操作过程中，一定要重视对接团工作的监督管理。如产生问题或投诉，应及时与客户沟通，以最快的速度解决问题，尽量在当地把问题处理好，不要给组团社带来麻烦。

十四、送团管理

在团队顺利结束本地行程或异地行程之后，入境接待计调还要做好送团管理工作，安排导游准时到机场送机，不要造成误机。

要与游客保持良好的关系，努力使之成为自己的朋友，为第二次销售工作打下基础。

十五、报账登账

入境团队行程结束，通知导游员凭“导游报账单”“接待计划”“陪同报告书”“质量反馈单”、原始票据等及时向部门计调人员报账。

入境计调要详细审核导游填写的“陪同报告书”，以此为据填制该“团费用小结单”及“决算单”，交部门经理审核签字后，交财务部并由财务部经理审核签字，总经理签字，向财务部报账。

报账结束后，入境计调应将涉及该团的协议单位的相关款项及时登录到“团队费用往来明细表”中，以便核对。

十六、归档总结

（一）建立团队档案

建立团队档案的主要内容有：境外组团社的询价单（历次询价）、双方签字的确认单（盖章）、客户名单表、合同、缴费单、最终行程表、订车单、订票单。这些资料保存期为两年以上。

（二）总结工作

首先由地陪对整个带团工作进行总结，然后由入境计调检查地陪的带团日志。

处理表扬与投诉：有表扬和投诉都需要报告给部门负责人，有的表扬需要对当事人进行褒奖，或通过一定的宣传，增加旅行社的美誉度；有的投诉涉及多个部门，处理不好，旅行社可能会有名誉或经济损失，入境计调要搞清情况，如实报告给部门领导，做好协调工作。

十七、售后服务

入境计调的售后服务包括以下内容：

一是信息反馈。向境外组团社了解旅游者在旅游中的满意度；根据地接导游收集的游客意见反馈单可以得到旅游的基本信息。入境计调人员对这些信息进行整理、分类，并及时向旅行社主管经理汇报。

二是调整策略。入境计调根据境外组团社或旅游者反馈信息，可以及时、有针对性地调整经营策略，以适应境外旅游者需求不断变化的需要。

三是保持联系。入境计调与境外组团社或旅游者应经常保持联系，以促进彼此的了解，加深感情。

附录一　中华人民共和国旅游法

第一章　总则

第一条　为保障旅游者和旅游经营者的合法权益，规范旅游市场秩序，保护和合理利用旅游资源，促进旅游业持续健康发展，制定本法。

第二条　在中华人民共和国境内的和在中华人民共和国境内组织到境外的游览、度假、休闲等形式的旅游活动以及为旅游活动提供相关服务的经营活动，适用本法。

第三条　国家发展旅游事业，完善旅游公共服务，依法保护旅游者在旅游活动中的权利。

第四条　旅游业发展应当遵循社会效益、经济效益和生态效益相统一的原则。国家鼓励各类市场主体在有效保护旅游资源的前提下，依法合理利用旅游资源。利用公共资源建设的游览场所应当体现公益性质。

第五条　国家倡导健康、文明、环保的旅游方式，支持和鼓励各类社会机构开展旅游公益宣传，对促进旅游业发展做出突出贡献的单位和个人给予奖励。

第六条　国家建立健全旅游服务标准和市场规则，禁止行业垄断和地区垄断。旅游经营者应当诚信经营，公平竞争，承担社会责任，为旅游者提供安全、健康、卫生、方便的旅游服务。

第七条　国务院建立健全旅游综合协调机制，对旅游业发展进行综合协调。

县级以上地方人民政府应当加强对旅游工作的组织和领导，明确相关部门或者机构，对本行政区域的旅游业发展和监督管理进行统筹协调。

第八条　依法成立的旅游行业组织，实行自律管理。

第二章　旅游者

第九条　旅游者有权自主选择旅游产品和服务，有权拒绝旅游经营者的强制交易行为。

旅游者有权知悉其购买的旅游产品和服务的真实情况。

旅游者有权要求旅游经营者按照约定提供产品和服务。

第十条　旅游者的人格尊严、民族风俗习惯和宗教信仰应当得到尊重。

第十一条 残疾人、老年人、未成年人等旅游者在旅游活动中依照法律、法规和有关规定享受便利和优惠。

第十二条 旅游者在人身、财产安全遇有危险时，有请求救助和保护的权利。

旅游者人身、财产受到侵害的，有依法获得赔偿的权利。

第十三条 旅游者在旅游活动中应当遵守社会公共秩序和社会公德，尊重当地的风俗习惯、文化传统和宗教信仰，爱护旅游资源，保护生态环境，遵守旅游文明行为规范。

第十四条 旅游者在旅游活动中或者在解决纠纷时，不得损害当地居民的合法权益，不得干扰他人的旅游活动，不得损害旅游经营者和旅游从业人员的合法权益。

第十五条 旅游者购买、接受旅游服务时，应当向旅游经营者如实告知与旅游活动相关的个人健康信息，遵守旅游活动中的安全警示规定。

旅游者对国家应对重大突发事件暂时限制旅游活动的措施以及有关部门、机构或者旅游经营者采取的安全防范和应急处置措施，应当予以配合。

旅游者违反安全警示规定，或者对国家应对重大突发事件暂时限制旅游活动的措施、安全防范和应急处置措施不予配合的，依法承担相应责任。

第十六条 出境旅游者不得在境外非法滞留，随团出境的旅游者不得擅自分团、脱团。

入境旅游者不得在境内非法滞留，随团入境的旅游者不得擅自分团、脱团。

第三章 旅游规划和促进

第十七条 国务院和县级以上地方人民政府应当将旅游业发展纳入国民经济和社会发展规划。

国务院和省、自治区、直辖市人民政府以及旅游资源丰富的设区的市和县级人民政府，应当按照国民经济和社会发展规划的要求，组织编制旅游发展规划。对跨行政区域且适宜进行整体利用的旅游资源进行利用时，应当由上级人民政府组织编制或者由相关地方人民政府协商编制统一的旅游发展规划。

第十八条 旅游发展规划应当包括旅游业发展的总体要求和发展目标，旅游资源保护和利用的要求和措施，以及旅游产品开发、旅游服务质量提升、旅游文化建设、旅游形象推广、旅游基础设施和公共服务设施建设的要求和促进措施等内容。

根据旅游发展规划，县级以上地方人民政府可以编制重点旅游资源开发利用的专项规划，对特定区域内的旅游项目、设施和服务功能配套提出专门要求。

第十九条 旅游发展规划应当与土地利用总体规划、城乡规划、环境保护规划以及其他自然资源和文物等人文资源的保护和利用规划相衔接。

第二十条 各级人民政府编制土地利用总体规划、城乡规划，应当充分考虑相关旅游项目、设施的空间布局和建设用地要求。规划和建设交通、通信、供水、供电、环保等基础设施和公共服务设施，应当兼顾旅游业发展的需要。

第二十一条 对自然资源和文物等人文资源进行旅游利用，必须严格遵守有关法律、法规的规定，符合资源、生态保护和文物安全的要求，尊重和维护当地传统文化和习俗，维护资源的区域整体性、文化代表性和地域特殊性，并考虑军事设施保护的需要。有关主管部门应当加强对资源保护和旅游利用状况的监督检查。

第二十二条 各级人民政府应当组织对本级政府编制的旅游发展规划的执行情况进行评估，并向社会公布。

第二十三条 国务院和县级以上地方人民政府应当制定并组织实施有利于旅游业持续健康发展的产业政策，推进旅游休闲体系建设，采取措施推动区域旅游合作，鼓励跨区域旅游线路和产品开发，促进旅游与工业、农业、商业、文化、卫生、体育、科教等领域的融合，扶持少数民族地区、革命老区、边远地区和贫困地区旅游业发展。

第二十四条 国务院和县级以上地方人民政府应当根据实际情况安排资金，加强旅游基础设施建设、旅游公共服务和旅游形象推广。

第二十五条 国家制定并实施旅游形象推广战略。国务院旅游主管部门统筹组织国家旅游形象的境外推广工作，建立旅游形象推广机构和网络，开展旅游国际合作与交流。

县级以上地方人民政府统筹组织本地的旅游形象推广工作。

第二十六条 国务院旅游主管部门和县级以上地方人民政府应当根据需要建立旅游公共信息和咨询平台，无偿向旅游者提供旅游景区、线路、交通、气象、住宿、安全、医疗急救等必要信息和咨询服务。设区的市和县级人民政府有关部门应当根据需要在交通枢纽、商业中心和旅游者集中场所设置旅游咨询中心，在景区和通往主要景区的道路设置旅游指示标识。

旅游资源丰富的设区的市和县级人民政府可以根据本地的实际情况，建立旅游客运专线或者游客中转站，为旅游者在城市及周边旅游提供服务。

第二十七条 国家鼓励和支持发展旅游职业教育和培训，提高旅游从业人员素质。

第四章 旅游经营

第二十八条 设立旅行社，招徕、组织、接待旅游者，为其提供旅游服务，应当具备下列条件，取得旅游主管部门的许可，依法办理工商登记：

（一）有固定的经营场所；

（二）有必要的营业设施；

（三）有符合规定的注册资本；

（四）有必要的经营管理人员和导游；

（五）法律、行政法规规定的其他条件。

第二十九条 旅行社可以经营下列业务：

（一）境内旅游；

（二）出境旅游；

（三）边境旅游；

（四）入境旅游；

（五）其他旅游业务。

旅行社经营前款第二项和第三项业务，应当取得相应的业务经营许可，具体条件由国务院规定。

第三十条 旅行社不得出租、出借旅行社业务经营许可证，或者以其他形式非法转让旅行社业务经营许可。

第三十一条 旅行社应当按照规定交纳旅游服务质量保证金，用于旅游者权益损害赔偿和垫付旅游者人身安全遇有危险时紧急救助的费用。

第三十二条 旅行社为招徕、组织旅游者发布信息，必须真实、准确，不得进行虚假宣传，误导旅游者。

第三十三条 旅行社及其从业人员组织、接待旅游者，不得安排参观或者参与违反我国法律、法规和社会公德的项目或者活动。

第三十四条 旅行社组织旅游活动应当向合格的供应商订购产品和服务。

第三十五条 旅行社不得以不合理的低价组织旅游活动，诱骗旅游者，并通过安排购物或者另行付费旅游项目获取回扣等不正当利益。

旅行社组织、接待旅游者，不得指定具体购物场所，不得安排另行付费旅游项目。但是，经双方协商一致或者旅游者要求，且不影响其他旅游者行程安排的除外。

发生违反前两款规定情形的，旅游者有权在旅游行程结束后三十日内，要求旅行社为其办理退货并先行垫付退货货款，或者退还另行付费旅游项目的费用。

第三十六条 旅行社组织团队出境旅游或者组织、接待团队入境旅游，应当按照规定安排领队或者导游全程陪同。

第三十七条 参加导游资格考试成绩合格，与旅行社订立劳动合同或者在相关旅游行业组织注册的人员，可以申请取得导游证。

第三十八条 旅行社应当与其聘用的导游依法订立劳动合同，支付劳动报酬，缴纳社会保险费用。

旅行社临时聘用导游为旅游者提供服务的，应当全额向导游支付本法第六十条第三款规定的导游服务费用。

旅行社安排导游为团队旅游提供服务的，不得要求导游垫付或者向导游收取任何费用。

第三十九条 取得导游证，具有相应的学历、语言能力和旅游从业经历，并与旅行社订立劳动合同的人员，可以申请取得领队证。

第四十条 导游和领队为旅游者提供服务必须接受旅行社委派，不得私自承揽导游和领队业务。

第四十一条 导游和领队从事业务活动，应当佩戴导游证、领队证，遵守职业道德，尊重旅游者的风俗习惯和宗教信仰，应当向旅游者告知和解释旅游文明行为规范，引导旅游者健康、文明旅游，劝阻旅游者违反社会公德的行为。

导游和领队应当严格执行旅游行程安排，不得擅自变更旅游行程或者中止服务活动，不得向旅游者索取小费，不得诱导、欺骗、强迫或者变相强迫旅游者购物或者参加另行付费旅游项目。

第四十二条 景区开放应当具备下列条件，并听取旅游主管部门的意见：

（一）有必要的旅游配套服务和辅助设施；

（二）有必要的安全设施及制度，经过安全风险评估，满足安全条件；

（三）有必要的环境保护设施和生态保护措施；

（四）法律、行政法规规定的其他条件。

第四十三条 利用公共资源建设的景区的门票以及景区内的游览场所、交通工具等另行收费项目，实行政府定价或者政府指导价，严格控制价格上涨。拟收费或者提高价格的，应当举行听证会，征求旅游者、经营者和有关方面的意见，论证其必要性、可行性。

利用公共资源建设的景区，不得通过增加另行收费项目等方式变相涨价；另行收费项目已收回投资成本的，应当相应降低价格或者取消收费。

公益性的城市公园、博物馆、纪念馆等，除重点文物保护单位和珍贵文物收藏单位外，应当逐步免费开放。

第四十四条 景区应当在醒目位置公示门票价格、另行收费项目的价格及团体收费价格。景区提高门票价格应当提前六个月公布。

将不同景区的门票或者同一景区内不同游览场所的门票合并出售的，合并后的价格不得高于各单项门票的价格之和，且旅游者有权选择购买其中的单项票。

景区内的核心游览项目因故暂停向旅游者开放或者停止提供服务的，应当公示并相应减少收费。

第四十五条 景区接待旅游者不得超过景区主管部门核定的最大承载量。景区应当公布景区主管部门核定的最大承载量，制定和实施旅游者流量控制方案，并可以采取门票预约等方式，对景区接待旅游者的数量进行控制。

旅游者数量可能达到最大承载量时，景区应当提前公告并同时向当地人民政府报告，景区和当地人民政府应当及时采取疏导、分流等措施。

第四十六条 城镇和乡村居民利用自有住宅或者其他条件依法从事旅游经营，其管理办法由省、自治区、直辖市制定。

第四十七条 经营高空、高速、水上、潜水、探险等高风险旅游项目，应当按照国家有关规定取得经营许可。

第四十八条 通过网络经营旅行社业务的，应当依法取得旅行社业务经营许可，并在其网站主页的显著位置标明其业务经营许可证信息。

发布旅游经营信息的网站，应当保证其信息真实、准确。

第四十九条 为旅游者提供交通、住宿、餐饮、娱乐等服务的经营者，应当符合法律、法规规定的要求，按照合同约定履行义务。

第五十条 旅游经营者应当保证其提供的商品和服务符合保障人身、财产安全的要求。

旅游经营者取得相关质量标准等级的，其设施和服务不得低于相应标准；未取得质量标准等级的，不得使用相关质量等级的称谓和标识。

第五十一条 旅游经营者销售、购买商品或者服务，不得给予或者收受贿赂。

第五十二条 旅游经营者对其在经营活动中知悉的旅游者个人信息，应当予以保密。

第五十三条 从事道路旅游客运的经营者应当遵守道路客运安全管理的各项制度，并在车辆显著位置明示道路旅游客运专用标识，在车厢内显著位置公示经营者和驾驶人信息、道路运输管理机构监督电话等事项。

第五十四条 景区、住宿经营者将其部分经营项目或者场地交由他人从事住宿、餐饮、购物、游览、娱乐、旅游交通等经营的，应当对实际经营者的经营行为给旅游者造成的损害承担连带责任。

第五十五条 旅游经营者组织、接待出入境旅游，发现旅游者从事违法活动或者有违反本法第十六条规定情形的，应当及时向公安机关、旅游主管部门或者我国驻外机构报告。

第五十六条 国家根据旅游活动的风险程度，对旅行社、住宿、旅游交通以及本法第四十七条规定的高风险旅游项目等经营者实施责任保险制度。

第五章　旅游服务合同

第五十七条 旅行社组织和安排旅游活动，应当与旅游者订立合同。

第五十八条 包价旅游合同应当采用书面形式，包括下列内容：

（一）旅行社、旅游者的基本信息；

（二）旅游行程安排；

（三）旅游团成团的最低人数；

（四）交通、住宿、餐饮等旅游服务安排和标准；

（五）游览、娱乐等项目的具体内容和时间；

（六）自由活动时间安排；

（七）旅游费用及其交纳的期限和方式；

（八）违约责任和解决纠纷的方式；

（九）法律、法规规定和双方约定的其他事项。

订立包价旅游合同时，旅行社应当向旅游者详细说明前款第二项至第八项所载内容。

第五十九条 旅行社应当在旅游行程开始前向旅游者提供旅游行程单。旅游行程单是包价旅游合同的组成部分。

第六十条 旅行社委托其他旅行社代理销售包价旅游产品并与旅游者订立包价旅游合同的，应当在包价旅游合同中载明委托社和代理社的基本信息。

旅行社依照本法规定将包价旅游合同中的接待业务委托给地接社履行的，应当在包价旅游合同中载明地接社的基本信息。

安排导游为旅游者提供服务的，应当在包价旅游合同中载明导游服务费用。

第六十一条 旅行社应当提示参加团队旅游的旅游者按照规定投保人身意外伤害保险。

第六十二条 订立包价旅游合同时，旅行社应当向旅游者告知下列事项：

（一）旅游者不适合参加旅游活动的情形；

（二）旅游活动中的安全注意事项；

（三）旅行社依法可以减免责任的信息；

（四）旅游者应当注意的旅游目的地相关法律、法规和风俗习惯、宗教禁忌，依照中国法律不宜参加的活动等；

（五）法律、法规规定的其他应当告知的事项。

在包价旅游合同履行中，遇有前款规定事项的，旅行社也应当告知旅游者。

第六十三条 旅行社招徕旅游者组团旅游，因未达到约定人数不能出团的，组团社可以解除合同。但是，境内旅游应当至少提前七日通知旅游者，出境旅游应当至少提前三十日通知旅游者。

因未达到约定人数不能出团的，组团社经征得旅游者书面同意，可以委托其他旅行社履行合同。组团社对旅游者承担责任，受委托的旅行社对组团社承担责任。旅游者不同意的，可以解除合同。

因未达到约定的成团人数解除合同的，组团社应当向旅游者退还已收取的全部费用。

第六十四条 旅游行程开始前，旅游者可以将包价旅游合同中自身的权利义务转让给第三人，旅行社没有正当理由的不得拒绝，因此增加的费用由旅游者和第三人承担。

第六十五条 旅游行程结束前，旅游者解除合同的，组团社应当在扣除必要的费用后，将余款退还旅游者。

第六十六条 旅游者有下列情形之一的，旅行社可以解除合同：

（一）患有传染病等疾病，可能危害其他旅游者健康和安全的；

（二）携带危害公共安全的物品且不同意交有关部门处理的；

（三）从事违法或者违反社会公德的活动的；

（四）从事严重影响其他旅游者权益的活动，且不听劝阻、不能制止的；

（五）法律规定的其他情形。

因前款规定情形解除合同的，组团社应当在扣除必要的费用后，将余款退还旅游者；给旅行社造成损失的，旅游者应当依法承担赔偿责任。

第六十七条 因不可抗力或者旅行社、履行辅助人已尽合理注意义务仍不能避免的事件，影响旅游行程的，按照下列情形处理：

（一）合同不能继续履行的，旅行社和旅游者均可以解除合同。合同不能完全履行的，旅行社经向旅游者做出说明，可以在合理范围内变更合同；旅游者不同意变更的，可以解除合同。

（二）合同解除的，组团社应当在扣除已向地接社或者履行辅助人支付且不可退还的费用后，将余款退还旅游者；合同变更的，因此增加的费用由旅游者承担，减少的费用退还旅游者。

（三）危及旅游者人身、财产安全的，旅行社应当采取相应的安全措施，因此支出的费用，由旅行社与旅游者分担。

（四）造成旅游者滞留的，旅行社应当采取相应的安置措施。因此增加的食宿费用，由旅游者承担；增加的返程费用，由旅行社与旅游者分担。

第六十八条 旅游行程中解除合同的，旅行社应当协助旅游者返回出发地或者旅游者指定的合理地点。由于旅行社或者履行辅助人的原因导致合同解除的，返程费用由旅行社承担。

第六十九条 旅行社应当按照包价旅游合同的约定履行义务，不得擅自变更旅游行程安排。

经旅游者同意，旅行社将包价旅游合同中的接待业务委托给其他具有相应资质的地接社履行的，应当与地接社订立书面委托合同，约定双方的权利和义务，向地接社提供与旅游者订立的包价旅游合同的副本，并向地接社支付不低于接待和服务成本的费用。地接社应当按照包价旅游合同和委托合同提供服务。

第七十条 旅行社不履行包价旅游合同义务或者履行合同义务不符合约定的，应当依法承担继续履行、采取补救措施或者赔偿损失等违约责任；造成旅游者人身损害、财产损失的，应当依法承担赔偿责任。旅行社具备履行条件，经旅游者要求仍拒绝履行合同，造成旅游者人身损害、滞留等严重后果的，旅游者还可以要求旅行社支付旅游费用一倍以上三倍以下的赔偿金。

由于旅游者自身原因导致包价旅游合同不能履行或者不能按照约定履行，或者造成旅游者人身损害、财产损失的，旅行社不承担责任。

在旅游者自行安排活动期间，旅行社未尽到安全提示、救助义务的，应当对旅游者的人身损害、财产损失承担相应责任。

第七十一条 由于地接社、履行辅助人的原因导致违约的，由组团社承担责任；组团社承担责任后可以向地接社、履行辅助人追偿。

由于地接社、履行辅助人的原因造成旅游者人身损害、财产损失的，旅游者可以要求地接社、履行辅助人承担赔偿责任，也可以要求组团社承担赔偿责任；组团社承担责任后可以向地接社、履行辅助人追偿。但是，由于公共交通经营者的原因造成旅游者人身损害、财产损失的，由公共交通经营者依法承担赔偿责任，旅行社应当协助旅游者向公共交通经营者索赔。

第七十二条 旅游者在旅游活动中或者在解决纠纷时，损害旅行社、履行辅助人、旅游从业人员或者其他旅游者的合法权益的，依法承担赔偿责任。

第七十三条 旅行社根据旅游者的具体要求安排旅游行程，与旅游者订立包价旅游合同的，旅游者请求变更旅游行程安排，因此增加的费用由旅游者承担，减少的费用退还旅游者。

第七十四条 旅行社接受旅游者的委托，为其代订交通、住宿、餐饮、游览、娱乐等旅游服务，收取代办费用的，应当亲自处理委托事务。因旅行社的过错给旅游者造成损失的，旅行社应当承担赔偿责任。

旅行社接受旅游者的委托，为其提供旅游行程设计、旅游信息咨询等服务的，应当保证设计合理、可行，信息及时、准确。

第七十五条 住宿经营者应当按照旅游服务合同的约定为团队旅游者提供住宿服务。住宿经营者未能按照旅游服务合同提供服务的，应当为旅游者提供不低于原定标准的住宿服务，因此增加的费用由住宿经营者承担；但由于不可抗力、政府因公共利益需要采取措施造成不能提供服务的，住宿经营者应当协助安排旅游者住宿。

第六章　旅游安全

第七十六条 县级以上人民政府统一负责旅游安全工作。县级以上人民政府有关部门依照法律、法规履行旅游安全监管职责。

第七十七条 国家建立旅游目的地安全风险提示制度。旅游目的地安全风险提示的级别划分和实施程序，由国务院旅游主管部门会同有关部门制定。

县级以上人民政府及其有关部门应当将旅游安全作为突发事件监测和评估的重要内容。

第七十八条 县级以上人民政府应当依法将旅游应急管理纳入政府应急管理体系，制定应急预案，建立旅游突发事件应对机制。

突发事件发生后，当地人民政府及其有关部门和机构应当采取措施开展救援，并协助旅游者返回出发地或者旅游者指定的合理地点。

第七十九条 旅游经营者应当严格执行安全生产管理和消防安全管理的法律、法规和国家标准、行业标准，具备相应的安全生产条件，制定旅游者安全保护制度和应急预案。

旅游经营者应当对直接为旅游者提供服务的从业人员开展经常性应急救助技能培训，对提供的产品和服务进行安全检验、监测和评估，采取必要措施防止危害发生。

旅游经营者组织、接待老年人、未成年人、残疾人等旅游者，应当采取相应的安全保障措施。

第八十条 旅游经营者应当就旅游活动中的下列事项，以明示的方式事先向旅游者作出说明或者警示：

（一）正确使用相关设施、设备的方法；

（二）必要的安全防范和应急措施；

（三）未向旅游者开放的经营、服务场所和设施、设备；

（四）不适宜参加相关活动的群体；

（五）可能危及旅游者人身、财产安全的其他情形。

第八十一条 突发事件或者旅游安全事故发生后，旅游经营者应当立即采取必要的救助和处置措施，依法履行报告义务，并对旅游者做出妥善安排。

第八十二条 旅游者在人身、财产安全遇有危险时，有权请求旅游经营者、当地政府和相关机构进行及时救助。

中国出境旅游者在境外陷于困境时，有权请求我国驻当地机构在其职责范围内给予协助和保护。

旅游者接受相关组织或者机构的救助后，应当支付应由个人承担的费用。

第七章　旅游监督管理

第八十三条 县级以上人民政府旅游主管部门和有关部门依照本法和有关法律、法规的规定，在各自职责范围内对旅游市场实施监督管理。

县级以上人民政府应当组织旅游主管部门、有关主管部门和工商行政管理、产品质量监督、交通等执法部门对相关旅游经营行为实施监督检查。

第八十四条 旅游主管部门履行监督管理职责，不得违反法律、行政法规的规定向监督管理对象收取费用。

旅游主管部门及其工作人员不得参与任何形式的旅游经营活动。

第八十五条 县级以上人民政府旅游主管部门有权对下列事项实施监督检查：

（一）经营旅行社业务以及从事导游、领队服务是否取得经营、执业许可；

（二）旅行社的经营行为；

（三）导游和领队等旅游从业人员的服务行为；

（四）法律、法规规定的其他事项。

旅游主管部门依照前款规定实施监督检查，可以对涉嫌违法的合同、票据、账簿以及其他资料进行查阅、复制。

第八十六条 旅游主管部门和有关部门依法实施监督检查，其监督检查人员不得少于二人，并应当出示合法证件。监督检查人员少于二人或者未出示合法证件的，被检查单位和个人有权拒绝。

监督检查人员对在监督检查中知悉的被检查单位的商业秘密和个人信息应当依法保密。

第八十七条 对依法实施的监督检查，有关单位和个人应当配合，如实说明情况并提供文件、资料，不得拒绝、阻碍和隐瞒。

第八十八条 县级以上人民政府旅游主管部门和有关部门，在履行监督检查职责中或者在处理举报、投诉时，发现违反本法规定行为的，应当依法及时做出处理；对不属于本部门职责范围的事项，应当及时书面通知并移交有关部门查处。

第八十九条 县级以上地方人民政府建立旅游违法行为查处信息的共享机制，对需要跨部门、跨地区联合查处的违法行为，应当进行督办。

旅游主管部门和有关部门应当按照各自职责，及时向社会公布监督检查的情况。

第九十条 依法成立的旅游行业组织依照法律、行政法规和章程的规定，制定行业经营规范和服务标准，对其会员的经营行为和服务质量进行自律管理，组织开展职业道德教育和业务培训，提高从业人员素质。

第八章 旅游纠纷处理

第九十一条 县级以上人民政府应当指定或者设立统一的旅游投诉受理机构。受理机构接到投诉，应当及时进行处理或者移交有关部门处理，并告知投诉者。

第九十二条 旅游者与旅游经营者发生纠纷，可以通过下列途径解决：

（一）双方协商；

（二）向消费者协会、旅游投诉受理机构或者有关调解组织申请调解；

（三）根据与旅游经营者达成的仲裁协议提请仲裁机构仲裁；

（四）向人民法院提起诉讼。

第九十三条 消费者协会、旅游投诉受理机构和有关调解组织在双方自愿的基础上，依法对旅游者与旅游经营者之间的纠纷进行调解。

第九十四条 旅游者与旅游经营者发生纠纷，旅游者一方人数众多并有共同请求的，可以推选代表人参加协商、调解、仲裁、诉讼活动。

第九章 法律责任

第九十五条 违反本法规定，未经许可经营旅行社业务的，由旅游主管部门或者工商行政管理部门责令改正，没收违法所得，并处一万元以上十万元以下罚款；违法所得十万元以上的，并处违法所得一倍以上五倍以下罚款；对有关责任人员，处二千元以上二万元以下罚款。

旅行社违反本法规定，未经许可经营本法第二十九条第一款第二项、第三项业务，或者出租、出借旅行社业务经营许可证，或者以其他方式非法转让旅行社业务经营许可的，除依照前款规定处罚外，并责令停业整顿；情节严重的，吊销旅行社业务经营许可证；对直接负责的主管人员，处二千元以上二万元以下罚款。

第九十六条 旅行社违反本法规定，有下列行为之一的，由旅游主管部门责令改正，没收违法所得，并处五千元以上五万元以下罚款；情节严重的，责令停业整顿或者吊销旅行社业务经营许可证；对直接负责的主管人员和其他直接责任人员，处二千元以上二万元以下罚款：

（一）未按照规定为出境或者入境团队旅游安排领队或者导游全程陪同的；

（二）安排未取得导游证或者领队证的人员提供导游或者领队服务的；

（三）未向临时聘用的导游支付导游服务费用的；

（四）要求导游垫付或者向导游收取费用的。

第九十七条 旅行社违反本法规定，有下列行为之一的，由旅游主管部门或者有关部门责令改正，没收违法所得，并处五千元以上五万元以下罚款；违法所得五万元以上的，并处违法所得一倍以上五倍以下罚款；情节严重的，责令停业整顿或者吊销旅行社业务经营许可证；对直接负责的主管人员和其他直接责任人员，处二千元以上二万元以下罚款：

（一）进行虚假宣传，误导旅游者的；

（二）向不合格的供应商订购产品和服务的；

（三）未按照规定投保旅行社责任保险的。

第九十八条 旅行社违反本法第三十五条规定的，由旅游主管部门责令改正，没收违法所得，责令停业整顿，并处三万元以上三十万元以下罚款；违法所得三十万元以上的，并处违法所得一倍以上五倍以下罚款；情节严重的，吊销旅行社业务经营许可证；对直接负责的主管人员和其他直接责任人员，没收违法所得，处二千元以上二万元以下罚款，并暂扣或者吊销导游证、领队证。

第九十九条 旅行社未履行本法第五十五条规定的报告义务的，由旅游主管部门处五千元以上五万元以下罚款；情节严重的，责令停业整顿或者吊销旅行社业务经营许可证；对直接负责的主管人员和其他直接责任人员，处二千元以上二万元以下罚款，并暂扣或者吊销导游证、领队证。

第一百条 旅行社违反本法规定，有下列行为之一的，由旅游主管部门责令改正，处三万元以上三十万元以下罚款，并责令停业整顿；造成旅游者滞留等严重后果的，吊销旅行社业务经营许可证；对直接负责的主管人员和其他直接责任人员，处二千元以上二万元以下罚款，并暂扣或者吊销导游证、领队证：

（一）在旅游行程中擅自变更旅游行程安排，严重损害旅游者权益的；

（二）拒绝履行合同的；

（三）未征得旅游者书面同意，委托其他旅行社履行包价旅游合同的。

第一百零一条 旅行社违反本法规定，安排旅游者参观或者参与违反我国法律、法规和社会公德的项目或者活动的，由旅游主管部门责令改正，没收违法所得，责令停业整顿，并处二万元以上二十万元以下罚款；情节严重的，吊销旅行社业务经营许可证；对直接负责的主管人员和其他直接责任人员，处二千元以上二万元以下罚款，并暂扣或者吊销导游证、领队证。

第一百零二条 违反本法规定，未取得导游证或者领队证从事导游、领队活动的，由旅游主管部门责令改正，没收违法所得，并处一千元以上一万元以下罚款，予以公告。

导游、领队违反本法规定，私自承揽业务的，由旅游主管部门责令改正，没收违法所得，处一千元以上一万元以下罚款，并暂扣或者吊销导游证、领队证。

导游、领队违反本法规定，向旅游者索取小费的，由旅游主管部门责令退还，处一千元以上一万元以下罚款；情节严重的，并暂扣或者吊销导游证、领队证。

第一百零三条 违反本法规定被吊销导游证、领队证的导游、领队和受到吊销旅行社业务经营许可证处罚的旅行社的有关管理人员，自处罚之日起未逾三年的，不得重新申请导游证、领队证或者从事旅行社业务。

第一百零四条 旅游经营者违反本法规定，给予或者收受贿赂的，由工商行政管理部门依照有关法律、法规的规定处罚；情节严重的，并由旅游主管部门吊销旅行社业务经营许可证。

第一百零五条 景区不符合本法规定的开放条件而接待旅游者的，由景区主管部门责令停业整顿直至符合开放条件，并处二万元以上二十万元以下罚款。

景区在旅游者数量可能达到最大承载量时，未依照本法规定公告或者未向当地人民政府报告，未及时采取疏导、分流等措施，或者超过最大承载量接待旅游者的，由景区主管部门责令改正，情节严重的，责令停业整顿一个月至六个月。

第一百零六条 景区违反本法规定，擅自提高门票或者另行收费项目的价格，或者有其他价格违法行为的，由有关主管部门依照有关法律、法规的规定处罚。

第一百零七条 旅游经营者违反有关安全生产管理和消防安全管理的法律、法规或者国家标准、行业标准的，由有关主管部门依照有关法律、法规的规定处罚。

第一百零八条 对违反本法规定的旅游经营者及其从业人员，旅游主管部门和有关部门应当记入信用档案，向社会公布。

第一百零九条 旅游主管部门和有关部门的工作人员在履行监督管理职责中，滥用职权、玩忽职守、徇私舞弊，尚不构成犯罪的，依法给予处分。

第一百一十条 违反本法规定，构成犯罪的，依法追究刑事责任。

第十章 附则

第一百一十一条 本法下列用语的含义：

（一）旅游经营者，是指旅行社、景区以及为旅游者提供交通、住宿、餐饮、购物、娱乐等服务的经营者。

（二）景区，是指为旅游者提供游览服务、有明确的管理界限的场所或者区域。

（三）包价旅游合同，是指旅行社预先安排行程，提供或者通过履行辅助人提供交通、住宿、餐饮、游览、导游或者领队等两项以上旅游服务，旅游者以总价支付旅游费用的合同。

（四）组团社，是指与旅游者订立包价旅游合同的旅行社。

（五）地接社，是指接受组团社委托，在目的地接待旅游者的旅行社。

（六）履行辅助人，是指与旅行社存在合同关系，协助其履行包价旅游合同义务，实际提供相关服务的法人或者自然人。

第一百一十二条 本法自 2013 年 10 月 1 日起施行。

附录二　国外旅游目的地主要景点介绍

一、亚洲

我国公民一般常去旅游的亚洲国家主要有东南亚诸国、韩国、日本、印度和尼泊尔等。

东南亚地区共有 11 个国家即越南、老挝、柬埔寨、泰国、缅甸、马来西亚、新加坡、印度尼西亚、文莱、菲律宾、东帝汶，世界各国习惯把越、老、柬、泰、缅 5 国统称为东南亚的“陆地国家”或“半岛国家”；而将马、新、印尼、文、菲五国称为东南亚的“海洋国家”或“海岛国家”。

在旅游界，一般说的东南亚旅游首先指的是常规“新马泰”10 日游或 11 日游，其次是几大海岛的自由行。东南亚各国的旅游资源丰富多彩，在自然旅游资源方面，东南亚国家（除老挝这个唯一的内陆国外）都有漫长的海岸线，泰国的芭堤雅海滩、马来西亚的波德申海滩和菲律宾的马尼拉海滩都是著名的海滨游览地。在人文旅游资源方面，东南亚地区拥有被称为古代东方四大奇迹的印度尼西亚的婆罗浮屠和柬埔寨的吴哥窟，缅甸的仰光大金塔据传已有 2500 年的历史，印度尼西亚“爪哇猿人”遗址，越南的“和平文化”“东山文化”遗址等。此外，东南亚所有的国家都属于多民族国家，各民族世代相传的习俗和民族特色增添了游人的极大乐趣。

1. 最高法院

新加坡最高法院与政府大厦相邻，建于 1939 年。它有科林斯式的石柱、经典的设计，以及由意大利画家创作的壁画所装饰的宽敞的内部空间，风格华丽，尤其中央的青铜色圆顶，更能代表古典主义精神，是英国殖民时期最精致的建筑。

最高法院允许公众参观，聆听法院的公开审理。不过，到场聆听时必须穿戴整齐，不可穿短裤、背心或拖鞋。院内不允许携带照相和摄影器，其他电子设备也必须调至静音状态。

2. 鱼尾狮公园

鱼尾狮公园是新加坡面积最小的公园，面积只有 0. 0071 公顷。公园的主题就是屹立在安德逊桥旁边的鱼尾狮塑像：鱼尾狮在 1964 年由前范克里夫水族馆馆长布仑纳设计，是新加坡旅游局的前标志。新加坡旅游局之后委任著名雕像家林浪新按照布仑纳的设计，耗资16万余元，雕刻了这尊高7米的鱼尾狮像，并在1972年3月置于新加坡河河口。夜晚设在基座下的灯光就会将鱼尾狮照亮，鱼尾狮会从口中喷射出冲力强劲的水柱。不远处的小鱼尾狮坐立在造型独特的水池中，也会与鱼尾狮不时呼应，喷射水柱。

坐立在水波上的狮头鱼身的鱼尾狮，其设计理念将事实和传说合二为一。狮头代表传说中的狮城新加坡；鱼尾象征古城淡马锡，并代表新加坡是由一个小渔村发展起来的。据《马来纪年》记载，新加坡古时被称为淡马锡，在爪哇语中为海洋之意。2002年9月15日，守护了新加坡河河口30年的鱼尾狮迁址到新居，新居位于浮尔顿一号隔邻的填海地，面积2500平方米，大约是旧址的4倍。

3. 圣淘沙

圣淘沙位于新加坡本岛南部，离市中心0.5千米。这个田园式的度假岛屿，是新加坡最为迷人的度假小岛，占地390公顷，有着多姿多彩的娱乐设施和休闲活动区域，被誉为欢乐宝石。岛上青葱翠绿，有引人入胜的探险乐园、博物馆和历史遗迹等，远离城市喧嚣。爱海的人可以沿着沙滩享受轻松的水上活动。而对于热爱自然的人，圣淘沙有天然人行道——龙道、海底世界、胡姬花园、世界昆虫博物馆可欣赏。在历史景点方面，则有西乐索炮台、海事博物馆和新加坡万象馆。主题公园中有梦幻岛、火焰山和两个风景优美、极富挑战性的18洞高尔夫球场。在离37米的鱼尾狮塔上，游人可从圣淘沙远眺市区的高楼大厦及环绕四周小岛的景色。入夜后的音乐喷泉，随着交响乐的节奏翩翩起舞。

4. 国会大厦

旧国会大厦建于1827年，是新加坡最古老的政府建筑物。国会大厦是新加坡选民代表的议会场所。国会开会时，公众可以旁听，同时提供四种官方语言（英语、马来语、汉语和泰米尔语）的翻译。这座由乔治·科尔门（George Coleman）设计与建造的建筑物昔日是新加坡民主制度下的国会大厦，现已改为旧国会大厦艺术之家。旧国会大厦艺术之家是一个极具吸引力的场所，展现了新加坡国内外艺术家所创造的现代视觉艺术、音乐、舞蹈、电影与话剧。走入“时光的长廊”，可从展览品中了解当年国会大厦的精神面貌与多个著名人物，也不要错过竖立在这所雄伟的国家建筑外的铜像，它是暹罗朱拉隆功国王于1871年所赠的礼物。

5. 独立广场

独立广场是马来西亚最有纪念意义的地点，它是象征马来西亚脱离英国殖民统治，获得民族自由的地方。在1957年的8月31日午夜，英国国旗缓缓下降，马来西亚国旗取而代之在高空飘扬。也正因如此，每年的8月31日，马来西亚的公民都会来到这里庆祝国家独立。

6. 三保庙

马六甲城内有一条三保街，沿着这条街走去，就可以到达著名的“三保庙”。三保庙是为了纪念1405~1435年间七下西洋的中国明朝三保太监郑和而建的。整个建筑飞檐翘角，红柱粉墙黛瓦，富含中国民族建筑风格。据说，建筑物的所有材料哪怕是一砖一瓦，都是从中国运来的。

7. 国家博物馆

国家博物馆位于吉隆坡湖滨公园（Taman Tasik Perdana）旁边，在1963年设立，是马来西亚主要的博物馆，是丰富文化遗产的宝库，也是将国家历史留传广布的中心。博物馆内设有多个展览馆，分门别类地展示珍贵的历史资料，包括历史文物展览馆、金属与乐器展览馆、文化艺术馆、国家体育展览馆及自然历史博物馆。

8. 清真寺

马来西亚国家清真寺是世界著名的清真寺，也是目前东南亚地区最大的清真寺。它是马来西亚人举行国家宗教仪式的重要场所，位于吉隆坡繁华的中心地带，紧邻中央火车站。

马来西亚国家清真寺面积约为5.5公顷，于1965年竣工，是马来西亚著名建筑设计师在考察世界上重要的清真寺后精心设计而成的。典雅的环境与独特的设计，使国家清真寺不但成为虔诚教徒朝圣的重要场所和向往的圣地，也成为吉隆坡的一道著名景点。

9. 云顶赌场

云顶在马来西亚吉隆坡东北约50千米处，面积约4900公顷，是东南最大的高原避暑地，也是马来西亚唯一的合法赌场。“云顶”是亚洲为数不多的，堪与澳门葡京赌场相提并论的赌场之一。云顶集团的老板林梧桐1918年生于福建，20岁来到马来西亚谋生，是个木匠出身的建筑商。1965年，林梧桐在云顶高原兴建酒店，1970年获首相特许在酒店开办赌场。

云顶赌场其实更像是一个大的娱乐城，除了庞大的酒店外，还有花园游乐场、室内体育馆及高尔夫球场等。云顶赌场里的“云星剧场”也是华人巨星经常光临之地。这种将赌博与其他娱乐业“打包”在一起的方式，或许也正是云顶的吸引人之处。

10. 圣保罗教堂

位于马六甲河口的升旗山，建于1521年，为葡萄牙人所建。1670年荷兰人占领马六甲后将教堂用作城堡，今天在外墙上仍可见到不少子弹孔。1753年，荷兰人另建一座教堂，而圣保罗教堂则作为荷兰贵族的墓地，现在仍保留一些刻有拉丁文和葡萄牙文的墓碑。在教堂内有一座墓穴，是1553年圣芳济各的临时墓地，传说圣芳济各死后肉身不坏，荷兰人不信，起其尸体，斩其右手，血流如注，后人确信此事，遂把他的尸体移葬在印度的果亚。

11. 荷兰红屋

红屋是座荷兰式建筑，厚重的硬木、铁链、石墙令它显得坚实朴素。它于1650年完工，曾是荷兰总督及随员的政治机构所在，现在只有一间房仍保留着17世纪花雕木质天花板。目前这里是马六甲历史、人文和文学博物馆，收藏葡萄牙人和荷兰人的纪念物品，展览华人和马来人的传统结婚礼服及介绍马六甲历史。

12. 泰国皇宫

大多数游客在泰国旅游的第一站都是泰国皇宫，因为它不仅是一个观光点，更是曼谷的标志。这座皇宫由白色的宫墙围绕，占地约 1 平方英里（约 2.6 平方千米）。此皇宫建于 1782 年，包含了数栋建筑，雕梁画栋，美不胜收。至于玉佛寺，正是位于宫内的皇家庙宇，寺中供奉的玉佛是泰国最庄严的佛像。

13. 玉佛寺

全称“嘉园纳瑟沙拉南佛院”，又称护国寺，是泰国唯一没有和尚居住的佛寺。占地 2.1 万平方米，始建于 1782 年。以后历代君王对佛寺建筑都进行过修缮。有 22 座寺庙，是泰国曼谷王族供奉玉佛和泰王举行登基加冕典礼及皇家举行佛教仪式、各种祭礼活动的场所，主要建筑有玉佛殿、新天阁、钟楼、藏经殿、先王殿、佛骨殿、藏经堂、尖顶佛堂、骨灰堂等。院内更有矗立如林的佛塔。

14. 五世皇柚木行宫

世界上最大的金色柚木建筑，整个宫殿建筑没有使用一颗钉子，内部装饰是纯粹的 19 世纪欧式风格，显示了当时泰国王室学习西方以强国的决心。从宫殿向外仰望，夕阳西下的时候，金柚木制造的宫殿闪烁出令人迷醉的金黄色。

为拉玛五世（朱拉隆功王）日常生活的宫殿 1868 年建成，1910 年迁至现在的地址。从拉玛五世逝世后，宫殿未再使用。一直到 1983 年纪念曼谷建都 200 周年时，在现今的泰国王后的旨令下，宫殿才开始向公众开放。

宫殿为三层建筑，全部用柚木为材料修建，宫殿样式融西洋式和泰国传统建筑风格为一体，设计者是拉玛四世的儿子——纳里沙拉奴哇提翁亲王。宫殿内有展示世界各国餐具和生活用品的博物馆，共开放了 31 间展览室，卧室、盥洗室等都保留当年的原貌。

15. 鳄鱼潭

北榄鳄鱼湖动物园是泰国著名游览胜地，离曼谷市区 10 千米，坐落在昭披耶河入海处的北榄府境内。动物园占地 33.33 公顷，是世界最大的鳄鱼养殖场，养殖场内分池饲养着泰国以及世界各地 20 多种大小鳄鱼。其中包括南美、非洲和大洋洲的各类咸、淡水鳄鱼以及印度的尖嘴鳄、中国扬子鳄等，共计 4 万多条。大的重千斤，小的才孵化出来不到一尺长，从灰褐色鳄鱼到珍贵的白色鳄鱼，应有尽有。

16. 九世王御园

九世王御园位于曼谷市东南部，面积约 80 公顷，被称为曼谷的“颐和园”，是泰国最大的公园，也是曼谷最大的植物园。是为庆祝拉玛九世国王普密蓬·杜德的六十寿辰，于 1987 年 12 月兴建的。御园由祝寿堂、植物园、水晶湖、乐园、人民运动场和水园六部分组成，还包括中国、美国、英国、法国、意大利和西班牙等国政府和民间所捐建的代表各自国家风格的小园林。

17. 蛇园

蛇园（毒蛇研究所）原为巴斯德研究院，是世界两大毒蛇研究所之一，也被称为“蛇医院”。它在东南亚是独一无二的，以研究毒蛇著称。工作人员收集毒蛇，取其毒液做抗毒血清，医治被毒蛇咬伤的病人。泰国被称为毒蛇的宝库，蛇类品种众多。研究所附设的毒蛇场内饲养着大量毒蛇，数千条毒蛇分门别类地被饲养在设备良好的玻璃房里。

18. 巴厘岛

巴厘岛在印度尼西亚有“千寺之岛”“艺术之岛”之称，岛上居民大多信仰阿加玛印度教，它是11世纪由苏门答腊与爪哇两岛上的印度教徒传入的，除了供奉三大天神（梵天、毗湿奴、湿婆神）和佛教的释迦牟尼，还祭拜太阳神、水神、火神、风神等。15世纪，许多艺术家从爪哇来到巴厘岛。现在岛上的庙宇、神龛、横梁、石基上，随处可见神像、飞禽走兽、奇花异草等浮雕。巴厘岛是世界各地游客青睐的度假海岛之一。漂亮的海滨风光在这里随处可见，其中最有名的是萨努尔、库塔和努萨都亚三个海滩。

海神庙是巴厘岛最重要的海边庙宇之一，始建于16世纪。该庙坐落在海边一块巨大的岩石上，每逢潮涨之时，岩石被海水包围，整座寺庙与陆地隔绝，孤零零地矗立在海水中，只在落潮时才与陆地相连。据说寺庙建成时忽逢巨浪，寺庙岌岌可危，于是寺内和尚解下身上腰带抛入海中，腰带化为两条海蛇，终于镇住风浪。从此海蛇也成为寺庙的守护神。

19. 婆罗浮屠

现今世界最大的佛塔遗迹就是建于8世纪的婆罗浮屠佛塔。它还是南半球最宏伟的古迹、世界闻名的石刻艺术宝库、东方五大奇迹之一，素有“印尼的金字塔”之称。

婆罗浮屠是世界最大的古老佛塔，位于爪哇岛中部马吉冷婆罗浮屠村，在日惹市北边，距高区约41千米。游客一般都从日惹乘车前往参观，行程约40分钟。这座已有1000多年历史的宏伟佛教建筑，与中国万里长城、埃及金字塔和柬埔寨吴哥窟一起，被誉为古代东方的四大奇迹，联合国教科文组织将它列入“世界遗产名录”，每天都有大批国内外游客来此参观游览。

20. 吴哥窟

1992年被列入世界文化遗产，此后吴哥窟成为柬埔寨的旅游胜地。100多年来，世界各国投入大量资金用在吴哥窟的维护上，以保护这份世界文化遗产。吴哥窟的造型，已经成为柬埔寨国家的标志，展现在柬埔寨的国旗上。

21. 仰光大金塔

仰光大金塔高度为98米，表面则镀上了一层金，再加上它位于皇家园林西的圣山之上，所以这座塔也就在仰光市天际线中独占鳌头了。它是缅甸最神圣的佛塔，因为其供奉了四位佛陀的遗物，包括拘留孙佛（Kakusandha）的杖、正等觉金寂佛（Konaganmm）的净水器、迦叶佛（Kassapa）的袍及佛祖释迦牟尼的八根头发。

金碧辉煌的缅甸仰光大金塔，与印度尼西亚的婆罗浮屠塔和柬埔寨的吴哥窟一起被称为东方艺术的瑰宝。是驰名世界的佛塔，也是缅甸国家的象征。缅甸人称大金塔为“瑞大光塔”，“瑞”是缅甸语中“金”的意思，“大光”是仰光的古称，缅甸人把大金塔视为自己的骄傲。

二、欧洲

欧洲有 45 个国家和地区，分为西欧（包括英国、爱尔兰、荷兰、比利时、卢森堡、法国和摩纳哥）、东欧（包括爱沙尼亚、拉脱维亚、立陶宛、白俄罗斯、乌克兰、摩尔多瓦和俄罗斯西部）、北欧（包括冰岛、法罗群岛、丹麦、挪威、瑞典和芬兰）、南欧（包括塞尔维亚、黑山、克罗地亚、斯洛文尼亚、波斯尼亚和黑塞哥维那、马其顿、罗马尼亚、保加利亚、阿尔巴尼亚、希腊、意大利、梵蒂冈、圣马力诺、马耳他、西班牙、葡萄牙和安道尔）、中欧（包括波兰、捷克、斯洛伐克、匈牙利、德国、奥地利、瑞士、列支敦士登）5 个部分。自然和人文旅游景点众多，线路组合灵活多变。目前已经拥有非常成熟的旅游线路产品，并且新的组合线路也有很多。一般初次去欧洲的人喜欢走欧洲 10 国或 11 国 14 日游。已经去过的游客，一般不愿意再走马观花地游览那么多国家，而是愿意走一国或几国的深度游、自由行。

1. 法国巴黎凯旋门

凯旋门是欧洲纪念战争胜利的一种建筑，始建于古罗马时期，当时的统治者以此炫耀自己的功绩，后为欧洲其他国家所效仿。

巴黎凯旋门地处戴高乐星形广场中央的环岛上面，面对香榭丽舍大街。是法国皇帝拿破仑·波拿巴（1769—1821 年）为纪念奥斯特利茨战争的胜利而建立的，门内墙壁上镌刻着曾跟随拿破仑征战的 386 位将军的名字。每年 7 月 14 日法国国庆节的阅兵队伍都是从这里开始的。

2. 罗浮宫

又译卢浮宫，始建于 1204 年，历经 700 多年扩建、重修达到今天的规模，是世界上最古老、最大、最著名的博物馆之一，也是法国历史最悠久的王宫。

这个举世闻名的艺术宫殿始建于 12 世纪末，当时用作防御目的，后来经过一系列的扩建和修缮，逐渐成为一个金碧辉煌的王宫。从 16 世纪起，弗朗索瓦一世开始大规模地收藏各种艺术品，以后各代皇帝延续了这个传统，充实了罗浮宫的收藏。

如今，博物馆收藏的艺术品已达 40 万件，其中包括雕塑、绘画、美术工艺及古代东方、古代埃及和古希腊罗马等 7 个门类。1981 年，法国政府对这座精美的建筑进行了大规模的整修，从此，罗浮宫成了专业博物馆。

罗浮宫目前已经成为世界三大博物馆之一，其艺术藏品种类之丰富、档次之高堪称世界一流。其中最重要的镇宫三宝是世人皆知的：米洛的《维纳斯》、达·芬奇的《蒙娜丽莎》和莫特拉斯的《胜利女神像》。

3. 圣心教堂

圣心教堂位于巴黎蒙马特高地的最高点上，从这里可以俯瞰蓬皮杜艺术中心、巴黎圣母院和荣军院等。

教堂始建于 1876 年，1919 年落成，由法国全民捐款兴建。教堂内有许多浮雕、壁画和镶嵌画。圣坛上方是巨幅天顶壁画，耶稣与天父相对而立，圣母等随侍两侧。

4. 香榭丽舍大街

又称“凯旋大道”，香榭丽舍确切的意思是“极乐田园大街”地势西高东低，全长1800米，最宽处约120米。东起协和广场，西至戴高乐广场，以圆点广场为界，分成两部分：东段700米以自然风光为主，两侧是平坦的英式草坪，恬静安宁；西段1100米为商业区，是巴黎大街中心有着百年历史的“世界最美丽的散步大道”，它集高雅及繁华、浪漫与流行于一体，是世界上最具光彩与盛名的道路。

5. 枫丹白露宫

枫丹白露宫是巴黎人最喜欢的远足目的地。原有的狩猎行宫枫丹白露宫在佛朗索瓦一世和亨利二世时期被扩建成了法国文艺复兴时期最重要的一座行宫。这座16世纪的宫殿，直到19世纪时它的修缮扩建都未停止过。各个时期的建筑风格都在这里留下了痕迹，众多著名的建筑家和艺术家参与了这座法国历代帝王行宫的建设。

现存的建筑有13世纪圣·路易时期的一座封建城堡主塔、6个王府、5个不等形的院落及4座代表4个时代特色的花园。但建筑外部仍保留着传统的法国哥特式风格。

皇宫的主要建筑是两层楼群，房间数不胜数。而这些楼群又以一个个漂亮的庭院花园隔开。其中最有名的有白马庭院，拿破仑就是在这里告别了跟随他戎马生涯20年的将士们。因此，“白马院”也称“永别院”，可以说是枫丹白露宫最富有历史意义的房间。

6. 埃菲尔铁塔

埃菲尔铁塔建于1889年，塔高320米，由建筑师埃菲尔设计。建造埃菲尔铁塔的初衷，是为了纪念法国大革命100周年和迎接在巴黎举办的国际博览会，建成后颇受争议，联名抗议的各界人士达到300人之多，其中有著名作家左拉和小仲马。

出乎意料的是，铁塔建成后，竟产生了世界性的轰动效应，一举成为巴黎乃至整个法国的最具代表性和象征性的建筑，甚至成为巴黎乃至法国的象征。在1931年纽约帝国大厦落成前，埃菲尔铁塔保持了45年世界最高建筑物的地位。

7. 巴黎圣母院

巴黎圣母院建成于1345年。不仅因雨果的同名小说而出名，更因为它是巴黎最古老、最宏伟的天主教堂。这座哥特式的巨石建筑物，历经200年，在欧洲建筑史上具有划时代的意义。

8. 巴黎歌剧院

巴黎歌剧院是欧洲最大的歌剧院，可容纳2000多名观众，每年都会上演许多由经典名著改编的歌剧。歌剧院集合拿破仑三世之前所有的建筑式样，为折中后典型的第二帝国式建筑物。歌剧院还包括芭蕾舞学校和一座图书馆，现在是国家舞蹈表演的场地及音乐学院。

巴黎歌剧院自建成以来，已上演了600多部歌剧。在巴黎歌剧院演出的歌唱家以法国人为主，但亦邀请世界著名歌唱家参加演出。该剧院至今保持着法兰西歌剧的顶峰位置，并反映法兰西人的气质。

9. 古罗马大剧院

早在公元前43年，古罗马人就在里昂建成了豪华的大剧场。公元2世纪时，剧场内增加了11000个座位，可见当时剧场演出的盛大景象。如今，里昂的考古学者几经研究，重建了当时可以增进音响效果的舞台结构，将其等比例的缩小模型展示在博物馆中。

古罗马大剧场是一大一小两个半圆形剧场，至今仍然保存完好，不仅有供游客参观的出土文物，还不时举办大型音乐会、演奏会、歌剧等，可以容纳1万名观众。

10. 意大利古罗马竞技场

亦译作罗马斗兽场、罗马大角斗场、罗马圆形竞技场。原名弗莱文圆形剧场，建于公元72—82年，是古罗马文明的象征。遗址位于意大利首都罗马市中心，在威尼斯广场的南面，古罗马市场附近。从外观上，它呈正圆形；俯瞰时呈椭圆形。它的占地面积约2万平方米，大直径为188米，小直径为156米，圆周长527米，围墙高57米，这座庞大的建筑可以容纳近9万名观众。

11. 奥林匹克博物馆

奥林匹克博物馆是世界上最大的记录奥林匹克运动发展史的博物馆，也是世界奥运资料最齐全的收藏所。

博物馆是一座白色建筑，线条简洁明快。正面由两层白色大理石贴面的护墙组成，正前方竖立着两排共8根大理石圆柱，它们来自希腊的萨索斯岛，是希腊政府赠送的，据说是世界上最白的、纹理最少的大理石。这一片纯白象征着和平和“费厄泼来”体育精神。8根圆柱中，两根分别镌刻着历届奥运会及冬奥会的举办年份及主办城市的名字，一根刻着国际奥委会历任主席的名字。博物馆右前方，是一个巨大的火炬盆。1993年6月23日下午，世界女子滑冰冠军维特将火炬盆点燃，奥林匹克火炬从此长燃不熄。

馆内陈列着从公元前776年首届古代奥运会举办地奥林匹亚山的模型，到首届现代奥运会的纪念金币，从顾拜旦的生平照片、著作，到1936年以后历届奥运会使用过的火炬，以及古希腊运动会的遗物、由国际奥委会收集的与奥运会有关的纪念品、现代高科技的运动器械等。参观者可以从3面“电视墙”上欣赏到奥运史上无数个精彩的“一瞬间”。

12. 阿尔卑斯山

阿尔卑斯山可谓瑞士最亮丽的一条风景线。“艾格尔峰”“明希峰”“少女峰”这三大名山均屹立在阿尔卑斯山脉。它位于瑞士的东南部，阿尔卑斯山区占瑞士总面积的69%。特殊的地理环境造就了它独特的景观：高山植物和雪绒花、湍急的瀑布、岩洞中的石钟乳以及独特的动植物等。世界著名的滑雪胜地——圣莫里茨高山滑雪场就位于阿尔卑斯山脉的中心地带，曾成功举办过两届冬奥会。

除了滑雪，阿尔卑斯山区中不能错过的就是泡温泉了。洛伊克巴德温泉位于阿尔卑斯著名的温泉休养胜地洛伊克巴德，拥有22个露天、室内温泉池，每天有约300万升的温泉水流入私人、公共的温泉浴池中。

13. 圣母大教堂

高高耸立在老城区中心的哥特式大教堂——圣母大教堂是瑞士规模最大的教堂，也是洛桑城市形象的象征。圣母大教堂始建于12世纪中叶，耗时80多年才于1232年完成。当时是为了献给统治罗马帝国的哈布斯家族的鲁道夫国王的。13世纪末，教皇格列高里五世在此设立主教座，16世纪以后，这里逐渐成为新教徒的教堂。教堂整体建筑外观至今保存完好，被誉为是瑞士最美丽、最华贵的教堂。

14. 白金汉宫

位于伦敦圣詹姆士公园西端，因由白金汉公爵所建而得名。最早称白金汉屋，意思是“他人的家”。

1761年，王室将其买下，又不断加以改装、增建，最终形成了这座色调不尽一致、式样五花八门的“补丁宫殿”。从1837年起，英国历代国王都居住在这里。围墙里面，可以看到近卫军士兵纹丝不动地站立着。当女王住在宫中时，王室旗帜会在宫殿中央高高飘扬。近10年来，白金汉宫最古老、最豪华的部分，均允许世界各国的游客在夏季进入参观。

15. 格林尼治天文台

格林尼治天文台位于伦敦东部泰晤士河畔，地势险要。院内有决定世界标准时间和时区的子午线标志（用铜条线标出），为东西半球的分界线。

1950年皇家天文台迁往新址后，该天文台划归国家海洋博物馆，设有天文站、天文仪器馆等，主要供展览用。展出的天文历史资料有早期的天文望远镜、各国早期设计的时钟、地球仪、浑天仪，以及哈雷彗星发现的过程等。

16. 杜莎夫人蜡像馆

位于摄政公园旁的杜莎夫人蜡像馆，可说是伦敦最热门的观光景点之一，常见门口大排长龙的参观人潮。之所以如此知名，最主要的是因为杜莎夫人的传统蜡模制造技巧，她制造的蜡像能栩栩如生地重现高知名度的人物。目前蜡像馆内有超过400尊逼真的蜡像人物，馆内主要展览区分为花园派对、超级巨星、大厅、恐怖屋及伦敦精神等。

17. 剑桥大学

成立于1209年，有800多年历史，是世界十大学府之一，81位诺贝尔奖得主出自此校。剑桥大学和牛津大学（University of Oxford）齐名，为英国两所最优秀的大学，被合称为“Oxbridge”。

剑桥大学有31个学院，其中有3个女子学院和2个专门的研究生院，各学院历史背景不同，实行独特的学院制，经济上自负盈亏。剑桥大学负责生源规划和教学工作，各学院录取步骤各异，每个学院在某种程度上就像一个微型大学，有自己的校规校纪。其中三一学院培养了牛顿、培根和20多位诺贝尔奖得主、6位英国首相，圣约翰学院中有著名的叹息桥，国王学院是剑桥大学最著名的学院。

18. 比萨斜塔

比萨斜塔位于意大利托斯卡纳省比萨城北面的奇迹广场上，其实是比萨教堂的一部分，离大教堂20多米，本是大教堂的钟楼，外观呈圆柱形，由白色大理石砌成。高

54.5 米，直径 16 米，重约 1.4 万吨，共有 8 层。是世界建筑史上的一大奇迹，它的设计者至今未知。据说比萨斜塔是用比萨舰队运来的 6 艘战利品建成的。

比萨斜塔由于塔身压力过重和地质松软，南面的地基比北面的约低 2 米。在施工期间塔身即出现轻微倾斜，随着工程的进展，倾斜度不断增加。到塔身建到第三层时，可明显看出倾斜，曾一度停工。100 多年以后，经工程师托马索·皮萨诺精心测量和计算，证明比萨斜塔虽倾斜，但不会倒塌，工程得以继续按原设计继续施工，直到竣工。

19. 巴特农神庙

也称希腊神庙，也有的翻译为巴台农神庙、帕提侬神殿。位于雅典老城区卫城山的中心，建于公元前 447—前 438 年，是伯里克利当政时期重建卫城的重要工程之一。巴特农神庙是希腊祭祀诸神之庙，以祭祀雅典娜为主，又称“雅典娜巴特农神庙”。

巴特农神庙被认为是多立克式建筑艺术的极品，有“希腊国宝”之称。它于 1687 年毁于战争，今仅存残迹。

20. 爱琴海

爱琴海是地中海的一部分，位于希腊半岛和小亚细亚半岛之间，南北长 610 千米，东西宽 300 千米，面积 21.4 万平方千米，比波斯湾还要小些。

爱琴海的海岸线非常曲折，港湾众多，岛屿星罗棋布。相邻岛屿之间的距离很短，站在一个岛上，可以把对面的海岛看得清清楚楚。它所拥有的岛屿数量之多，全世界没有哪个海能比得上，所以爱琴海又有“多岛海”之称。

21. 柏林墙

柏林墙是前德意志民主共和国围绕西柏林建造的界墙，始建于 1961 年 8 月 13 日。其外层是一堵墙，紧靠西柏林边界。墙高 3.5 米，其中水泥板墙 104.5 千米，水泥墙 10 千米。

1989 年年底柏林墙被推倒。1990 年 10 月 3 日两德重新统一后，联邦政府几经周折，终于在 1993 年春取得市民们的谅解，决定重建一堵象征性的柏林墙，以纪念现代史上这一重大事件。新柏林墙只有 70 米，但体现原貌，岗亭、“死亡地带”、铁丝网等一应俱全，并定于当年 8 月 13 日开放，供游人参观。

22. 罗马广场

罗马广场是法兰克福现代化市容中唯一仍保留着中古街道面貌的广场。广场旁边的建筑物有旧市政厅，其阶梯状的人字形屋顶，别具特色。另有帝国大教堂、罗马厅和圣尼古拉旧教堂等。帝国大教堂建于 1239 年，有着哥特式的华美外表。它不仅是法兰克福的精神中心，还曾是德国国王的加冕之地。在 1562—1797 年间，共有 10 位皇帝在此举行了加冕典礼。

23. 莱茵河

莱茵河为欧洲第三大河，全长 1320 千米，发源于瑞士境内的阿尔卑斯山脉，流经瑞士、列支敦士登、奥地利、德国、法国、荷兰 6 个国家，在荷兰的鹿特丹附近注入北海，流域面积22.4万平方千米。

莱茵河是一条真正意义上的欧洲之河。莱茵河自古以来就是西欧的南北交通大动脉，是世界航运最发达的国际河流。莱茵河通过多条运河与多瑙河、塞纳河、罗纳河、易北河等河流相通，形成四通八达的水上航运网，覆盖了西欧最重要的工商业地区。

有人说，是莱茵河塑造了欧洲的两个伟大民族：德意志和法兰西。法国文豪雨果曾经这样写道："我最爱的河流是莱茵河。这条河，映照着整个欧洲的历史。"

24. 维也纳国家歌剧院

维也纳国家歌剧院是世界上数一数二的大型、辉煌歌剧院，是以"音乐之都"享誉世界的维也纳的主要象征，素有"世界歌剧中心"之称，有第一流的作曲家、指挥家、独唱演员和舞蹈家在此演出。其前身是17世纪维也纳城堡广场木结构包厢剧院，1869年迁到市区的环行街旁。1918年宫廷剧院变为国有企业，称"国家歌剧院"，之所以称国家歌剧院，一半是因为它是奥地利珍贵的文物古迹，另一半是因为它是政府的音乐部。

第二次世界大战时，维也纳国家歌剧院曾经被炸得只剩下几处断壁残垣。战后经过重建、整修，得以恢复旧观，为罗马式宏伟建筑。外貌古色古香，整个舞台区完全现代化，配有最先进的音响设备。观众席共有6层，可容观众1600多人。

25. 维也纳金色大厅

这是维也纳最古老的音乐厅，是每年举行"维也纳新年音乐会"的法定场所。始建于1867年，于1869年竣工，是意大利文艺复兴式建筑。外墙黄红两色相间，屋顶上竖立着许多音乐女神雕像，古雅别致。维也纳交响乐团每季度至少在此举办12场音乐会。1870年1月6日，音乐厅的金色大演奏厅举行了首场演出。1939年开始，每年1月1日在此举行维也纳新年音乐会，后因战争一度中断，1959年又重新恢复。

26. 布拉格城堡

布拉格城堡位于伏尔塔瓦河的丘陵上，已有1000多年历史。它是捷克皇家宫邸，60多年来历届总统办公室均设在堡内，所以又称"总统府"。

三、非洲

因赤道横贯其中部，有3/4的土地受到太阳的垂直照射，所以，其中有一半以上地区终年炎热，故称为"阿非利加州"，简称非洲。"阿非利加"是希腊语"阳光灼热"的意思。一提到非洲，就想到了一句广告词——狂野非洲，想到了狮子，想到了肯尼亚国家动物园，想到了撒哈拉沙漠，想到了埃及金字塔，还有战乱和贫穷。因为其神秘、自然、狂野，非洲已成为人们心中必去的旅游目的地之一。

1. 狮身人面像

埃及的金字塔早已经成为埃及的象征。从开罗西行数千米来到吉萨村，世界古代七大建筑奇迹之一的金字塔便屹立眼前。在最大的胡夫金字塔东侧，便是狮身人面像——斯芬克斯。在古埃及，狮子是权力的象征，狮身人面像实际是古埃及法老的写照。但是关于它的建造原因和面部究竟是仿谁而做，众说纷纭，成了千古之谜。

狮身人面像坐西向东，采用人头、狮身、牛尾、鹫翅这种奇特的合体方式而建造，高21米，长57米。整个雕像除狮爪外，其他部分均由一块天然岩石雕成。由于石质疏松，且经历了4000多年的岁月，整个雕像风化严重。另外，面部严重破损，有人说是马姆鲁克把它当作靶子练习射击所致，也有人说是18世纪拿破仑入侵埃及时炮击留下的痕迹。

2. 尼罗河

尼罗河发源于埃塞俄比亚高原，流经布隆迪、卢旺达、坦桑尼亚、乌干达、肯尼亚、扎伊尔、苏丹和埃及等国，全长6700千米，是非洲第一大河，也是世界上第二条最长的河流，可航行水道长约3000千米。尼罗河有两条上源河流，西源出自布隆迪群山，经非洲最大的湖——维多利亚湖向北流，称为白尼罗河；东源出自埃塞俄比亚高原的塔纳湖，称为青尼罗河。青、白尼罗河在苏丹的喀土穆汇合，然后流入埃及。

尼罗河谷和三角洲是埃及文化的摇篮，也是世界文化的发祥地之一。尼罗河在埃及境内长度为1530千米，两岸形成3~16千米宽的河谷，到开罗后分成两条支流，注入地中海。这两条支流冲积形成尼罗河三角洲，面积2.4万平方千米，是埃及人口最稠密、最富饶的地区，人口占全国总数的96%，可耕地占全国耕地面积的2/3。埃及水源几乎全部来自尼罗河。

开罗的尼罗河上有许多游船，其中仿法老时期船只修造的又名法老船，夜晚泛舟河上，可游览两岸旖旎风光，又可观赏船上著名的东方舞表演。

3. 埃及金字塔群

金字塔是古埃及法老（国王）的陵墓。古埃及法老为了显示其至高无上的权威，并幻想成为永久的统治者，在生前就为自己建造陵墓。到目前为止，开罗附近的尼罗河两岸，金字塔尚存70余座。其中，世界上最大的第四王朝第二位法老胡夫（约公元前2670年）大金字塔被称为第一奇观，也是七大奇观中唯一存世的实体。初建时塔高146.5米，现因地面下沉，实测为137.18米，基座为正方形，底边长230.38米，占地面积达56900平方米，体积达352.1万立方米，由230万块、每块平均重约2.5吨（其中最大一块重达160吨）的巨石堆砌而成。令人惊奇的是，砌筑金字塔的每块巨石之间，不用任何黏合剂和填充料，而仅仅是将数十万块巨石直接拼合而成，而其接缝处却紧密得连一片薄纸都插不进去，仅这一点，就足以使人叹为观止了。

4. 阿斯旺大坝

尼罗河上所筑的阿斯旺大坝为世界七大水坝之一。它横截尼罗河水，高峡出平湖。大坝长3830米，高111米。阿斯旺大坝始建于1960年1月，在35000名埃及工人奋战10年后，于1970年7月竣工，耗资10亿美元，使用的建材量是大金字塔的17倍。无怪乎被萨达特总统称为“堪与法老时代金字塔并列的埃及世纪性工程”。

阿斯旺大项形成的世界第二大人工湖——纳赛尔湖，曾经是埃及民众和政府的骄傲。可是这个大坝建成之后不久，由于其对环境的不良影响日益严重，从而逐渐改变了人们对它的评价。现在阿斯旺大坝已经成为世界上最失败的水利工程之一。

5. 拉美西斯二世神庙

古埃及新王国第十九王朝的拉美西斯二世建造了这座大型岩窟神庙，距今已有3300年的历史。它位于阿斯旺市，面向尼罗河。拉美西斯二世在凯尔奈克神庙和卢克索神庙留下了无数自己的塑像，可见是个自我表现欲很强的人。他建造的众多神庙中，登峰造极之作就是这座阿布辛贝神庙。站在大神庙正面4座拉美西斯二世像前，游人们一定会因为拉美西斯二世居然有如此强大的王权，竟能在尼罗河的尽头建起如此宏伟的建筑场面感到震惊。

1964—1968年，为了免遭因建造阿斯旺大坝而上涨的尼罗河水淹没，在联合国教科文组织的主持下，神庙被切割成2000多块，分别编号，在距离原址200多米的地方拼合还原；在岩石构成的山体中建有一个大拱顶，神庙就被放在拱顶内，并建造了一座假山来覆盖它。3000年前的巨大建筑和最新的现代技术融合在一起，别有一番风味。

6. 东非大裂谷

东非大裂谷是非洲最高的地带，属东非裂谷高原区，总面积500多万平方千米，占非洲面积的1/6多。非洲的几座海拔在4500米以上的高峰，全部分布在这个自然区内，其中有著名的乞力马扎罗山、肯尼亚山、埃尔贡山等。东非大裂谷是一个在3500万年前由非洲板块的运动所形成的地理奇观，其所形成的生态、地理和人类文化都相当独特，目前观光的主要景点须由肯尼亚进入。

东非大裂谷深达1000~2000米，谷壁如刀削斧劈，长度相当于地球周长的1/6，是世界上最大的裂谷带，有人形象地将其称为“地球表皮上的一条大伤痕”。

7. 马赛马拉公园

马赛马拉公园位于肯尼西南边境地区，因马赛人和马拉河而得名，是地球上大型野生哺乳动物最集中的栖息地。

马赛马拉公园每年上演着世界上最壮观的野生动物大迁徙，这里拥有一个近300万只动物的集群、一支长达3000多千米的游行展示队伍和一个优胜劣汰的竞技场，这种全年无休止的景观已经持续了数百年。这支动物大军中，有140万头牛羚（角马）、50万头瞪羚和20万只斑马，还有狮子、猎豹、鬣狗等食肉动物。土著民族马赛人就生活在马赛马拉自然保护区边缘地带，保护区的野生动物如角马、羚羊等经常与马赛人的牛羊混在一起进食，但马赛人从未猎捕过。

8. 埃及博物馆

埃及博物馆位于尼罗河东岸，在开罗解放广场附近，是世界最著名的博物馆之一。它建于1881年，收藏的各种文物有30多万件，陈列展出的约6.3万件。它的藏品从史前时代到远古、中古、帝国时代，以至希腊和罗马的美术品皆有。包括埃及法老的巨大石像、镀金车辆，史前的陶器、石器，古代艺人精心制作的各种艺术品，以及记载古埃及科学、文学、历史、法律等内容的纸莎草纸文献。

9. 纳库鲁湖

纳库鲁湖国家公园位于肯尼亚裂谷省首府纳库鲁市南部，是肯尼亚的野生动物园之一。1960 年，纳库鲁湖连同附近草地、沼泽、树林和山地被划为鸟类保护区，1968 年正式辟为国家公园，是非洲地区为保护鸟类最早建立的国家公园之一。

浅水区生长的一种暗绿色水藻是火烈鸟赖以为生的主要食物。水藻含有大量蛋白质，一只火烈鸟每天吸食水藻约 250 克。水藻还含有一种叶红素，火烈鸟周身粉红，据说就是这种色素作用的结果。纳库鲁湖及其周围地区，成为火烈鸟聚居的地方，被称为“火烈鸟的天堂”。一群火烈鸟往往有几万只，甚至十几万只，它们或在湖水中游泳，或在浅滩上徜徉，神态悠闲安详。它们振翅高飞时，仿佛大片的红云。这一奇特的景观被誉为“世界禽鸟王国中的绝景”。为观赏这一奇景，每年都有大批游客从世界各地来到纳库鲁湖。

四、大洋洲

1. 悉尼歌剧院

丹麦建筑师约恩·乌松在赢得一项设计竞赛之后，于 1957 年开始建造这座举世闻名的歌剧院。这栋建筑杰作总共花费了 16 年的时间，1973 年由伊丽莎白女王二世揭幕。在建造过程中，改组后的澳大利亚新政府因为与约恩·乌松失和，使得这位建筑师于 1966 年愤而离开澳大利亚，从此再未踏上澳大利亚土地，因此未能亲眼见到自己的杰作。

悉尼歌剧院是全世界最大的表演艺术中心之一。除圣诞节和耶稣受难日外，每天开放 16 小时，平均有 10 个不同的活动项目，可同时容纳 7000 余人。歌剧院已成为澳大利亚最热闹的场所，旅游者、观众从早到晚络绎不绝。

2. 蓝山国家公园

作为世界文化遗产保护之一的蓝山国家公园位于悉尼西部，其中心旅游区位于悉尼以西 104 千米的卡顿巴（Katoomba）。这里风景秀丽，山势壮观，游客可以乘坐空中缆车或观光火车游览峡谷的壮丽景色，也可以在回声台领略三姐妹峰的秀美英姿。距卡顿巴以西 80 千米处有一个自然的钟乳石洞群，被称作珍罗兰洞，洞内蜿蜒曲折，奇石百态，充满了神秘感，显示出了大自然的鬼斧神工。

3. 悉尼水族馆

悉尼水族馆是世界上最大的水族馆之一，这里收集了来自澳大利亚北部热带区、大堡雕及国内大小湖泊溪流的超过 5000 种澳大利亚土产海洋生物，深受各国游客的喜爱。在水族馆内真正刺激的是走过位于两个巨大流动海洋水族馆之下的透视水底隧道，此时可观看到鱼、鳗、鲨鱼在上方滑行而过以及海狮在海底下嬉戏的场景。

4. 牛津街

牛津街是悉尼最别具风情的特色街市之一。它位于悉尼市中心外缘，从市中心地带一直延伸至派丁顿地区，有著名的派丁顿市集和很多家新潮的商店，销售的商品种类繁多，包括书籍、古董和名家设计的服装。这里同时还是悉尼夜生活的焦点，以其咖啡厅、餐厅及夜总会文化特色享誉澳大利亚。悉尼是世界上最开放的城市之一，每年 3 月的第一个星期天，在牛津街上都会举办盛大的同性恋嘉年华活动，吸引了成千上万的海内外游客。

5. 史蒂芬港

史蒂芬港位于悉尼北部约 230 千米处，被誉为“蓝水天堂”，以各种海上运动和美丽可爱的海豚而著名。史蒂芬港天清水蓝，浪柔沙软，适宜开展各项水上及沙滩活动，如滑水、滑沙、潜水、垂钓、水上蹦极、扬帆出海等，尤其出海观赏海豚是当地的一大特色；还可以畅游葡萄酒庄园，参观酿酒过程；这里的手工艺展览和历史巡游展也颇具特色，为滨海假日增添了几分闲适的韵律。

6. 大堡礁

大堡礁坐落在澳大利亚东海岸的南太平洋海域内，面积达 479 万平方千米，全长 2300 千米，平均水深 2400 米。大堡礁属于珊瑚礁，是由无数的珊瑚虫经过 15000 年的堆积而形成的，目前海域内共有 700 多大小珊瑚岛，分别由 350 多种珊瑚构成，堪称世界奇观。1981 年，大堡礁被规划为世界遗产而成为澳大利亚最知名的观光胜地，每年吸引了百万人次的海内外游客来这里观光游览，探索海洋世界的奥妙，领略澳大利亚奇特的自然风情。

7. 布里斯班野生动物园

布里斯班野生动物园是由龙柏树袋熊保护区和澳大利亚羊毛乐园组成的。

龙柏树袋熊保护区位于布里斯班野生动物园西南 11 千米的地方，里面有 80 种以上的澳大利亚本土动物及鸟类，其中最讨人喜欢的就是可爱的树袋熊——考拉。这里的鸟类也不怕人，那些五彩的鸟雀会飞到游客的手心里吃食。

羊毛乐园位于布里斯班野生动物园西北 14 千米处，游客在此可以参观当地人剪羊毛的表演，以及纺羊毛的工艺，也可以亲自尝试着挤牛奶、喂袋鼠，还能抱着胖墩墩的考拉玩耍。

8. 袋鼠岛

袋鼠岛是澳大利亚知名的生态自然保护区和度假观光胜地，位于南澳大利亚境内，距离首府城市阿德莱德 113 千米，全岛长 150 千米，宽 40 千米，是澳大利亚第三大岛。岛上拥有 21 处国家原始森林公园和动植物自然保护区，占全岛面积的 1/3，其中最大的是福琳德斯凯斯国家公园。

这里的野生动物融洽共存，海狮、企鹅、海豚、考拉和袋鼠在大自然里和谐共处。空气清新的袋鼠岛有优美的海滩、美景和原始动物，是个自然生态安乐窝。可参加短旅程，去踏单车、骑马、潜水、耕种、散步和垂钓，还可走近野生动物和欣赏各种野花。

9. 故事桥

故事桥是布里斯班最著名的大桥，建造于 1940 年 6 月 6 日，是澳大利亚设计并建造的最大的钢铁大桥。

桥的名字叫“故事桥”，但并没有什么特别的故事。之所以叫故事桥是因为它是以桥的设计者的名字“Story”命名的，中文就翻译为“故事”了。故事桥之所以有名是因为 Story 后来又设计了更著名的悉尼大桥。

故事桥是座钢板拉力桥，桥不长，仅 500 多米，但是它 96%的建筑材料取自澳大利亚当地，而且是全世界上仅有的两座人工建造的大桥之一。故事桥是澳大利亚开放的第二个可以攀爬的大桥，这里的爬桥活动是观赏布里斯本全景不容错过的项目。全程共需 2.5 小时，指挥员将带领游客攀登上距离河面 80 米高的故事桥，在桥的顶峰位置，可 360°全无阻碍地观赏布里斯班的景观。

10. 热带雨林公园

凯恩斯地处澳大利亚最北端，属于热带地区，终年高温，雨量充沛，是典型的热带雨林环境。这里有地球上目前最古老的热带雨林动植物生态保护区，仍然存活着许多在其他大陆已经绝种的珍奇的动植物，里面的植物年代久远，甚至有上千万年的历史，这里就像一部地球的生态进化史。

从凯恩斯出海不远，就有著名的大堡礁，有保存得很好的珊瑚礁，热带鱼随处可见，这里是亲近热带雨林最好的地方，整个城市四周密布着郁郁葱葱的热带雨林。穿梭其间，就像突然走进了侏罗纪时代，独特的地理人文环境充满了澳大利亚的热带风情。在雨林的树丛间，搭建有五星级生态旅馆，小巧的木屋充满了无比野趣，躺在阳台吊床上，赏巨大的羊齿植物，或是泡在绿意盎然的泳池里，像千百年来澳大利亚原住民一样用雨林植物调制成的精油和熏香做个雨林 SPA，都是一种别有风味的体验。

五、美洲

1. 白宫

白宫是美国总统府，坐落在华盛顿市中心的宾夕法尼亚大街，占地 7.3 公顷，因其外墙为白色砂岩石，故而得名。

白宫分为主楼和东西两翼。东翼供游客参观（每周二至周六开放），西翼是办公区域。总统的椭圆形办公室位于西冀内侧。主楼底层有外交接待大厅，厅外是南草坪，来访国宾的欢迎仪式一般在这里举行。主楼的二层是总统家庭居住的地方。

2. 国会大厦

国会大厦是美国国会的办公大楼，建在一处海拔 25.3 米的高地上，故名国会山。1793 年华盛顿亲自为大厦奠基，南北战争爆发后，有人提议停建该大厦，林肯总统却坚持要将高 85.3 米的大圆顶造好。现在，国会大厦的这个圆顶已经成为电视中美国政治新闻报道的最佳背景，圆顶内部是一个可容纳两三千人的金碧辉煌的大厅。

3. 林肯纪念堂

林肯纪念堂是为纪念美国第十六届总统亚伯拉罕・林肯而建。林肯对黑奴解放做出了伟大的贡献。他在1865年4月14日被刺身亡。纪念堂于1914年破土动工，竣工于1922年。

纪念堂正中是一座高5.8米的林肯坐像，塑像的左首墙壁上镌刻着林肯在第二次就任总统时的演说词，背后的石壁上刻着五行大字："在这座殿堂内，正如在人民的心中，为了人民，他拯救了联邦。对于亚伯拉罕·林肯的纪念永远长存。"

4. 华盛顿纪念碑

华盛顿纪念碑是为纪念美国首任总统乔治·华盛顿而建，1848年动工，直到1884年才竣工。它位于华盛顿市中心，在国会大厦、林肯纪念堂的轴线上，是一座大理石方尖碑，高169米，其内墙镶嵌着188块由全球各地私人或团体捐赠的纪念石，其中一块刻有中文的是清政府赠送的。它的四周是碧草如茵的大草坪，这里经常会举行集会和游行。

纪念碑内有50层铁梯，也有70秒到顶端的高速电梯，游人登顶后可远眺华盛顿特区、马里兰州和弗吉尼亚州的景色。

5. 金门大桥

金门大桥是1937年开通的，它是世界上最壮观的大桥之一。"金门大桥"这个名字是由一位爱好探险的美国军官根据金角而取的。大桥有6个车道，平均每天有10万辆车的客流量，进城的司机必须付费。在桥两端临海湾的一侧设有观景台和停车场，托尔广场边设有一大型的礼品店。游客可以从桥的两侧步行游览，往返需要1小时。

6. 帝国大厦

纽约帝国大厦共有102层，包括电视天线塔在内高度达443.2米，是装饰派艺术建造的办公大楼，于1931年建成。参观者在第86层和第102层上，可以看到附近四个州的部分景色；在第86层上有户外漫步场地。位于5号大道进出口处的厅廊，有内容不断变化的展览馆。孩子们特别喜欢看活跃的金刚表演，以及世界展览的八大奇迹。坐在空中缆车上绕着曼哈顿优美的建筑模拟旅行令人陶醉不已。

7. 联合国总部

一组建筑师花了6年时间设计了167.6米高的联合国大楼。大楼包括秘书处大楼、穹顶的联合国大会堂，以及这两处之间下属的会议厅。有票的人都可以参加联合国大会和理事会的会议——开会时间在上午10：30至下午15：30。

会议大楼里有安全理事会会议厅、经济及社会理事会和托管理事会会议厅。参观者还可以在里面的邮局买到联合国邮票在大楼里邮寄。里面有餐馆、出售世界各国商品的商店，还有工艺品店铺，里面的艺术品由成员国捐助；大楼里的玫瑰花园占地7.3公顷，在那儿能鸟瞰伊斯特河的风光。

8. 自由女神像

自由女神之于纽约，就像埃菲尔铁塔之于巴黎一样，是各国观光客一到当地之后，必定去"朝圣"的地方。谁也没想到这个当年由法国人民送给美国人民的礼物，象征美国自由与新共和的自由女神雕像，能在哈德逊河（Hudson River）的自由岛上屹立长达

100 多年，并且成为世界性的自由象征。

9. 百老汇

观看纽约百老汇的音乐剧是游客到达纽约后，非去不可的行程安排之一，就在邻近时代广场的剧院区里，可以看到猫剧与“悲惨世界”中著名的大型海报看板，常年伫立在纽约街头，形成了新的地标。这些上演的名剧，至今仍吸引着许多观众的目光，而且常常还是一票难求。

百老汇的戏剧演出类型可分为喜剧、戏剧、音乐剧、表演艺术与时事讽刺剧五大类，其中又以音乐剧最具好评与国际知名度。

10. 世界金融中心

世界金融中心（World Financial Center）是 4 栋顶端均有不同几何造型的摩天大楼，其中最炫、最酷的是常在此举行文艺活动的冬日花园（Winter Garden），建筑设计师特别移植了 16 棵棕榈树，塑造成一个优雅的室内棕榈花园，走出冬日花园就是哈德逊河的码头景观与纽约市民休憩的重要场所——炮台公园。

11. 好莱坞环球影城

位于古区西北郊，是游客到洛杉矶的必游之地。好莱坞是世界著名的影城，20 世纪初，一些制片商开始在这里拍片，到 1928 年已形成以派拉蒙等八大影片公司为首的强大阵容。自 20 世纪三四十年代以来，好莱坞成为美国的一个文化中心，众多的作家、音乐家、影星就住在附近的贝弗利山上。

环球影城是好莱坞最吸引人的去处，在这里可以参观电影的制作过程，回顾经典影片片段。影城内有三个游览区，分别是电影车之旅（全程 40 分钟，有专门的讲解员）、影城中心与娱乐中心。在影城中心还可以在电影拍摄现场亲身体验电影的拍摄过程。

12. 迪士尼乐园

迪士尼乐园位于洛杉矶市区东南，是世界上最大的综合游乐场。1955 年，美国动画片大师沃尔特·迪士尼在洛杉矶附近创办了第一座迪士尼游乐园。乐园占地 30 公顷，以广场为轴，分为主街、冒险乐园、新奥尔良广场、动物王国、拓荒者之地、米奇卡通城、梦幻乐团、未来王国八个主题公园。

13. 尼亚加拉大瀑布

举世闻名的尼亚加拉大瀑布是世界七大奇景之一，位于加拿大和美国交界的尼亚加拉河上，它那丰沛而浩瀚的水汽和磅礴的气势，使所有前来观赏的游人都为之震撼。游客可乘“雾中少女”号游览船穿梭于波涛汹涌的瀑布之间，到扑朔迷离的水雾之中去领略惊心动魄、涤荡尘嚣的感觉。

在往返瀑布的途中不仅可以参观盛产加拿大冰酒的葡萄园及葡萄酒厂，更可在传统朴实的尼亚加拉村庄稍作停留，这里的水果及果酱一向是游客们的最爱。

14. 黄石国家公园

黄石国家公园是全世界第一个国家公园，也是最早进入世界遗产名录的项目。位于美国西部北落基山和中落基山之间的熔岩高原上，绝大部分在怀俄明州的西北部。海拔2134~2438米，面积8956平方千米，是世界上最原始、最古老的国家公园。

这里有彩色的黄石河大峡谷、化石森林，黄石河、黄石湖纵贯其中，还有峡谷、瀑布、温泉，以及间歇喷泉等，景色秀丽，引人入胜。其中尤以每小时喷水一次的“老实泉”最著名。园内森林茂密，还牧养了一些残存的野生动物如美洲野牛等，供人观赏。

15. 阿根廷湖

这是一个坐落于阿根廷南部圣克鲁斯省的冰川湖，面积1414平方千米，这里以著名的冰块堆积景观而闻名于世。该湖接纳来自周围150多条冰河的冰流和冰块。巨大的冰块互相撞击，缓缓向前移动，有时形成造型奇特的冰墙高达80米。最后全部汇积到阿根廷湖，组成了洁白玉立的冰山雕塑。湖畔雪峰环绕，山下林木茂盛，景色迷人，为阿根廷最引人入胜的旅游聚点。

16. 火地岛

位于阿根廷，是由主岛大火地岛和数百个小岛、岩礁组成的岛群，是世界上除南极大陆以外的最南端的陆地，也是南美洲大陆最南端的岛屿。它东临大西洋，西与太平洋相接，南隔德雷克海峡与南极大陆相望，北隔麦哲伦海峡与南美大陆毗邻，是智利和阿根廷两国的最南端领土。其最南点是闻名世界的合恩角。

1520年10月，航海家麦哲伦发现了被他命名的麦哲伦海峡时，首先看到的是当地土著居民在岛上燃起的堆堆篝火，遂将此岛命名为“火地岛”。

17. 伊瓜苏大瀑布

伊瓜苏大瀑布位于巴西与阿根廷交界处的伊瓜苏河上，形成于1.2亿年前，1542年被西班牙人发现。大瀑布由275个瀑布组成，最大的瀑布跌水90米，流量1500立方米/秒，被称为“魔鬼之喉”。这是南美洲最大的瀑布，也是世界五大瀑布之一。瀑布呈马蹄形，宽约4千米，平均落差75米。阿根廷还在这里修建了国家公园，以吸引更多游客前往。

据说，只有在巴西的那一侧才可看清伊瓜苏大瀑布的真面目，从阿根廷国家公园可直接乘坐小车到达巴西的瀑布公园，从这边可以看到，对面的整个阿根廷国家公园是一座瀑布山，宽1000米以上，无比壮观。每年吸引了数百万游客参观。

参考文献

［1］叶娅丽，王彪．旅行社计调师．［M］．北京：旅游教育出版社，2010.
［2］叶娅丽，陈学春．旅行社计调实务［M］．北京：北京大学出版社，2015.
［3］米学俭，尚永利，王国瑞，等．旅游计调师操作标准教程［M］．北京：旅游教育出版社，2012.
［4］周晓梅．计调部操作实务［M］．北京：旅游教育出版社，2006.
［5］孙娈．旅行社计调业务［M］．上海：上海交通大学出版社，2011.
［6］戴斌，杜江．旅行社管理［M］．北京：高等教育出版社，2002.
［7］贺学良．现代旅行社经营管理［M］．上海：复旦大学出版社，2003.
［8］陈乾康，阙敏．旅行社计调与外联实务［M］．北京：中国人民大学出版社，2006.
［9］杨晨晖．外联部操作实务［M］．北京：旅游教育出版社，2006.
［10］郭春慧．旅行社计调实务［M］．上海：复旦大学出版社，2010.
［11］熊晓敏．旅行社 OP 计调手册．北京：中国旅游出版社，2007.
［12］张道顺．旅游产品设计与操作手册［M］．北京：旅游教育出版社，2010.
［13］陈启跃．旅游线路设计［M］．上海：上海交通大学出版社，2010.
［14］吴国清．旅游线路设计［M］．北京：旅游教育出版社，2006.
［15］孙宗虎，肖书民．旅行社管理流程设计与工作标准［M］．北京：人民邮电出版社，2008.
［16］梁智．旅行社运行与管理［M］．大连：东北财经大学出版社，2007.
［17］梁智，刘春梅，张杰，等．旅行社经营管理精选案例解析［M］．北京：旅游教育出版社，2007.
［18］龚维嘉．旅游线路开发与设计［M］．合肥：合肥工业大学出版社，2008.
［19］张红，李天顺．旅行社经营管理实例评析［M］．合肥：合肥工业大学出版社，2008.

项目策划：段向民
责任编辑：张芸艳
责任印制：谢　雨
封面设计：何　杰

图书在版编目（CIP）数据

旅行社计调操作实务 / 张春莲，盖艳秋主编 . --北京：中国旅游出版社，2017. 10（2020.11 重印）
全国重点旅游院校“十三五”规划教材
ISBN 978-7-5032-5849-7

Ⅰ. ①旅… Ⅱ. ①张… ②盖… Ⅲ. ①旅行社—企业管理—高等学校—教材 Ⅳ. ①F590. 63

中国版本图书馆 CIP 数据核字（2017）第 142382 号

书　　名：旅行社计调操作实务

作　　者：张春莲　盖艳秋　主编
出版发行：中国旅游出版社
（北京静安东里 6 号　邮编：100028）
http://www.cttp.net.cn　E-mail:cttp@mct.gov.cn
营销中心电话：010-57377108，010-57377109
读者服务部电话：010-57377151
排　　版：北京旅教文化传播有限公司
经　　销：全国各地新华书店
印　　刷：河北省三河市灵山芝兰印刷有限公司
版　　次：2017 年 10 月第 1 版　2020 年 11 月第 4 次印刷
开　　本：787 毫米×1092 毫米　1/16
印　　张：15. 5
字　　数：335 千
定　　价：36. 00 元
I S B N　978-7-5032-5849-7

版权所有　翻印必究

如发现质量问题，请直接与营销中心联系调换